予防の倫理学——事故・病気・犯罪・災害の対策を哲学する

目次

序章　予防をめぐる諸問題

現代は予防の時代である。病気、犯罪、災害など、多様な領域で事前の対策が重視される。「予防は治療に勝る」、「犯罪はこれを罰するより予防した方がよい」と昔から言われてきたが、今日では国を挙げてこれらの格言を徹底しようとしている。安全と安心は今日最も人気のある標語だが、これらは適切な予防活動があって初めて達成されるものである。

予防の重要性

しかし、予防は重要だという認識は共有されている一方で、予防という発想が持つ問題については十分に認識されていない。たとえば、個人および社会の安全や健康を守るために個人の自由をどこまで制約してよいのか。また、予防のためにどれだけのコストを費やすのが適切なのか、といった問題がある。さらに、予防は重要だと認識しつつ、防犯や防災のために十分な努力をしていないとすれば、それはなぜなのか。

疾病予防、防犯、防災は共通する課題が多く、倫理的問題も重なっているところが多い。また、三者に共通する問題を検討したり、たとえば公衆衛生で行われていることを防犯活動に適用するとどうなるかなどのアナロジカルな思考をしたりすることも有益だと考えられる。

そこで、本書では、医療や犯罪や災害の領域における様々な事例の検討を通して、予防という発想が持つ諸問題について倫理学の観点から考察を行う。本章では、全体の概観を示し、次章以降で個別の問題を詳しく検討する。

自由と安全の対立

まず防犯の取り組みから見てみよう。日本の警察の責務について述べた警察法第二条の第一項にはこうある。「警察は、個人の生命、身体及び財産の保護に任じ、犯罪の予防、鎮圧及び捜査、被疑者の逮捕、交通の取締その他公共の安全と秩序の維持に当ることをもつてその責務とする」。ここにあるように、「犯罪の予防」は警察の責務の一つと考えられている。

その一方、第二条第二項には次のようにある。「警察の活動は、厳格に前項の責務の範囲に限られるべきものであつて、その責務の遂行に当つては、不偏不党且つ公平中正を旨とし、いやしくも日本国憲法の保障する個人の権利及び自由の干渉にわたる等その権限を濫用することがあつてはならない」。ここでは、上記第一項に記された警察の活動が個人の権利および自由と干渉する可能性、すなわち個人の自由と社会の安全の緊張関係が存在することが示唆されている。

刑法犯の認知件数は、戦後最多であった二〇〇二年をピークに一四年連続で減少し、二〇一六年には戦後初めて一〇〇万件を下回った(1)。これには少年人口の減少などの人口動態の影響も考えられるものの、「犯罪の予防に関すること」を主たる所掌事務とする生活安全局が一九九四年に警察庁刑事局保安部から分離昇格したことに象徴されるように、警察による防犯の取り組みの強化も一因となっていると考えられる。本書においては、主にこの生活安全の取り組みを中心に、防犯活動が持つ倫理的問題について検討する。

二次予防から一次予防へ　次に、疾病予防においては、予防の三段階という発想がある。今日では、疾病の早期発見・早期治療を旨とする二次予防だけでなく、健康増進や疾病予防のためにより早期の介入を行う一次予防がますます重視されるようになっている。三次予防は、再発を防止するという意味での予防であり、リハビリなどがここに含まれる。

戦後の医療・公衆衛生活動も一因となり、日本人の平均寿命は年々最高を更新し（二〇一六年は女性八七歳、男性八一歳）、また一〇〇歳以上の高齢者が六万五〇〇〇人を超え（二〇一六年）、高齢者の年齢を七五歳に引き上げるという提案が日本老年学会および日本老年医学会からなされる（二〇一七年）など、人々の健康状態は大きく改善していると言える[2]。

公衆衛生に関しては警察法のように自由と安全の緊張関係を示唆する法律はない。ただ、本書で見るように、感染症予防法や健康増進法といった社会の安全と健康の保持や増進を目指す法律が、憲法で保障された個人の自由と衝突する可能性がある。

交通事故死者数の減少

公衆衛生と警察行政にまたがる話題として、交通安全すなわち交通事故の予防がある。交通事故死も二〇一七年には、死者数のピークであった一九七〇年と比べるとほぼ五分の一となる三六九四人となり、統計が残る四八年以降で最小となった。一方、近年、交通事故死者数に占める高齢者の割合が高くなっているだけでなく、七五歳以上の高齢ドライバーによる死亡事故も増加している[3]。

交通事故死の減少については、七〇年代以降のシートベルト着用義務化の流れが一つの要因だと考えられるが、罰則付きでシートベルトの着用を義務とするのは、自動車に乗る個々人の自由よりも安全を優先する政策の典型例だと言える。高齢ドライバーに関しては、道路交通法改正により認知症検査と、免許停止・取消が実施されるようになっており、これも個人の自由よりも安全を優先する事例だと言えよう。

とはいえ、高齢ドライバーについては、本人の安全もさることながら、他人に危害を加える可能性が高いがゆえに免許を取り消すという理屈が考えられるだろう。これは自由主義の原則であるJ・S・ミルの他者危害原則に適った考え方だと言える。すなわち、成人は原則として他人に危害を加えない限り自由に行為してよいが、未成年や認知症が進んだ人など合理的な判断能力を持たない者の自由については、その制限が正当化される、という考え方である。

認知症高齢者は二〇二五年には七〇〇万人になると推計され、今後ますます多様な問題が生じることだろう。たとえば、認知症不明者が二〇一六年では一・五万人となり、徘徊する認知症高齢者をいかにして早期に発見するかが課題となっている。[4] また、認知症患者の徘徊による電車の事故や、繰り返し万引きした高齢者が実は認知症だったという事案なども生じている。認知症高齢者の行動の自由よりも本人あるいは第三者の安全を優先するような介入が今後重要視されるだろう。しかし、その場合、認知症高齢者の人権をどう保障するかが大きな課題となる。

孤独のリスクとパターナリズム

また、必ずしも高齢者に限らないが、孤独な人々の健康も、世界的に問題になっている。先頃日本でも話題になったように、英国政府が孤独担当大臣を新たに設置したというニュースがあった。[5] 英国では七五歳以上の高齢者の半数が独りで住んでいると推計されている（イングランドだけで約二〇〇万人）。日本でも独り暮らし世帯は二〇四〇年には約四割になると見られており、そのうち六五歳以上は約二三％と推計されている。高齢者は交流が少ないと健康リスクが上がり、孤立死のリスクも高まる。

また、日本では万引き検挙者に占める高齢者の割合が増えていることが知られているが、経済的問題と並んで孤独を動機に挙げる者も多い。孤独がどのように犯罪に結びつくかについては今後のさらなる研究が必要と思われるものの、仮に孤独が当人の健康に悪く、他人に危害を与える可能性も高めるとすると、我々は人々が独居する自由を認めず、複数名で暮らすことを強制すべきであろうか。

これは政府による過度なおせっかいだと批判されることであろう。専門用語で言えばパターナリズムである。パターナリズムとは、本人が自分自身に危害を与えることを防止するために、本人が望んでいるかどうかにかかわらずある行為を強制または禁止することだ。

判断能力のある成人に対するパターナリズムは正当化が難しいが、社会的に全く認められていないわけでもない。たとえば自動車のシートベルトやオートバイのヘルメットの着用義務化は社会的に許容されたパターナリズムである。これが認められているのは、自由の制約によるコストに比べ、ベネフィットが非常に大きいということが主な理由であろう。それに対し、人々が独居する自由を認めないことは制約がかなり大きいと考えられる。だが、どのぐらい費用対効果が高ければ、パターナリスティックな政策が許されるのだろうか。

この文脈で近年注目されているのは、リバタリアン・パターナリズムである。これはナッジとも呼ばれるが、人々の利益になる選択肢を選ぶよう、人々を誘導はするが、別の選択を禁じることはしないという戦略であり、強制しないパターナリズムと言える。たとえば、独居世帯を減らすために、三世帯住宅やシェアハウスに住んだ場合に税制優遇措置を行うとか、あるいは健康増進のために、メタボ健診を受けた個人にはお金やポイントを与えるといった介入が考えられる。こうした介入の問題についても検討を行う。

自殺対策　最後に、自殺対策についてはどうであろうか。自殺についても、自殺対策基本法の策定と、二〇一六年施行の改正自殺対策基本法などの取り組みもあり、一時期三万人を超えていた自殺者数は八年連続で減少し、一七年には二万人台になった(6)。これは好ましい傾向と言える半面、すべての自殺を不合理と考えるべきかという問題がある。最近も安楽死を公然と求める有名人がいたり、高齢の評論家の入水自殺が起きたりしているが、自殺幇助罪の適用などにより、彼らの自殺を困難にすることは過度なパターナリズムと言えないだろうか。自殺をする個人の自由と当人や社会の安全の対立についても検討したい。

ここまでの話をまとめよう。今日、病気、犯罪、災害に対する予防的介入の重要性がますます認識されるようになっているが、政府や社会による予防的介入一般については、個人の自由との衝突の可能性をはじめとする様々な問題があるため、倫理的な検討が欠かせない。そこで本書では、疾病予防、防犯、防災に関わる具体的な事例の検討を通して、「予防の倫理学」の確立を試みる。第Ⅰ章では交通安全が持つ諸問題の検討を通じて、事故予防について考える。第Ⅱ章では公衆衛生や医療における予防の問題を検討する。第Ⅲ章では主に犯罪の予防について、また第Ⅳ章では災害の予防について、具体例を通じて検討する。最後のまとめでは、これまでの議論を踏まえて予防の倫理学の中心概念や一般理論について論じる。

注

（1）平成二九年版『犯罪白書』より。その後も減少を続け、二〇二〇年には六一万四二三一件と戦後最少を更新した。令和三年版『犯罪白書』より（https://www.moj.go.jp/housouken/housouken03_00049.html　二〇二二年八月二八日最終アクセス）。

（2）平均寿命は厚生労働省が毎年公表している簡易生命表より。二〇二一年の平均寿命は女性八七・五七歳、男性八一・四七歳である。また一〇〇歳以上の高齢者の人数は、同省が毎年老人の日（九月一五日）に合わせて公表している資料より。二〇二一年は八万六五一〇人である。日本老年学会および日本老年医学会の報告書は下記参照。「高齢者に関する定義検討ワーキンググループ報告書」（http://geront.jp/news/pdf/topic_170420_01_01.pdf　二〇二二年八月二八日最終アクセス）。

（3）交通事故死者数については警察庁の統計より。二〇二一年の死者数は二六三六人となっている。

（4）行方不明者の状況に関する警察庁の統計より。二〇二一年の統計では「認知症又はその疑いによるもの」は一万七六三六人であり、これは行方不明者全体の二二・三％を占めている。

（5）たとえば、「英国人　実は孤独？　成人の五人に一人実感」『朝日新聞』二〇一八年七月一八日朝刊を参照。日本でも二〇二一年二月に内閣官房に「孤独・孤立対策担当室」が設置され、関係府省と連携して自殺防止や高齢者の見守りに取り組むことにした。「「孤独・孤立対策室」内閣官房に設置」『日経新聞』二〇二一年二月一九日。

（6）　自殺者数はその後も減少を続けていたが、二〇二〇年に増加し、二〇二一年は約二万一〇〇〇人となっている。厚生労働省自殺対策推進室・警察庁生活安全局生活安全企画課「令和三年中における自殺の状況」令和四年三月一五日（https://www.npa.go.jp/safetylife/seianki/jisatsu/R04/R3jisatsunojoukyou.pdf　二〇二二年八月二八日最終アクセス）。

第Ⅰ章　交通事故の予防

1 オートバイのヘルメット着用義務

仮面ライダーのヘルメット着用

少し前、子どもと一緒に古い仮面ライダーを見る機会があった。何とはなしに見ていると、主人公の本郷猛がヘルメットを着けずにオートバイを運転しているのに気づき、違和感を覚えた。

気になって調べたところ、仮面ライダーの放映が開始されたのは一九七一年の四月だった。オートバイ（自動二輪車）のヘルメットは、一九六五年の道路交通法（以下、道交法）の改正により、高速道路や自動車専用道路での着用が義務化された。また、一九七一年の道交法改正により、翌年五月から一般道での着用も義務化された。

ただし、ここでいう「義務化」は、強制力のないいわゆる努力義務であり、警察から指導を受けることはあっても、それ以上の罰則はなかった。道交法の施行令を改正して、ヘルメット非着用の運転者に対して一点減点し、六回違反を重ねると免許停止処分にするという点数制を導入したのは、一九七五年のことである。さらに、ミニバイク（スクーターなどの排気量五〇cc以下の原付自転車）のヘルメット着用が罰則付きで義務化されたのは、一九八六年七月である。

そうすると、本郷猛のヘルメット非着用は一般道でのヘルメット着用が努力義務になる直前の頃であり、法令に違反するものではなかったと言える。ただし、本郷猛役の藤岡弘は仮面ライダーの撮影中にバイク事故を起こし、その後のストーリー展開に変更が必要となるほどの重傷を負った。そのせいもあったのか、復帰後の一九七二年一月以降の放送では、本郷猛はヘルメットを着用するようになっていた。

ヘルメット着用は強制できるか

本郷猛がヘルメットをかぶっていないと違和感を覚えるのは、今日ではスクーターも含め、オートバイに乗る際のヘルメット着用が当たり前だからだろう。しかし、ヘルメット着用が法によって強制されなければならないのはなぜだろうか。

その方が安全だから、というのがすぐに思い浮かぶ答えだろう。実際、ヘルメット非着用に対する減点制が始まった一九七五年の『朝日新聞』の報道によると、減点制を開始する一カ月前の六月からその後の半年間の死者数は五一八人で、前年より二〇六人減少した。また、一月から一一月までの負傷者数も前年より五六〇〇人減って計四万三〇〇〇人となったが、このうち五〇〇〇人近くは六月以降の減少だった。[1]このように、ヘルメット着用の強制は死傷者減少に役立つと考えられる。

だが、政府が安全のためにどこまで個人の自由を制約できるかは、大きな問題である。政治哲学者のマイケル・サンデルは、リバタリアニズム（自由至上主義）の立場を次のように説明している。

「ヘルメットをかぶらずにオートバイに乗ることが無鉄砲であり、ヘルメット着用義務法が命を救い大ケガを防ぐとしても、そうした法律はどんなリスクを自分で取るかを決める権利を侵害すると、リバタリアンは言う。第三者に危害が及ばない限り、そしてオートバイの乗り手が自分の医療費を払える限り、国家には、オートバイの乗り手が自分の命と体でどんなリスクを取るかを指図する権利はない」[2]。

実際、このような考え方が根強い米国では、ヘルメット着用を強制できるかどうかは今日でも論争のあるところだ。米国では日本より一足早く、一九六〇年代後半から各州でヘルメット着用を罰則付きで義務化する法律が整備された。ところが、一九七〇年代中頃から、「ヘルメットを着けるかどうかを決める自由は個人にある」という主張をするロビー団体の活動が活発となり、一九八〇年までに半数以上の州でヘルメット着用を義務付ける法律が撤回されるに至った。現在、米国でヘルメットの着用を義務化している州は一九州およびワシントンD・Cだけで、他の二八州は未成年などに限って着用義務が課されており、残りの三州ではヘルメット着用は全く義務化されていない。この経緯については、マリオン・ジョーンズとロナルド・ベイヤーの「オートバイのヘルメット法、リバタリアンの価値観、公衆衛生」(二〇〇六年)という論文に詳しいので、関心のある読者は参照してほしい[3]。

ヘルメット着用義務の根拠

それでは、個人の自由を理由にしてヘルメット着用の義務化に反対する議論に対し、我々はどのような反論ができるだろうか。この点に関しては、法学者の山田卓生の名著『私事と自己決定』の第五章「ヘルメットとシートベルト——着用義務」が参考になるので詳しく見てみよう[4]。

山田はまず、一九六〇年代末に米国のいくつかの州で、ヘルメット着用義務を規定した州法の合憲性を争う訴訟があったことを紹介している。多くの州ではヘルメット着用を義務化する州法は合憲であるという判決が出されたが、ミシガン州やニューヨーク州などいくつかの州では、違憲判決が出された。とくにミシガン州の控訴審判決では、J・S・ミルの他者危害原則が引き合いに出されるなどして、州法の違憲性が示された。

次に山田は、ヘルメット着用を強制する根拠として、ケネス・M・ロイヤルティの一九六九年の論文「オートバイのヘルメットと自己防衛的立法の合憲性」に依拠して、以下の論点を挙げている。(5)

(1)　ヘルメットなしで運転していると、前方の車が跳ね上げた小石が顔に当たったり、木の枝のような落下物がぶつかったり、飛んできた虫が目に入ったりしてコントロールを失い、他の車に危害を与えかねない。

(2)　事故に遭った場合、ヘルメットを着用していれば被らなかったような傷害を頭部に負うことで、自分で生活する能力を失い、国家の福祉に依存することになる。

(3)　自殺禁止法（自殺未遂者を処罰する法律）やその他の類似の法律との類推により、ヘルメット着用の義務化も認められる。

(4)　現在のオートバイ事故は、「公衆的な災害」と言えるレベルに達しているため、これを防ぐために必要な措置を取ることは、「公的緊急避難」として正当化される。ここで言う公的緊急避難とは、火事が町中に広がるのを防ぐために消防隊が他人の家を壊した場合に、緊急避難措置として免責される、という考え方である。

山田はこれら四つの論点に対するロイヤルティ自身の反論を紹介しているが、重要な論点をやや省略しすぎているきらいがあるため、補足しながら説明しよう。

四つの論拠への反論

(1)は、ヘルメット装着は結局のところ他者危害を防ぐためのものだという論拠である。しかしこれは非現実的な想定であり、ヘルメットをかぶれば他者危害が減るというのはエビデンスがない。また、仮に虫が目に入ってコントロールを失うというのであれば、必要なのはゴーグルの装着を義務化することであり、ヘルメットではない。

(2)は、個人の自由はそれがもたらす他者への危害ではなく、社会的費用を理由に規制可能であるという主張であり、重要な論点である。しかし、ロイヤルティによれば、多くのオートバイ運転手は自分で医療費を払うことができ、社会福祉の世話になることはない。また、医療保険に入っていることをオートバイ免許の取得要件にするということも考えられる。それに、バイク事故が福祉費用を押し上げているというエビデンスも示されていない。人間の行うあらゆる活動が自分に対する危害のリスクを伴う中で、オートバイ運転だけヘルメットの着用を義務化するならば、オートバイ事故によって障害者になる者の割合が非常に高くて国家に対する脅威となっているということを示さなければならないだろう。さらに、社会的費用に訴えるこの議論は、際限なく個人の自由を制限してしまう可能性があり、危険である。

(3)の自殺禁止法との類推は、自殺禁止法それ自体が個人の自由に対する侵害だという批判がなされており、また実際にはこの法律がほとんど使用されていないことから、このような類推に訴えることは難しいとされる。

また、別の類推としてシートベルトの設置義務が引き合いに出されることもある。しかし、シートベルト設置義務は、製造物の安全性を保証するために自動車企業に課せられているものであるから、個人に課されるヘルメットの着用義務とは異なる。むしろヘルメットの着用義務は、喫煙の禁止と同じようなものであるため、喫煙の禁止が問題であるのと同様に問題であろう、とロイヤルティは述べている。

(4)の「公的緊急避難」については、ロイヤルティはヘルメットの強制を正当化しうる根拠として評価しているが、(2)の社会的費用の議論と同様、このような例外的な権力の発動がどの時点で認められるのか、という線引きの問題が生じると指摘している。これは、他の規制との一貫性を考える上でも重要な論点である。

ロイヤルティはかなり公平に論を進めているように思えるが、(3)については、ヘルメットやシートベルトの着用義務が普通になっている現在の日本においては、むしろヘルメットやシートベルト着用の義務化が認められているように、喫煙の全面禁止も自己危害防止の観点から正当化される、という推論の方がもっともらしく思われる可能性があるだろう。

また、ロイヤルティは論文の終わりの方で、ヘルメット着用の義務化に批判的なコメントも記している。「たいていの賢明な人なら、バイクで旅に出るときはヘルメットをかぶるだろうが、近所に出かけるときにはヘルメットをかぶることを拒否するだろう。バイクの運転者にとっては、その決定は州法ではなく自らの判断に任されるべきものである。さらに、そのような対策を重視することは、警察官のすでに複雑な仕事をますます複雑にする傾向にある」。この警察業務の肥大化という問題も予防の倫理学の重要な論点になるだろう。

オートバイのヘルメットの着用義務の話は、話題として古いと感じた読者もいるかもしれない。たしかに山田が紹介しているロイヤルティの論文は約五〇年前のものであるが、自由と安全の対立という古くて新しい問題を考える上では重要な論点を多々含んでいると考えられる。また、現在の日本人が当たり前に受け入れている自由の制約であっても、少し時代が遡れば当たり前ではなくなるということを認識するのにもこうした話題は有用である。次節以降では本節で取り上げた論点も念頭に置きながら、自動車のシートベルト着用義務や自転車のヘルメット着用義務などについて検討する。

注

（1）「効果抜群ヘルメット　単車事故減る」『朝日新聞』一九七五年一二月一二日夕刊。
（2）サンデル著、鬼澤忍訳『これからの「正義」の話をしよう』早川書房、二〇一〇年、八〇〜八一頁。
（3）Jones, Marian Moser, and Ronald Bayer, 'Paternalism and Its Discontents: Motorcycle Helmet Laws, Libertarian Values, and Public Health,' *American Journal of Public Health*, 97(2), 2007, 208-217.

（４）　山田卓夫『私事と自己決定』日本評論社、一九八七年。

（５）　以下の元論文を参照し、表現を少し修正した。また、山田が紹介している二つ目の論点は紙幅の都合で省略した。
Royalty, Kenneth, 'Motorcycle Helmets and the Constitutionality of Self-Protective Legislation,' *Ohio State Law Journal*, 30(2), 1969, 355-381.

2 自動車のシートベルト着用義務

「シートベルト・ヘルメット着用の法律による義務付け反対論への反論を述べよ」。

北大入試の小論文

これは一九八六年三月に行われた北海道大学の入試の小論文で出されたテーマだ。(1)

その前年の六月に成立した改正道交法が同年九月に施行されたことに伴い、高速道路での運転手のシートベルト着用が罰則付きで強制されるようになった。続いて翌年一一月には、高速道路での助手席同乗者、および一般道での運転手と助手席でのベルト着用が罰則付きで義務化されるに至った。また、前節で見たように、ミニバイクのヘルメット着用義務が施行されたのも一九八六年の七月であった。北大の小論文は、この頃に議論が盛り上がっていたことを示すものと言えよう。

前節ではオートバイのヘルメット着用義務を正当化する議論として、事故による他者危害、事故の社会的費用、類似の規制との類推（一貫性の議論）、公的緊急避難といった論点を検討した。本節では、こうした議論を踏まえつつ、また、バイクのヘルメットと自動車のシートベルトの違いも意識しながら、安全対策としてのシートベルトの着用義務化に関する議論を検討しよう。

バイクのヘルメットとの違い　自動車のシートベルトとバイクのヘルメットとの大きな違いの一つは、当然ながら、自動車の場合はシートベルトを自動車に設置する必要があるということだ。日本では一九六八年の運輸省令改正により、翌年から販売される自動車の前後部座席にシートベルトを設置することが義務付けられた。

このような安全対策は主として自動車製造業者に義務付けられるものであるが、研究開発や設置にかかる費用は自動車の値段に反映されるため、最終的には買い手が費用を負担することになる。つまり、安全は無料ではないということだ。すると、こうした安全対策にかかる費用は、事故による社会的費用などと比較衡量される必要があるという考え方も成り立つ。

実際、米国では乗用車の運転席および助手席のエアバッグの設置義務が一九九七年から施行されているが、日本ではエアバッグはかなり普及しているものの、いまだ義務化されていない。それは一つには、義務化による自動車の値上げが問題になりうるからだろう。

二つ目の違いは、自動車の場合には運転手の他に乗客がいることだ。もちろんオートバイも二人乗りは可能だが、自動車は基本的に同乗者がいることが前提として設計されている。とりわけバスや、タクシーなどはそうである。

そうすると、自動車の運転手以外の乗客がシートベルトをしていない場合に、誰が責任を負うかという問題が生じる。実際には、同乗者のシートベルト非着用に関する罰則は運転手に科されることから、運転手が責任を負うことになっているが、これについては後述のように、長距離バスやタクシーの運転手に過剰な義務を負わせているのではないかという問題が生じうる。

シートベルト着用義務化の根拠

自動車に乗る者に対してシートベルトの装着義務が課されたのは、一九七一年の道交法改正による。ただし、この義務は当初は努力義務であり、七〇年代後半になっても、運転者のベルト着用率は高速道路で二〇%程度、一般道では一〇%程度と低迷していた。そこで先述のように、一九八五年の道交法改正により、運転席と助手席のベルト着用に関して罰則付きで義務化され、一九八六年に全面的に施行された。また、後部座席についても二〇〇八年の道交法改正により高速道路に関してはベルト非着用が減点対象となることで義務化されたが、一般道に関しては口頭注意に留まっている。

ベルト着用の罰則付きの義務化が最も早かったのは、オーストラリアのビクトリア州で、一九七一年一月のことである。当時ビクトリア州の州都メルボルンにあるモナシュ大学で教えていた哲学者のピーター・シンガーは、同僚でミルの研究者であるC・L・テンとシートベルト着用義務について議論したことを「学問的自伝」というエッセイの中で回顧している(2)。

シンガーによれば、テンはミルの他者危害原則を根拠にしてベルト着用の義務化に反対していた。それに対してシンガー自身は、シートベルトが交通事故の死傷者数を減らすことは明らかであり、また人々が国によって強制されなければベルトを着用しないことも明らかであったので、この程度の自由の制約なら正当化されると考えていた。つまり、個人の自由と安全のトレードオフは限定的に認められるという立場である。

パターナリズム研究の権威の一人であるG・ドゥウォーキンも、一九七一年の「パターナリズム」という論考の中で、国家が個人の自由を当人の利益のために制約するという意味でのパターナリズムを限定的に容認している(3)。だが、彼は国家による干渉を最小限に留めておくために、①予防すべき害悪や、予防手段の効果について、明白な根拠が提示されなければならず、かつ、②目的を達成するのに必要かつ最小限の制約を課す手段を用いなければならないという条件を提案している。最初の条件については「明白な根拠」の基準をどこに設定するかが問題になるとはいえ、おそらくシートベルト着用の義務化はこの二つの条件を容易に満たすと考えられるだろう。

個人の自由を根拠とするもの以外にシートベルトの着用義務化に反対する議論としては、ベルトは運転をする上で窮屈で不快だという主張がある。これについては、設計上の改善の余地がありうるが、安全のためにある程度の窮屈さや不快さは仕方がないという議論もありえるだろう。

また、自動車が事故で水没したときなどにはシートベルトを着けているとすぐに逃げられずに危険だという議論もある。だがこれは、そういう事態がどのぐらい頻繁にあるかが問題になるだろう。つまり、ベルトを着けていることによる安全上の利益と損失をきちんと比較衡量する必要があるということだ。「ベルトを着けていなかったために事故時に助かった人がいた」という逸話だけでは、ベルトを着けないことを支持するよい理由にはならないだろう。

他方、シートベルトの着用義務化を支持する根拠としては、乗客の安全以外にどのような根拠がありうるだろうか。山田卓夫は『私事と自己決定』の中で、衝突時の車外放出による他者危害の可能性や、事故による医療費等の増大という社会的費用の問題を挙げている。これについては前節でも少し論じたように、他者危害についてはどのぐらい頻繁なものであるかのエビデンスが必要であり、また社会的費用については自動車保険などの別の仕方で賄えないのかといった検討が必要であろう。

後部座席のベルト着用

自動車の運転席や助手席のベルト着用は、現在ではほぼ常識となったために、義務化されていることに大きな疑問を抱く人は少ないだろう。しかし、後部座席のベルト着用はどうだろうか。

後部座席については、二〇〇八年からベルト着用が義務化されたが、先述のように一般道ではまだ努力義務に留まっている。事故時に後部座席の乗客が死亡するリスクは、ベルト非着用時は四倍程度高いとされている。二〇一七年の警察庁の調査では、運転席と助手席の安全対策が進んだ結果、現在では交通事故時の致死率（死傷者数に占める死者数の割合）が最も高いのは後部座席だとされる。[4]だとすると、なぜ後部座席のベルト着用についても罰則付きで義務化されないのだろうか。

後部座席は小さな子どもなど未成年が座る可能性が高い、という理由が一つあるかもしれない。しかし、ミルが他者危害原則は未成年には当てはまらないと論じているように、未成年こそ親などの成人が危険から守ってやる必要がある。実際、六歳未満の子どもに対しては二〇〇〇年の道交法改正によりチャイルドシートの設置が罰則付きで義務化された。

また、後部座席は、気分が悪い場合や長旅などの場合、横になって寝ることもあるため、シートベルト着用の徹底が難しいということもあるだろう。これは長距離を走る高速バスなどにおいても問題になる。

さらに、タクシーや高速バスの場合、運転手が乗客に強制するのが難しいという問題もある。現在では、旅客業者の場合はアナウンスなどを通じて呼びかけを行えば、行政処分は行われないことになっている。しかし、二〇一六年に軽井沢で起きたスキーツアーの深夜バス転落事故では、死亡した乗客一三名のうち、シートベルトをしていたのは一名であり、アナウンスがなかった可能性も指摘されていた。(5) 行政の指導の問題もあるが、ワンマンバスの場合は、乗客のベルト装着のチェックは困難であり、また運行会社としても他の業者との競争の問題もあるため、徹底が難しいということが考えられる。

重要な考慮事項は何か

今日、交通事故による死者数は非常に少なくなっている。最も多かった一九七〇年には年間死者数が一万七〇〇〇人に近かったのに対し、二〇〇九年には四〇〇〇人台となり、さらに二〇一六年には三〇〇〇人台、二〇二〇年には二八三九人と、警察庁が一九四八年に統計を開始して以来、初めて三〇〇〇人台を下回った。(6) これはシートベルト着用の普及だけではなく、警察による安全運転の指導、道路や標識の整備、より安全な自動車の開発などにもよると考えられる。とはいえ、年間三〇〇〇人近くが命を落としていることを鑑みれば、今後も交通事故防止のために様々な努力を行うべきことに異論はないだろう。しかし、我々はより大きな安全を得るためにどこまでの対価を払うべきだろうか。

シートベルト着用の義務化をめぐるここまでの議論で、この問題を考える上での重要な考慮事項として、一方には安全性および事故の社会的費用の考慮があり、他方には安全性を追求するための対価として、個人の自由、快適さ、安全確保にかかる費用や手間などがあることが明らかになった。交通安全とはつまり交通事故予防のことである。すると、予防で問題になる論点の一つはその費用対効果であることがわかる。この論点は、形を変えながら次節以降の議論でも姿を現すであろう。

次に、自転車の安全運転に関する規制の強化について考えることにしたい。

注

(1) 「国公立大学二次試験・小論文テーマ」『朝日新聞』一九八六年三月五日朝刊。

(2) Singer, Peter, 'An Intellectual Autobiography', in *Peter Singer under Fire: The Moral Iconoclast Faces His Critics*, ed. by Jeffrey A. Schaler (Chicago, Ill: Open Court, 2009), pp. 1–74.

(3) Dworkin, Gerald, 'Paternalism', in *Morality and the Law*, ed. by R. A. Wasserstrom (Wadsworth Publishing Co., 1971), pp. 107–126.

(4) 「後部座席　実は危険」『読売新聞』二〇一七年六月七日朝刊。

(5) 「「なぜ」消えぬ一カ月　一五人死亡　軽井沢・バス事故」『朝日新聞』二〇一六年二月一四日朝刊。

(6) 交通事故死者数については警察庁の統計より。二〇二一年の死者数は二六三六人となっている。

3 自転車の安全対策

「「私に限って自転車事故とかありえへん」その考えが、ありえへん」。二〇一八年四月から京都府および京都市で自転車賠償責任保険への加入義務化が始まった。これはそのときのポスターのキャッチコピーだ。京都で自転車に乗る人すべてが対象である。ただし、自動車やオートバイの損害賠償責任保険（いわゆる自賠責保険）とは異なり、義務化といっても罰則はない。

自転車保険の義務化

その背景にあるのは、自転車事故の高額賠償事例、とりわけ二〇〇八年に神戸市で起きた自転車事故とされている。この事故では、当時小学校五年生だった少年の乗った自転車が坂道で六〇代女性と正面衝突し、女性は長期間にわたり意識不明の状態となった。その五年後に神戸地裁は、少年の母親に対して約九五〇〇万円の賠償命令を出し、大きな注目を集めた。これを受け、兵庫県は二〇一五年に全国初の自転車保険加入の義務化に踏み切った。その後、大阪府や滋賀県もこれに続き、京都府および京都市も義務化することになった。

自転車保険の義務化は倫理的に正当化できるだろうか。一見するとこれはパターナリスティックな制度であり、保険加入は自転車利用者が自由に決めればよいように思われる。とはいえ、年間の保険料は少額であり、万一事故を起こした場合には、加害者は最大で一億円近い賠償金を支払わねばならないことを考えると、被害者救済の観点から強制加入を正当化することも可能かもしれない。また、自転車も軽車両であり、自動車やオートバイでは自賠責保険が強制加入になっていることを鑑みれば、一貫性のある対応と言える。

では、自転車に関するその他の規制はどうだろうか。たとえば、自転車運転中のスマホやイヤホンの使用は規制されるべきだろうか、また自転車についてもオートバイと同様にヘルメット着用を義務化すべきだろうか。

近年起きた自転車事故　前述の神戸市の自転車事故以外にも、最近注目された自転車事故がいくつかある。

(1)　二〇一五年六月一〇日の午後七時頃、千葉市稲毛区の県道で一九歳の少年が自転車で路側帯を走行中に赤信号を見落とし、横断歩道を渡っていた七七歳の女性に衝突した。女性は転倒して頭を打ち、病院搬送後まもなく死亡した。警察によると自転車は時速約二五キロで走行しており、イヤホンを付けて音楽を聴いていたとされる。少年は重過失致死容疑で起訴され、翌年二月に千葉地裁にて禁錮二年六カ月、執行猶予三年の判決が出された[1]。

(2)　二〇一七年一二月七日の午後三時頃、川崎市麻生区で、歩行者専用道路の商店街を電動自転車で走行していた二〇歳の女性が、歩行中の七七歳の女性と衝突し、脳挫傷などで死亡させた。翌年八月に横浜地裁にて重過失致死罪で禁錮二年、執行猶予四年の判決が出された。判決によると、女性は左耳にイヤホンを付けて音楽を聴きながら飲み物を持った右手でハンドルを握り、左手でスマホを操作しながら時速約九キロで走行中だった。[2]

(3)　二〇一八年七月五日午前八時半頃、横浜市都筑区の市道を雨がっぱを着用した三八歳の女性が電動自転車で走行中に転倒した際、抱っこしていた一歳四カ月の次男が頭を強く打って死亡した。女性は前部の幼児用座席に二歳の長男を乗せ、次男とともに保育園に送り届ける途中だったが、左手首に提げていた傘が前輪にからまって転倒したと見られるという。警察は女性を過失致死の疑いで書類送検した。[3]

どれも痛ましい事故であり、直観的には何らかの対策を取る必要があるように思われる。しかし、こうした事故は増えているのだろうか。

自転車事故は増えているのか

警察庁の統計を見る限り、全般的には自転車事故は増えていない。警察庁交通局による二〇一七年の分析によると、自転車事故の発生件数は二〇〇四年の一八万七九八〇件をピークに年々減少しており、二〇一七年は九万四〇七件となっている。[4] 死者数についても、二〇〇〇年以降は年間一〇〇〇人を下回り、直近の二〇一七年は五〇〇人を切っている。[5] 交通事故による年間死亡者一万七〇〇〇人近くと最大を記録した一九七〇年前後は第一次交通戦争と呼ばれるが、この当時の自転車乗用中の死者数は年間二〇〇〇人を超えていた。自転車の保有台数は当時の約二八〇〇万台から現在（二〇一九年）の七六〇〇万台へとほぼ三倍に増えているが、死者数は四分の一以下となっている。

このように自転車が関係する事故数は減り続けているが、国や地方自治体が近年、道交法や条例の改正等を通じて自転車利用に関する安全対策を強めているのは、全交通事故に占める自転車関連事故の構成比が二〇％前後で横ばいであるという認識と、対歩行者の自転車事故が相対的に見てあまり減っていないという認識があるようだ。(6)

どういう規制が望ましいか

スマホや携帯電話の運転中の使用に関しては、自動車については二〇〇四年の道交法改正により、手で保持して通話のために使用したり、表示された画像を注視したりしていると、事故につながらなくても五万円以下の罰金が科されることになった。自転車についても都道府県の道路交通規則で同様の規制がある（たとえば、京都府道路交通規則の第一二条第一二号参照）。こうした規制については、危険性についてのエビデンスの蓄積が必要であるとはいえ、ミルの他者危害原則による正当化が可能だと考えられよう。

では、イヤホンの使用についてはどうだろうか。視線計測装置を用いた「ながらスマホ」の危険性について研究をしている愛知工科大学の小塚一宏の研究によると、自転車走行時に両耳でイヤホンをして大音量で音楽を聴いていると、横からの人の飛び出しに気づくのが通常と比べて約〇・二秒から〇・三秒遅れることがわかった。(7) だが、このような反応の遅れがどの程度実際の事故につながるのかは、注意深くエビデンスを集める必要があると思われる。というのは、同じ問題が自動車運転中の音楽についても当てはまりうるからだ。

この点について、京都府警察のポスターなどを見ると、自転車走行中にイヤホン、ヘッドホン等で音楽等を聴きながら運転することが罰則付きで禁じられているかのように記されている。だが、そうしたポスターが依拠している京都府道路交通規則の第一二条第一三号を確認すると、「大きな音量でカーラジオ等を聞き、又はイヤホン、ヘッドホン等を使用しているため、安全な運転に必要な交通に関する音又は声を聞くことができないような状態で車両等を運転しないこと」とあり、自転車も自動車も同じ条文で規制されていることがわかる。もし自転車の場合にだけイヤホン使用の規制を強化するのであれば、自動車に比べて自転車走行時のイヤホン利用が事故のリスクを上げていることのエビデンスを示すことが求められるだろう。

第三に、ヘルメットの着用義務についてはどうだろうか。オーストラリアとニュージーランドでは一九九〇年代初頭からすべての自転車利用者について、ヘルメット着用が罰則付きで義務化されている。お隣の韓国でも、二〇一八年九月施行の改定道交法により、自転車ヘルメットの着用が義務化された（ただし罰則はない）。警察庁の調査では、ヘルメットを着用していないと死亡率が約三・三倍上がるとしている(8)。オートバイのところで見たように、ヘルメット着用の強制はパターナリスティックなものとも言える。しかし、オートバイですでに義務化されていることを考えると、一貫性の観点からは義務化を考えるべきだとも言える。また、仮に成人については個人の自由だとしても、未成年のヘルメット着用は義務化すべきかもしれない。二〇〇八年の道交法改正により、幼児および児童（一三歳未満）に対するヘルメット着用が保護者の努力義務となったが、これで十分なのか検討が必要であろう(9)。

ここまでの記述から明らかなように、自転車の規制については自動車やオートバイの規制との一貫性が重要であり、異なる対応をする場合は、リスクの程度の違いなどの根拠を示す必要があるだろう。

自転車規制と強制力

最後に、自転車の規制には適切な強制力が伴っていないという問題を指摘しておく。自動車やバイクに関しては軽微な交通違反を取り締まるために一九六八年から交通反則通告制度が導入され、交通違反に対して反則金の納入をすれば刑事罰を科されずに済むようになった。ところが自転車に関してはこの制度が導入されなかった。そのため、自転車の道交法違反を本気で取り締まろうとすれば、刑事手続きを経て刑事罰を科すことになる。自転車の交通違反で前科者を作るというのは警察としても二の足を踏む。その結果、違反者には「指導警告票」という罰則のないチケットを渡すことぐらいしかできない、というのがこれまでの現状であった。

同様に、自動車やバイクでは一九六九年から交通違反や事故に関する点数制度が始まったが、そもそも免許が必要ない自転車には適用できない。つまり、自転車に関しては実質的にすべての規則が罰則を持たない努力義務なのだ。近年、自転車の免許制が議論されるようになってきたが、免許制にすればこのような強制力の問題が解決するという利点がある。

もっとも、二〇一五年六月からは、危険な自転車運転を繰り返す者に対する講習制度が施行され、危険行為を繰り返し公安委員会から講習を受ける命令が出されたにもかかわらず講習を受けない場合には五万円以下の罰金を科せられることになった。これが唯一、強制力付きの義務だと言える。ただ、二〇一七年の交通白書によると、施行後一年間に危険行為を反復したために同講習を受けたのは全国でわずか二四名だった。この試みが十分な効果を発揮するかは、今後の経過を見守る必要がありそうだ(10)。

注

（1）「イヤホンし運転の自転車衝突　横断中の七七歳死亡」『朝日新聞』二〇一五年六月一二日朝刊、「自転車死亡事故、有罪　イヤホン運転の学生　千葉地裁」『朝日新聞』二〇一六年二月二四日朝刊。

（2）「ながらスマホ事故、警鐘　自転車ぶつかり死亡、元学生に有罪判決　地裁川崎支部」『朝日新聞』二〇一八年八月二八日朝刊。

（3）「抱っこで自転車　危険」『朝日新聞』二〇一八年九月一五日朝刊。

（4）警察庁交通局の「令和三年中の交通事故の発生状況」（三六頁）を見ると、その後も二〇二〇年までは年々減少していたが（六万七六七三件）、二〇二一年に微増した（六万九六九四件）。

（5）二〇一七年の自転車乗車中の死者数は四七九人であり、その後は減少を続け、二〇二一年は三六一人となっている（同、八頁）。

（6）なお、東京都内では交通事故件数に占める自転車関与率が増加傾向にあり、二〇二一年では四三・六％になっている。詳しくは警視庁の「都内自転車の交通事故発生状況」の「令和三年中　自転車事故分析資料」を参照のこと。

（7）「歩行中・自転車運転中の〝ながらスマホ〟時の視線計測と危険性の考察」『電子情報通信学会　基礎・境界ソサイエティ Fundamentals Review』二〇一六年。

（8）警察庁交通局「平成二九年における交通死亡事故の特徴等について」より（三三頁）。ただし、この数値はその年のヘルメット着用者と非着用者の死者数を比較しているため、二〇二〇年は約三・〇倍、二〇二一年は約一・六倍などとかなり大きな変動がある。各年の資料は警察庁の「交通事故分析資料」を参照のこと。

（9）その後、二〇二三年四月施行の改正道交法により、ヘルメット着用が全年齢で努力義務となった。

（10）その後、自転車運転者講習制度の施行状況については全国的なデータは公表されておらず、実態は不明である。

4 高齢運転者の規制

相次ぐ高齢運転者の事故

二〇一八年一月、群馬県前橋市で八五歳男性の運転する乗用車が猛スピードで県道を逆走し、自転車で登校中だった女子高生二人を次々とはねて死傷させた。また、二〇一八年五月には神奈川県茅ヶ崎市の国道交差点で、九〇歳女性の運転していた乗用車が横断歩道の歩行者を巻き込みながら歩道に突っ込み、一人が死亡、三人が軽傷を負う事故があった[1]。

こうした事故報道を背景に、高齢運転者に対する社会の目は年々厳しくなり、後述のように規制も強化されてきた。高齢者、とくに認知症患者は交通事故による自傷他害のリスクが高いのであれば、事故防止のための規制は妥当だと思われる。だが実際のところ、高齢者による事故は増えているのだろうか。以下では倫理的に適切な規制のあり方について考える。

高齢者による事故の実態

高齢者による事故は実際に増えているのだろうか。少し細かくなるが、統計資料を見てみよう。

警察庁交通局の「平成二九年における交通死亡事故の特徴等について」という資料によると、七五歳以上と八〇歳以上の運転免許保有者はともに増加を続けており、二〇一七年の免許保有者数は、一〇年前と比較すると七五歳以上は約一・九倍、八〇歳以上は約二・三倍に増えている。この資料の書

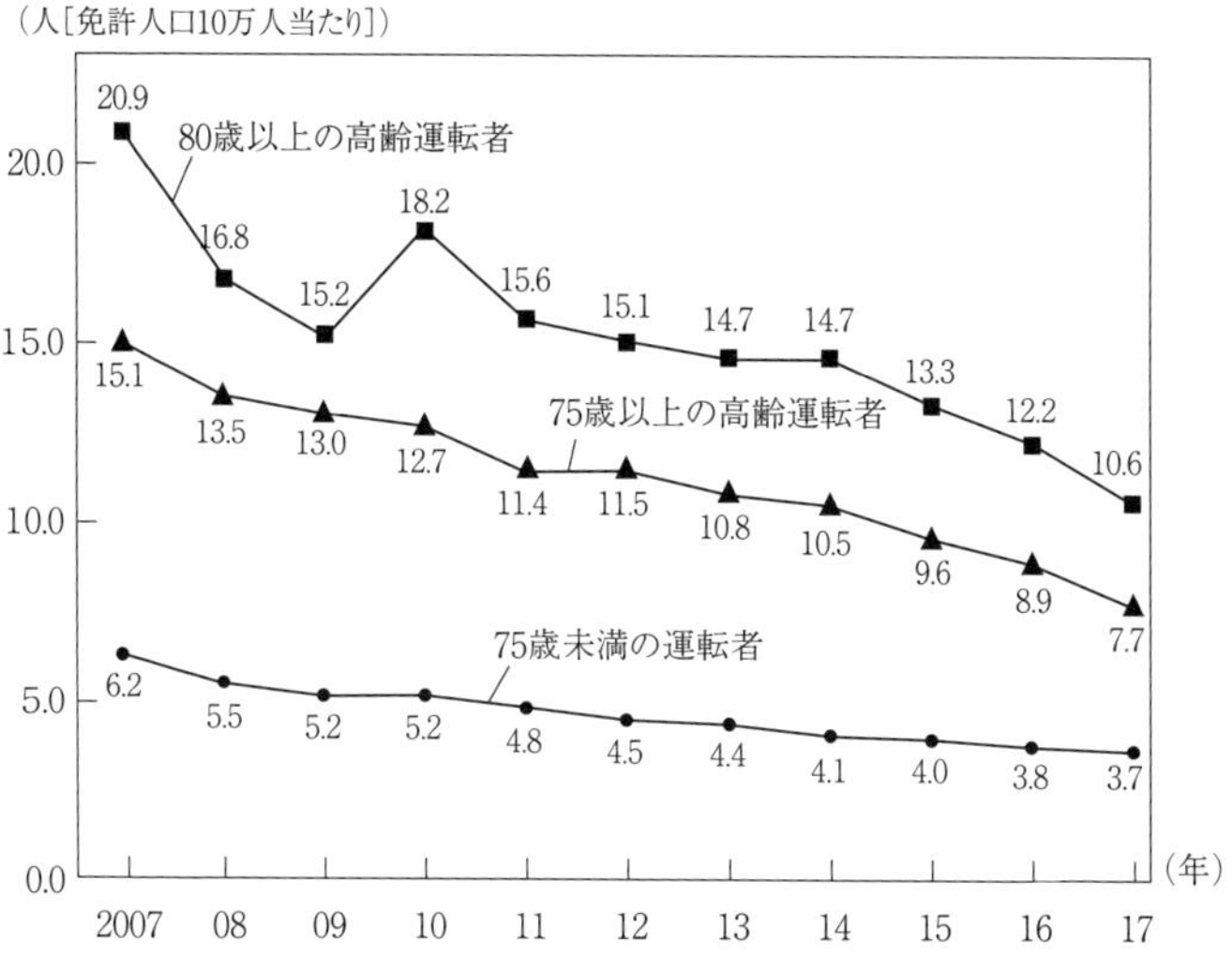

図 1　高齢運転者による死亡事故件数の推移（免許人口 10 万人当たり）
（注）各年 12 月末の運転免許保有者数で算出した。
（出所）警察庁交通局「平成 29 年における交通死亡事故の特徴等について」。

き方からわかるように、この文脈での「高齢者」とは、七五歳以上のいわゆる「後期高齢者」のことを指す。

同じ警察庁の運転免許統計を見ると、二〇一七年末における運転免許保有者は、七五歳以上だと約五四〇万人、八〇歳以上は約二二一万人である。[2] 同じ年の日本の七五歳以上人口（総務省統計）は約一七四七万人、八〇歳以上は約一〇七四万人であるから、七五歳以上のおよそ三人に一人、八〇歳以上のおよそ五人に一人が運転免許証を保有していることになる。なお、九〇歳台でも約八万三〇〇〇人、一〇〇歳以上でも一二二人が免許をもっている。ただし、このうちのどれくらいが実際に運転しているのかは、統計上は不明である。

このように高齢運転者が増えているので

あれば、事故が増えるのは予想されることである。だが、七五歳以上の運転者はここ一〇年で約一・九倍になったのに対し、死亡事故件数は二〇一七年は約四一八件、その一〇年前は四二七件と、ほぼ横ばいである。免許人口一〇万人当たりで見ると、先の資料によれば、七五歳以上、八〇歳以上の高齢運転者ともに、死亡事故件数は減少傾向にある。具体的には、二〇一七年中の死亡事故件数は七五歳以上で七・七件、八〇歳以上で一〇・六件と、ともに一〇年前と比べてほぼ半減している（図1）[3]。しかし、七五歳未満の平均値は免許人口一〇万人当たり三・七件のため、先の資料では「高齢運転者ほど死亡事故を起こしやすい傾向が続いている」と記されている。

とはいえ、同じ資料からは、一六〜一九歳の死亡事故も免許人口一〇万人当たり一一・四件となっているため、八〇歳以上の運転者よりも事故リスクが高いことになる。また、七五〜七九歳の死亡事故は免許人口一〇万人当たり五・七件であり、これは二〇〜二四歳の五・二件とそれほど変わらない。

つまり、以上の統計資料から言えるのは、七五歳以上の高齢運転者による死亡事故件数について言えば、運転免許の保有者が約二倍になったが死亡事故件数は横ばいであり、免許人口一〇万人当たりで見れば半減しているということだ。また、七五歳以上の高齢者が問題視されているが、実際にリスクが高いのは八〇歳以上であり、その場合でも未成年の運転者と死亡事故を起こすリスクは同程度だということになる。

にもかかわらず、高齢運転者の交通事故が社会的に問題になっているのは、認知症あるいは認知機能の低下のおそれのある者の事故が増えているという認識が広まっているからであり、高齢者の中でもとりわけハイリスクだと考えられているこうした人々に対する規制が行われるようになっている。

高齢運転者の規制強化

高齢運転者に対する規制は二〇〇〇年代以降、主に道路交通法（以下、道交法）改正を通じてなされてきた。まず、二〇〇一年の道交法改正（施行は翌年六月）により、統合失調症やてんかんなどの一定の疾患を持つ者でも病状次第で免許を保持することが可能となった一方で、認知症の診断のある者に対しては免許の取消や停止が公安委員会によって命令できるようになった。

次に、二〇〇七年の道交法改正に基づき、七五歳以上の免許更新者に対する認知機能検査（講習予備検査）の受検義務化が二〇〇九年六月から施行された。これは、時間の見当識（検査時の年月日、曜日及び時間を回答）、手がかり再生（一六種類の絵を記憶し、何が描かれていたかを回答）、時計描画（時計の文字盤を描き、指定された時刻を表す針を描く）の三つからなるテストであり、その結果に基づいて記憶力・判断力を「心配ない」「少し低下している」「低下している」の三つに分けるものである。「低下している」、つまり認知症の恐れがある場合でも高齢者講習を受ければ運転が許されるが、信号無視や逆走などの一定の交通違反を起こした場合は、専門医の診断（臨時適性検査）を受けて診断書の提出が求められる。その場合に認知症と判明した場合には公安委員会により免許の取消あるいは停止が行われる。

さらに、二〇一七年三月に施行された改正道交法（二〇一五年改正）では、認知症の恐れのある者に対するスクリーニングが強化された。具体的には、七五歳以上の者で免許更新時の認知機能検査により認知症の恐れがあると判断された者には、交通違反の有無に関係なく医師の受診が義務化されるとともに、信号無視などの一定の違反行為があれば免許更新を待たずに臨時認知機能検査を受けることが義務化された[4]。

規制の問題点

このような規制の仕方に対しては、すでに様々な問題が指摘されている。精神科医の上村直人と池田学の「認知症と自動車運転[5]」によれば、認知症患者の免許保有者は推定で二〇〇万人近く存在するとされ、都市圏、地方にかかわらず、診断を行わなければならない臨床医にとって喫緊の課題である。しかし、認知症といっても様々な背景疾患があり、それぞれの疾患によって損なわれる機能が異なっている。たとえば、記憶障害や判断能力の低下が生じるアルツハイマー病であれば行き先を忘れたり、迷子運転や駐車場での接触事故などが生じたりしやすい。それに対して、衝動性や脱抑制（社会の規則を守らない）などの行動障害が生じる前頭側頭葉変性では、信号無視や注意維持困難やわき見運転による追突事故などが多く見られ、上村らの調査では認知症の中でも最も高い比率で事故を起こしていた。このように背景疾患の違いによって危険運転や事故発生リスクは異なると考えられるため、上村らは「認知症としてひとくくりにした対応は医学的にも、社会的制度上もその制限には対応が異なるべきであると思われる」と述べている。

また、日本老年精神医学会が二〇〇九年に行った調査では、運転している認知症患者の六人に一人が交通事故を起こしていたものの、事故を起こした患者の約半数は七五歳未満だったとされる[6]。すると、七五歳以上の運転者をスクリーニングする現在の制度は、認知症のおそれのある者を半分しか見つけ出せないことになる。

さらに、上村らは日本精神神経学会などの関連学会の見解もまとめている。そうした見解によれば、認知症と危険運転の因果関係についてはエビデンスが不十分であり、また軽度の認知症患者で運転能力が損なわれているかどうかは医師でも判断が困難であるとされ、そうした認知症の重症度や背景疾患の違いに留意せず「認知症」としてひとくくりにし、診断が付くと自動的に免許が取消になるという規制の仕方は障害者差別につながりかねないと指摘されている。これは過去にてんかんや統合失調症などについて問題になったことでもあった[7]。前述のように二〇〇一年の道交法改正により、てんかんなどの疾患に関しては絶対的欠格ではなく相対的欠格、すなわち免許を取り消すかどうかは服薬や発作の状況を鑑みて判断するという制度に変更された。認知症に関しても、医学的エビデンスや海外の動向も参考にしつつ、患者の人権を尊重した適切な規制を行う必要があるだろう。

もう一つ重要な点として、医師－患者関係の問題がある。二〇一三年の道交法改正に基づき、二〇一四年六月から、医師は認知症と診断した場合には任意で公安委員会に通報できるようになった。これにより医師—患者間の法的な守秘義務の問題は解消されたと言えるが、上村らが述べているように、医師は公共の安全を守る義務がある一方で、「認知症の診断書を作成することで認知症の人の生活する権利を奪うという行為は心理的に受け入れにくく、……かかりつけ医としての立場の臨床医とすれば、通院が困難となり認知症の治療の機会自体が奪われるというジレンマに陥らざるをえない」。つまり、医師は公共の安全と患者の利益との間でジレンマに陥るということだ。また、患者からすれば、守秘義務を守ってもらえないのであれば、病院に行くことをためらうことになるだろう。

最後に、制度的な問題としては、患者が認知症と診断された場合には公安委員会によって免許取消ないし停止の処分が下されるが、その場合、免許証を自主返納した際に免許証代わりの身分証明に役立つ運転経歴証明書が交付されなくなる。そのため、認知機能検査で認知症のおそれがあると判断された場合には、診察を受けずに免許証の自主返納を行う者が多いことが指摘されている(8)。このような制度だと、患者の認知症の診断に遅れが生じ、結果的に治療も遅れることになりかねないだろう。

次節では、予防の倫理学の観点からここまでの内容の小括を行うことにする。

注

(1) それぞれ、「八五歳、免許返納応ぜず　接触事故「数えきれず」　前橋二人重体／群馬県」『朝日新聞』二〇一八年一月一〇日朝刊、「運転の九〇歳女を逮捕　茅ヶ崎の事故、四人死傷　過失致死傷容疑」『朝日新聞』二〇一八年五月二九日朝刊。翌年の二〇一九年にも、四月には東京都の池袋で当時八七歳の男性が運転する乗用車が暴走して赤信号の交差点に突っ込み二人死亡、八人が怪我をする事故や、六月には福岡市内で八一歳の男性が運転する乗用車が暴走して他の車や通行人に衝突し、男性と同乗の妻は死亡、他八人に重軽傷を負わせた事故が起きて注目を集めた。「八七歳の車暴走、母娘死亡　歩行者ら八人けが／池袋」『朝日新聞』二〇一九年四月二〇日朝刊、「福岡暴走、最速で一三五キロ　死亡の運転男性、書類送検　一〇人死傷【西部】」『朝日新聞』二〇一九年一〇月三〇日朝刊。
(2) 令和三年版の運転免許統計によると、二〇二一年末における七五歳以上の免許保有者は約六一〇万人、八〇歳以上は約二六〇万人に増加している。

（3）二〇二一年だと、免許人口一〇万人当たりの七五歳以上高齢運転者による死亡事故件数は五・七件で、七五歳未満運転者だと二・六件である。警察庁交通局の「令和三年における交通事故の発生状況等について」より。

（4）その後、二〇二〇年の道交法改正により、違反歴のある七五歳以上の高齢者に対して運転技能検査（実車試験）を義務化し、合格しなければ免許更新不可とした。また、自動ブレーキなどを備えた安全運転サポート車（サポカー）が条件の限定免許も創設した（いずれも二〇二二年五月一三日施行）。「違反歴ある七五歳以上対象　きょうスタート　運転技能検査」『産経新聞』二〇二二年五月一三日朝刊。

（5）上村直人・池田学「認知症と自動車運転」『精神医学』第五九巻第四号、二〇一七年、三二五〜三三二頁。

（6）上村らの文献による。

（7）川合謙介「てんかんと自動車運転」『精神医学』第五九巻第四号、二〇一七年、三一一〜三一六頁。

（8）「府内の七五歳以上ドライバー「認知症恐れ」受診三割」『京都新聞』二〇一八年一月八日朝刊。

5　交通事故の予防について考える

前節では高齢運転者の規制とその問題点について考えたが、どのような政策が望ましいのだろうか。今回はこれまでの内容も踏まえて、もう少し掘り下げて考えてみたい。

事故予防の3E

事故予防一般に関して、3Eというのがよく知られている。事故予防の3Eとは、法制化（Enforcement）、教育（Education）、技術（Engineering）の三つであり、これらの視点からの対策を求めるものだ。[1] 米国傷害予防・制御委員会（National Committee for Injury Prevention and Control）『傷害予防——挑戦に立ち向かう』（一九八九年）という報告書の説明では、法制化は「新しい法律の可決と執行、または既存の法律のより徹底した執行」、教育は「一般市民ないし特定の集団の教育、または特定の傷害関連行動を変更する努力」、技術は「製品の設計あるいは物理的環境の変更」を意味するとされる。技術というのは、たとえば自動ブレーキなど、工学的な解決を指す。ただし、技術の代わりに環境（Environment）と記述する解説も多いように、広く環境一般を変えることによって交通事故を減らすという考え方でもある。この報告書ではチャイルドシートが例に挙がっている。チャイルドシートによる安全の確保は技術的な対策であり、それを法的に強制するのが法制化である。また教育には、チャイルドシートを適切に付けるための教育や、法制化に向けて人々を啓発する教育も含まれるとしている。このように3Eは単独ではなく、しばしば同時に用いられるものである。

ちなみに、事故予防の3Eは、ジョンズ・ホプキンズ大学の公衆衛生大学院の教授であったスーザン・ベイカーが一九七〇年代に提唱し、有名になったものだ。(2) チャイルドシートの法制化の立役者として知られているベイカーは、傷害予防（injury prevention）の母とも呼べる存在で、彼女が一九七〇年代初頭にジョンズ・ホプキンズ大学で傷害予防の講義を教えはじめたとき、同僚に「それは公衆衛生の問題なのか」と問われたという。当時の公衆衛生は感染症の研究がまだ主流であり、その手法が交通事故などの事故予防にも用いられだして間もない頃だったのだ。なお、ベイカーより年長で飲酒運転の危険性を実証的に示したことで知られるウィリアム・ハドンの「ハドンのマトリクス」も有名である。これは傷害予防を感染症予防と類比的に捉えて、感染による病気を防ぐのと同様な手法で傷害を防ごうとするものである。これについては後に言及する（三一九頁参照）。

さて、事故予防の3Eは交通事故に限らず様々な事故防止に適用できる汎用性の高い重要な発想だが、倫理的観点から見た場合、少なくとも三つの観点、すなわち、自由に対する制約、（主に経済面から見た）社会的なコスト、予防の有効性という観点から評価される必要があるだろう。この点について、前節で取り上げた認知症高齢者の運転規制を例に考えてみよう。

高齢運転者の規制の例

交通事故を予防するための教育（免許更新時の講習や免許証の自主返納の勧告も含む）は最も自由の制約が小さく、おそらくコストも低く済むものと考えられる。だが、事故予防に関してこれだけで十分に機能するかは不明である。一方、認知症高齢者の免許取消や停止を含むような法制化に関しては、事故削減には有効だと考えられるが、前節で見たように、自由の制約が過度に大きくなるおそれがあり、また執行に伴う医師の協力要請といった社会的なコストも一定程度あるだろう。工学的解決について言えば、現在政府は、高齢運転者の交通事故防止対策の一環として、自動ブレーキやペダル踏み間違い時加速抑制装置等を搭載した車（安全運転サポート車、通称サポカーS）の普及啓発を進めている。一見したところ、こうした工学的解決によって高齢者がより安全に運転できるようになるのが最もよい解決策のように思われる。ただし、自由の観点から見た場合は、これもたとえば自動車のシートベルト設置のように法制化を必要とする場合は、一部の高齢者はそれしか乗れないという意味で一定の自由の制約が生じる。また、この設備を搭載した車を新たに購入するコストも考えなければならないと言える。

認知症の高齢運転者の免許取消や停止は、シートベルトやヘルメットの着用義務化に比べると、運転を禁止するという大きな制約を含んでいる。つまり、シートベルトやヘルメットであれば、着用さえすれば運転ができるが、免許取消の場合は運転そのものができなくなる。個人の自由に対するこのような制約の大きさを鑑みれば、その実施には慎重になるべきであろう。

とはいえ、高齢運転者については、主にパターナリズムに基づくシートベルトやヘルメット着用の強制の場合とは違い、交通事故によって単にドライバー本人が怪我をするおそれがあるだけでなく、交通事故に伴う他者危害のリスクがあることも事実である。そこで何らかの対策が必要とされるわけだが、道交法などの法律による規制をする場合の大きな問題は、他者危害のリスクの高いグループをどの程度正確に特定できるかであろう。前節で見たように、単に高齢者、あるいは単に認知症というだけで運転をできなくするのはこれらのカテゴリーに属する人々の自由を不当に奪うだけでなく、社会的な差別をもたらす可能性もある。今井博之の「傷害制御の基本的原理(3)」では、3Eではなくハドンのマトリクスの文脈であるが、先ほど述べた個人の自由、コスト、予防の有効性の他に、公平性、汚名（スティグマ）、社会的志向（社会の選好）、実現可能性といった政策評価基準も紹介されている。認知症の高齢運転者の場合には、とりわけ他のグループの人々や政策との一貫した扱いを要請する公平性や、差別的扱いによる汚名といったことが問題になると思われる。

自由と安全のコスト

一九六〇年代末から七〇年代初頭にかけて米国で活躍したCSN&Y（クロスビー、スティルス、ナッシュ&ヤング）の曲で、「自由の値」というものがある。米国の人々が謳歌する自由には、犠牲が伴っているという現実を歌ったものだ。邦題の「値」は cost の訳なので、むしろ「自由の代償」の方が適切だろう。

交通安全に関するこれまでの節で見てきたのは、この曲名が示唆する通り、自動車交通に関連する自由の維持にはコストがかかるということだ。この場合のコストには、金銭的なものだけでなく、安全が損なわれることによる人命のコストも含まれる。このコストが社会的に許容できないほど大きくなれば自由の制約もやむをえないと考えるのが功利主義的な思考であり、逆にいくらコストが大きくなっても自由は守られねばならないというのが義務論的な思考である。功利主義者のJ・S・ミルは

『自由論』（一八五九年）で一見すると義務論的な仕方で個人の自由を擁護しているが、実際のところはそうではなく、他人に危害を加えない範囲での個人の自由を擁護することが長い目で見れば最大多数の最大幸福に一致すると論じている。

他方で、安全の確保にもコストがかかる。この場合のコストには、やはり金銭的なものだけでなく、強制に伴う自由の制約というコストも含まれる。そして、より一層の安全を追求すればするほど、その追求に伴うコストは高くなるという傾向（限界効用の低減）が見られる。たとえば、交通事故の死者数をゼロにするという目標は立派であるが、それを一定期間にわたって維持するには莫大なコストがかかるだろう。また、自由についてと同様、安全についても、功利主義的思考と義務論的思考がありうる。前者は、安全のためのコストが一定限度を超える場合には、それ以上の安全を追求しないという立場である。後者は、コストがいくらかかっても安全の確保が要請されるという、文字通りの意味での「安全第一」の立場である。

米国ではオートバイのヘルメット着用義務がいくつかの州で撤回されたり、あるいは銃規制の強化に対して強い反対があったりと、個人の自由を重視する傾向がある。他方、日本ではこれまでの事例や、今後の章でも見るように、自由や金銭を相当犠牲にしてでも安全を追求する傾向があるように見える。いずれの場合も、一見すると義務論的な思考をしているように思われるが、実際には、米国でも日本でも人々は功利主義的に考えており、ただ「自由や安全のためにどこまでならコストを払うつもりがあるか」という閾値に関する問いについての考えが違うだけだという理解も成り立つ。その場合に重要なのは、この閾値に関する問いについて、社会としてある程度の共通了解を持ち、それを様々な問題に関して一貫して適用することである。

この閾値に関する問い、つまり許容できる危害のリスクの上限をどこに設定するのかという問いについて言えば、交通事故による死傷者数が全体的に減っている現在、交通規制の発想は、たとえば高齢運転者の場合のように、「他のグループと比べて減っていないところを減らそう」という、相対的基準であるように見える。これは交通事故の死傷者数が多かった時期には有効に機能したと考えられるが、死傷者数が劇的に減ってきた今日においては、この基準は早晩大きな問題に直面するだろう。すなわち、死傷者数をそれ以上減らそうとしても、それにかかるコストがベネフィットを上回るか、あるいは別のところにコストをかけた方がより大きなベネフィットが見込めるという問題だ。そこで、リスクの許容度についての絶対的な基準を設定する必要が生じるように思われる。

「交通事故死ゼロ」「交通事故死傷者ゼロ」というのは、リスクを全く認めない立場だ。これは地域を限定したり、ごく短期間の目標として設定したりするのであれば達成可能かもしれないが、日本全体でたとえば一カ月にわたって達成しようとすると、膨大なコストが発生するだろう。その意味で、あくまで理念に留まるものと言える。しかし、一方で、それ以外のリスクの許容度（「交通事故による死者を年間二〇〇〇人に抑える」といった数値目標）を具体的に明示するなら、「人命が失われることを前提に交通システムを設計してよいのか」という批判が生じるだろう。とはいえ、それがまさに現実であり、聞こえのよい理念だけを掲げて、自動車交通の利便性に伴うコストや、安全追求のためのコストを直視せずに議論をすることは望ましくないと考えられる(4)。

また、予防が問題になるのは交通事故だけではない。すでに言及したように、疾病対策、防犯、防災、自殺対策など、予防の重要性が謳われている領域は多岐にわたる。これら様々な予防の事例を概観し、それらに共通する問題を明確化するとともに政策の基礎となる倫理的諸原則を定式化することで、倫理的に一貫した政策立案が可能になるだろう。この点を念頭に置きつつ、次章からは疾病に対する予防的介入の諸事例を検討することにしたい。

注

(1) 事故予防の3Eは平成一七年(二〇〇五年)版の『警察白書』でも取り上げられており、次のように説明されている(第一章第二節)。「交通事故は、「車」や「道路」に潜む危険性が、車の運転者、歩行者といった「人」の危険な行動をきっかけに現実のものとなることによって発生する。これに対し、交通安全対策は、交通事故発生の要因となる「車」、「道路」、「人」の三つの要素に着目し、このうち「人」については、「交通管理・交通工学的手法(Engineering)」、「法の執行(Enforcement)」、「教育(Education)」の「3E」と呼ばれる手段を組み合わせて実施される」。

(2) ただし、3Eを誰が最初に提唱したかははっきりしておらず、調べた限りでは、一九三九年の英国の上院の委員会の報告書で3Eが定式化されたのが最初のようだ。Alness, Robert Munro, *Report by the Select Committee of the House of Lords on the Prevention of Road Accidents* (*session 1938-39*) *Together with the Proceedings of the Committee, Minutes of Evidence and Index*. London: H.M.S.O., 1939. 以下の文献も参照のこと。Tiwari,

Geetam, and Dinesh Mohan, *Transport Planning and Traffic Safety: Making Cities, Roads, and Vehicles Safer*, Routledge, 2016. この点については、東京大学の稲田晴彦氏に教示を受けた。

（3）『日本健康教育学会誌』第一八巻第一号、二〇一〇年。

（4）興味深いことに、自殺対策に関しては数値目標が設定されている。本書第Ⅱ章8節（一二四頁）参照。

第Ⅱ章　公衆衛生と医療

1 餅の販売は禁止すべきか

餅という危険な食べ物

餅は正月になると決まって人を殺す極めて危険な食べ物である。「もちをのどに詰まらせ一一人搬送 うち八〇代の一人死亡」。これは二〇一九年元旦の『朝日新聞』の記事の見出しだ。東京消防庁によると、都内ではその年の一月一日午前〇時から午後九時までに、餅をのどに詰まらせる事故で二七歳から九八歳の男女一一人が救急搬送され、うち一人が死亡したという(1)。

このように毎年、年末年始にはとくに高齢者が餅をのどに詰まらせて救急搬送され、場合によっては死亡する。全国統計はないものの、東京では、二〇一一年から一五年の間に、餅などを詰まらせて五六二人が救急搬送され、そのうち四五人は、病院に搬送されたときには死亡していたとされる(2)。後述するように、日本全国の餅による年間の推計死亡者数は約一〇〇〇名である。最近では英国放送協会（BBC）でも、「おいしいけど危険な日本の餅　死者が出ることも」という記事で餅の危険性が解説されていた(3)。

このように毎年死者の発生がほぼ確実に予測できるにもかかわらず、餅を食べることや餅の販売を禁止しないのはなぜだろうか。餅の規制にはいくつかの反論が考えられる。

まず、餅が危険だといっても、とくに年末年始はかなり大勢の人が食べているのだから、都内で数十名の者が救急搬送されて数名が死ぬぐらいは仕方がないだろうという議論がありうる。

相対的なリスク

実際、餅は他の食品と比べてどのくらい危険な食べ物なのだろうか。この領域はあまり疫学的な研究が進んでいないように思われるが、二〇〇九年に内閣府の食品安全委員会がこんにゃく入りゼリーの相対的リスクの評価を行ったときに、餅のリスクについても検討がなされた。その際には、食べる頻度も考慮に入れた上で、特定の食品が窒息事故を起こすリスクが評価された。[4]

食品安全委員会の分析によれば、餅は一口当たりの窒息事故の頻度が最も高く、六・八～七・六（×一〇のマイナス八乗）であった。[5] つまり、一億人が一口食べると六・八人から七・六人が亡くなる計算である。それに次いで、こんにゃく入りゼリーを含むミニカップゼリーは二・八～五・九（×一〇のマイナス八乗）、飴類は一・〇～二・七（×一〇のマイナス八乗）であった。このときの餅による年間の窒息事故死亡症例数は、推計で一〇七五・三人と見積もられていた。[6]

この食品安全委員会の調査は、二〇一八年末の一二月二六日に出された消費者庁の「ご注意ください、高齢者の窒息事故！」というニュースリリースでも引用されており、「餅は食品の中でも、高頻度で窒息事故が起きやすい食品です」と記されていた。だとすれば、消費者庁は、なぜそのような危険な食べ物をそれと知りつつ野放しにしておくのだろうか。このニュースリリースでは、「餅の安全な食べ方」として、調理の際に餅を小さく切っておくことを勧めているが、そもそも小さく切った餅だけを売るといった規制の仕方もあるはずなのに、そうしないのはなぜなのだろうか。

個人の自由・自己責任

ときに安全と対立する重要な考慮として個人の自由がある。餅に関しても、食べるかどうかの判断は畢竟個人の自由だという主張がありうる。わざわざ餅を食べる当人のためにその販売を規制するのは、余計なおせっかいではないのか。自分で決めて食べたのであれば、もし窒息事故が起きたとしても自己責任でよいのではないか。このような主張は、予防を主眼とする多くの規制において議論になる論点である。

　このような主張に対しては、少なくとも二つの応答がありうる。一つは、情報提供の問題である。食べる人は、食事を用意した人から説明を受けたり、餅の袋の警告表示を読んだりして、餅のリスクについて十分に理解しておく必要があるだろう。リスクを知らなければ、自己責任というわけにはいかない。自己責任という場合には、この点が十分に保証されていなければならない。

　第二に、規制の一貫性の問題がある。仮に自己責任という理由から餅について規制を行わないのであれば、類似した事例についてもやはり規制を行うべきではないことになる。

　たとえば一九九〇年代半ばから社会問題になったこんにゃく入りゼリーの場合、子どもや高齢者の窒息事故が問題視されて一時は形状や硬さを議員立法で規制することが検討された[7]。しかし、先の食品安全委員会の報告書などに見られるように、こんにゃく入りゼリーの危険度は餅ほど高くなく、飴と同程度という評価結果となった。そうすると、こんにゃく入りゼリーだけ法律によって規制することは一貫性の観点から困難である。

介入のはしご	具体例
選択の剥奪　Eliminate choice	感染症による患者の完全隔離
選択の制限　Restrict choice	不健康な食べ物を飲食店や店舗から排除する
負のインセンティブによる選択の誘導 Guide choices through disincentives	たばこの増税による禁煙 都市部の駐車場制限による自動車利用率減少
正のインセンティブによる選択の誘導 Guide choices through incentives	通勤のための自転車購入への税控除
デフォルト(あらかじめ決められた設定)変化による選択の誘導 Guide choices through changing the default policy	定食の副菜に今より健康的な食品を追加する（揚げ物ではなく野菜サラダにするなど）
選択を可能にする　Enable choice	禁煙プログラムへの参加の誘い，道路上への自転車レーンの構築，学校での無料の果物配布
情報の提供 Provide information	徒歩の推進キャンペーンの情報提供 野菜や果物摂取に関する広告
何もしない。もしくは，単純な現状モニタリング Do nothing or simply monitor the current situation	制限せず現状を見守るのみ

図1　介入のはしご（The intervention ladder）

（出所）Nuffield Council on Bioethics, *Public Health: ethical issues*, 2007, Chapter 3, Policy process and practice, p. 42.

こんにゃく入りゼリーについては、最終的に法規制は行われず、消費者庁が新たに策定した安全指標に沿って製造するようゼリー業者に要請するに留めた(8)。このような対応は妥当と言えるが、そうすると一貫性の観点からは、餅の販売に対しても同程度の規制、すなわち警告表示の徹底や、形状やサイズについての勧告を行うべきだろう。だが現状では、餅について消費者庁は年末に消費者に注意喚起を行うぐらいで、十分な対応を行っていないように思われる。たとえば、警告表示については、市販の切り餅の注意書きは、こんにゃく入りゼリーのものに比べると消費者の注意を喚起しづらいものとなっている。

　餅の規制に関する以上の議論から見えてくる重要な点は、食の安全を含む公衆衛生的介入を行う際には、いろいろな規制の仕方がありうるということである。

自由と安全の間

　公衆衛生の介入の度合いについては、英国のナフィールド生命倫理評議会（Nuffield Council on Bioethics）が二〇〇七年に考案した「介入のはしご」がある。[9] 図1は政策立案者が公衆衛生的介入を考える際に取りうる選択肢の幅を説明している。介入のはしごが八段階に分けられている通り、はしごの上方の個人の自由を奪う最も拘束力が強い介入から、はしごの下方の何もせずに個人の行動に任せるだけという状況まで、我々の社会には多様で段階的な介入が存在している。自由か安全か、という対立は決して一か〇かというものではなく、リスクとベネフィットを比較衡量して中間的な着地点に落ち着くこともありうるのだ。

　たとえば先ほどの餅の例に戻ると、餅を販売しないなどの規制は「選択の制限」に当たるだろう。一方、サイズの小さな餅の販売や消費を奨励するために、一定のサイズ以下の餅であれば税率を下げるといった「正のインセンティブによる選択の誘導」ということも政策的には可能かもしれない。また現時点では、餅に関する政策的介入はその危険性に関する情報の提供に留まっていると言えるが、窒息事故数や死亡数などの全国統計をきちんと収集することで、より正確で、しかも人々が気にかけるような情報提供が可能になるだろう。

　不思議なことだが、「交通事故死ゼロ」といういささか非現実的な目標が掲げられることはあるのに、

「年末年始の餅による窒息死ゼロ」という目標が掲げられることはない。だが、日本全国で年間一〇〇〇人が餅で死んでいるとすると、二〇一八年の死者数約三五〇〇人の交通事故ほどではないにせよ、かなり大きな公衆衛生上の災害である。(10)餅を食べることによる日本社会全体の利益が大きいことは認めるとしても、その社会的コストを下げる一層の努力があってしかるべきだろう。

餅は窒息事故だけでなく、年末年始の餅つき大会で発生する食中毒など衛生上の問題ももたらしうる。食の安全の問題は病気の予防の観点からも重要である。そこで次節でも、引き続き食の安全に関する話題を取り上げることにしたい。

注

（1）「もちをのどに詰まらせ一一人搬送　うち八〇代の一人死亡」朝日新聞デジタル、二〇一九年一月一日（https://www.asahi.com/articles/ASM115WRGM11UTIL11L.html　二〇二一年八月二九日最終アクセス）。なお、都内では三が日で計一九人が救急搬送され、うち二人が亡くなった。「もち詰まらせ、男女二人死亡　三が日／東京都」『朝日新聞』二〇一九年一月五日朝刊。

（2）「年末年始、食卓から息災に　餅がのどに詰まる事故　急性アルコール中毒」『朝日新聞』二〇一六年一二月三〇日朝刊。

（3）'Delicious but deadly mochi: The Japanese rice cakes that kill' BBC News, 2 January 2018 (https://www.bbc.com/news/world-asia-42537953　二〇二一年八月二九日最終アクセス).

（4）食品安全委員会「評価書　食品による窒息事故」二〇一〇年。

（5）同前、四七頁。
（6）同前、四四頁。
（7）「こんにゃくゼリー 法規制へ 議員立法の動き 形や硬さ対象」『朝日新聞』二〇〇八年一〇月一〇日夕刊。
（8）「こんにゃくゼリーの硬さ・大きさ、消費者庁が安全指標」『朝日新聞』二〇一〇年一二月二二日夕刊。
（9）図1参照、この図は赤林朗・児玉聡編『入門・医療倫理Ⅲ——公衆衛生倫理』勁草書房、二〇一五年、第一二章より引用。
（10）なお、厚生労働省の人口動態統計をもとに消費者庁が独自に行った調査では、六五歳以上の餅による窒息事故の年間の死亡者は、二〇一八年は三六三人、二〇一九年は二九八人だった。二〇一〇年に推計された年間一〇〇〇人に比べるとかなり少なくなっているが、年次推移を見て対策を評価するためにも、国で継続的に統計を取るべきだと思われる。

2 牛・豚の生レバー規制

牛の生レバー販売・提供禁止　二〇一二年七月一日、牛の生レバー（いわゆるレバ刺し）の販売・提供が法的に禁止された。国は食品衛生法を改正し、飲食店などがこれに違反すれば二年以下の懲役か二〇〇万円以下の罰則が科されることになった。

当時の新聞や雑誌などではこの規制をめぐって大きな議論があった。またその後も「裏メニュー」として生レバーを提供する店が存在し、ときおり摘発されてもいる。生レバー規制の主眼は食中毒予防であるが、このような規制は倫理的に許容されるのだろうか。

まず規制に至った背景を概観しよう。

二〇一一年のユッケ集団食中毒事件　東北地方太平洋沖で起きた地震とそれに続く津波、さらに福島第一原発での放射能漏れが東北や関東を中心に大きな問題になっていた二〇一一年の春、富山・石川・福井の北陸三県および神奈川では深刻な集団食中毒が発生していた。四月中旬から下旬に焼き肉チェーン店でユッケ（牛の生肉を用いる韓国料理）などを食べた客がＯ１１１やＯ１５７などの腸管出血性大腸菌に感染し、計一八一名が食中毒を起こした。そのうち腎不全の原因となる溶血性尿毒症症候群（ＨＵＳ）などに罹患した重症者が三二名おり、さらにその中で脳症などによって死亡した者が五名に上った。死亡した者の中には、七〇代と四〇代の女性の他、六歳の男児二人と、一四歳の少年一人がいた。

一連の事件を受けて、二〇店舗をもつ焼き肉チェーン店は全店営業停止となり、まもなく廃業に追い込まれた。このチェーン店では、生肉の表面を削り取るトリミングという手順が普段から行われておらず、それが集団食中毒につながったと考えられた。また、このチェーン店に肉を卸していた業者は、生食用としては出荷していなかったとしており、店の衛生管理がずさんであったことが露見した。

この事件の背景には、二〇〇八年のリーマンショック後に起きた外食産業におけるいわゆる価格破壊により、一部の店舗で衛生基準を無視したコスト削減が行われていたことや、「店で提供されているものなら食べても大丈夫だろう」という市民の行き過ぎた安心感があったことなどが指摘された。しかし、もう一つの問題は、生食用の牛肉についてはほとんど規制がなかったことだったと言える。

事件後の展開

肉の生食が危険であることは、この事件以前から指摘されていた。たとえば二〇〇八年に九州大学の藤井潤（細菌学）は、『朝日新聞』紙上で、一九九八年に厚生労働省（以下、厚労省）が出した牛と馬の生食に関する衛生基準は強制力がなく、事実上空文化していることを警告していた(1)。また、事件後の二〇一一年六月の同氏の寄稿でも、O111などの腸管出血性大腸菌は感染症法でコレラや赤痢などと共にⅢ類感染症に含まれる危険な細菌であるという認識が必要であり、肉の生食は悪しき食文化であり、「肉はよく焼いて食べるもの」という認識が必要だと論じていた(2)。

事件を受けて、厚労省は審議会で検討を行い、二〇一一年一〇月にユッケや生レバーなどを含む生食用牛肉の加工や調理法について規制を強化した。この時点では牛のレバ刺しについては禁止には至らなかったが、その後、腸管出血性大腸菌は肝臓の表面だけでなく内部にも浸潤するという報告を受け、二〇一二年七月からは生レバーの販売・提供を罰則付きで禁止することになった。

この措置がもたらした影響は三つあった。一つは、規制の効果として、Ｏ１５７の感染が実際に減ったことだ。(3) ただし、この調査を行った国立感染症研究所によれば、焼き肉については感染者数はそれほど減っていないとされた。(4) これは、生肉をつかむ箸やトングと、食べる箸の区別がきちんとなされていないことが原因と考えられる。

もう一つは、「闇メニュー」「裏メニュー」として、生レバーを提供する店が登場し、逮捕者が出たことだ。二〇一三年の一〇月に京都府八幡市の焼き肉チェーン店の社長らが食品衛生法違反（牛レバーの非加熱提供）の疑いで逮捕されたのを皮切りに、新聞に出てくるだけでも毎年数件の摘発が行われている。(5) 禁止すれば闇で生レバーが売られるようになるという問題は規制前から指摘されていたが、摘発が難しいことについては後述する。

最後に、豚レバーが流行したことである。豚の生食は以前はほとんど存在しなかったため規制基準はなかったが、牛レバー禁止後から豚レバーを提供する店が全国に増えて問題化した。内閣府の食品安全委員会の専門調査会が検討を行った結果、豚に関しては、牛と同様のサルモネラ菌やカンピロバクターによる汚染だけでなく、感染すると劇症肝炎を発症する可能性のあるE型肝炎ウイルスなども存在しており、生食はレバーだけでなく肉全体に関して危険だという判断を下した。それを受け、厚労省は食品衛生法改正を通じて二〇一五年六月から豚の生肉一般の販売・提供を禁じることに決めた。[6] ただ、豚レバーに関しても、規制以降に裏メニューの問題が生じており、警察官の潜入捜査による摘発が起きている。

二〇一八年一〇月には、京都府内で生レバーを提供していた疑いで焼き肉屋や居酒屋を経営していた男三人が逮捕されたが、そのうち二人は、メニューにあった「あかんやつ」とは、「焼かなあかんやつという意味」だとして、容疑を否認しているという。[7] 悲劇から始まった物語が、いつのまにか喜劇に転じたようだ。生レバーの規制について倫理的にはどう考えるべきだろうか。

倫理的議論

生レバー規制の賛否については、厚労省の食品安全部が二〇一二年六月にまとめたパブリックコメントとその回答や、『朝日新聞』の読者アンケート[8]が参考になる。主要な論点を五つ挙げよう。

第一に、規制反対論として、生レバーを食べるかどうかは自己責任だというものがある。これは前節の餅の話でも述べたように、提供する者と食べる者が異なる場合には単純に自己責任とは言えず、事前に十分に情報を得ている必要があるという留保が付くものの、安全と自由という対立を考えた場合、やはり重要な論点だろう。しかし、それに対する規制支持者の主張としては、窒息の恐れのある餅と違い、生レバーの場合は感染症で他人に感染する恐れがあるから、自己責任では済まないという主張がある。つまり、O157などに感染した場合、食べた自分だけではなく、家族や周りの者（とくに重症化が懸念される小児や高齢者など）に感染するおそれがあるということだ。たしかにこの反論は重要であるものの、この懸念は生レバーだけに限ったことではないため、生レバーのみを禁止する根拠になるかは疑問である。

第二に、生レバーを食べるのは食文化であり、文化をこのような形で根絶やしにするのはよくないという議論がある。これに対しては、生レバーやユッケを日本で食べるようになったのはせいぜい戦後のことであり、食文化というほどの歴史はないという主張や、食文化よりも安全性が優先するという応答がある。ここで重要なのは、どこまでのリスクなら許容できるか、ということであろう。言い換えれば、どこまで安全ならば安全と言えるのか、ということだ。規制前にも生レバーで食中毒になる者は一定数いたが、死者はほとんどいなかった（二〇一一年焼き肉チェーン店の事件はユッケの食中毒であり、生レバーではない）。それに対して、前節で見たように、毎年少なくとも数百名の死者が出る餅の方がずっと危険な食べ物と考えられるのに、餅に関しては食文化よりも安全性が優先するという話はほとんど聞かない。明らかに一貫性が欠けていると言える。我々は、安全性あるいはリスクの許容度について、社会として一定の閾値を作る必要がある。

第三に、生レバーが好きだという人々の嗜好が犠牲になることや、年間推定三〇〇億円と言われる焼き肉業界の損失をどう考えるかという問題がある。これについても、尊い人命には代えられないという反論があるが、しかし、交通安全のまとめで見たように（四七頁以降）、ある社会実践の規制を考える場合には、そのコストだけでなくベネフィットにも目をやるべきである。この点に関して、上記の厚労省食品安全部はパブリックコメントへの回答において、「車の使用は広く効用等が認められているものであり、（中略）食品の安全規制と同列に扱うべきものではないと考えます」と述べているが、なぜ自動車交通と食品の安全規制は同列に扱えないのか根拠が述べられていない。もし食品の安全規制の場合は、食品の効用を無視してよいとすれば、生レバーだけでなく、餅も牡蠣もすべて禁止ということになるだろう。むしろ、厚労省としては、店が生レバーを提供し客が食べることで得られる効用よりも、禁止することで人命を守る効用の方が高いと回答すべきだったのではないか。

第四に、厚労省の見解では、生レバーはO157による内部汚染を完全に排除できないというのが大きな規制根拠になっているようだが、すべての生レバーがO157に感染しているわけではない点に注意する必要がある。つまり、O157に感染している牛の肉がどの程度市場に流通しているかを明確にしなければ、O157に感染している牛の肝臓は内部まで汚染が広がっている可能性が高いからと言って、生レバーを食べる人はO157に感染するリスクが高いとは直ちには言えない。だとすれば、上記の事実から直ちに禁止するのではなく、生レバーによる食中毒の情報収集を強化して、実際どの程度のリスクがあるのかを見積り、他の食べ物に比べてはるかにリスクが高い場合にのみ提供を禁じるべきではないだろうか。

最後に、どの程度規制を徹底することが可能なのかという問題がある。客のテーブルにコンロがある焼き肉店では、生の肉をテーブルに運んで客が自ら焼くというスタイルのところもあるため、厚労省が求める加熱について、それを行うかどうかは客次第だという問題がある。飲食店側は加熱について客に情報提供し、生で食べている客には焼くように注意する義務があるが、こうした義務を履行しているかどうかは、警察官が立ち入り調査や場合によっては潜入捜査するなどして調査する必要がある。それで捕まる場合もあるだろうが、飲食店側と客が合意をしていれば、完全に生レバーの提供を取り締まることは難しいだろう。人々の安全を守るためにこのような努力をしてまで規制すべきなのかどうか、ここでもコストとベネフィットをよく考える必要があると思われる。

注

(1)「私の視点 食の安全 牛レバーの生食、危険伝えよ」『朝日新聞』二〇〇八年八月二二日朝刊。
(2)「私の視点 ユッケ食中毒 肉の「生食」は悪しき習慣」『朝日新聞』二〇一一年六月三日朝刊。
(3)「牛の生肉・生レバー規制後 O157感染、四分の一に」『朝日新聞』二〇一三年三月二一日夕刊。
(4)「生食の衛生管理が厳しくなっても……減らない！　焼き肉の食中毒」『朝日新聞』二〇一三年五月二九日朝刊。
(5)「生レバー提供容疑 京都府警 焼肉店社長ら逮捕」『朝日新聞』二〇一三年一〇月一五日夕刊。
(6)「生肉 豚もさらば 販売・提供禁止 きょうから」『朝日新聞』二〇一五年五月一二日朝刊。
(7)「「あかんやつ」「写真NG」生レバー提供疑い 経営の男三人逮捕」『朝日新聞』二〇一八年一〇月三〇日夕刊。
(8) 厚生労働省食品安全部「「食品、添加物等の規格基準の一部を改正する件（牛肝臓の規格基準の設定）（案）」に関する意見の募集について寄せられた御意見について」二〇一二年六月、「「レバ刺し」禁止は当然？　残念？」『朝日新聞』二〇一二年六月九日別刷be。

3 新型出生前診断

何が問題になっているのか

二〇一九年の三月初旬、日本産科婦人科学会（以下、日産婦）は理事会で、新型出《しゅっ》生前《しょうまえ》診断を小規模の産科医院でも実施できるよう、要件を緩和すると決定した。日産婦は産婦人科の専門医認定を行っている学術団体だ。日本には生殖補助医療（以下、ＡＲＴ）を規制する法律がないため、日産婦の作成する「会告」がＡＲＴに関する事実上唯一のルールになっている(1)。

この決定に対しては、「安易な命の選別が広がる」といった批判が出ている。しかし、背景知識がないと、一体何が問題になっているのかわかりにくい話題であろう。そこで本節では、新型出生前診断の倫理的問題について概説を行い、さらに本書のテーマである予防の倫理学の観点からどういう問題が考えられるかについて論じたい。

新型出生前診断とは

最初に新型出生前診断の技術的な説明と制度的な説明から見ておこう。

新型出生前診断（non-invasive prenatal testing：NIPT）とは、二〇一〇年代に入ってから実用化された胎児の遺伝学的検査のことだ。妊娠一〇週から二二週の間に妊婦の血液を採取し、血中に含まれる胎児由来のＤＮＡ断片の分析を行う。周知のように人間の体細胞には二三対

（計四六本）の染色体があるが、一三トリソミー（パトウ症候群）、一八トリソミー（エドワーズ症候群）、二一トリソミー（ダウン症候群）のいずれかの場合にはその番号の染色体が一本多くなるため、その番号の染色体に由来するDNA断片が妊婦の血中に通常よりも多く見られることになる。この事実を利用して染色体異常を推定するのが新型出生前診断である。

「新型」と名前が付いていることからもわかるように、出生前診断自体は以前からいくつかあり、国内でも実施されている。代表的なものは、胎児の形状から異常を推測する超音波診断（エコー検査）、腹部から刺した針で羊水を抜き取って染色体異常を検査する羊水検査などだ。通常の出生前診断では、母体への侵襲性の低い非確定検査で陽性の判断を受けた場合に限り、より侵襲性の高い確定検査へと進むことになる。新型出生前診断はかなり正確な検査ができるが（「トリソミーではない」という陰性判定の場合には九九・九％）、検査で陽性と判定されても実はトリソミーではない可能性が一割程度あるため、羊水検査などの確定診断を受ける必要がある。

新型出生前診断の規制緩和

先に述べたように、日産婦はこの新型出生前診断を実施できる機関の要件について、理事会で緩和することに決めた。緩和する以前はどうだったかというと、日本では二〇一三年から「臨床研究」として、遺伝の専門外来を備えた大学病院を中心に新型出生前診断が実施されていた。二〇一九年三月現在では九二施設（三六都道府県）で検査を受けることができる。ただ、通常は臨床研究というと、検査が有効かどうかを調べることが目的になると想像されるが、今回の臨床研究は、遺伝学的な検査をするにあたっての説明（遺伝カウンセリングと呼ばれる）をどのように実施するのがよいかを調べることが主たる目的とされ[2]、ある意味では、臨床研究の名のもとで新型出生前診断の国内実績を作ることが目指されていたように思われる。

臨床研究が始まってから五年が経過した二〇一八年に、カウンセリング体制が整ったとして、研究から一般診療に移行するという議論が始まった[3]。その背景には、検査を受けられる都道府県が限られていたこともあり、受けたくても受けられない妊婦がいるという事情や、また臨床研究に参加している医療施設以外でも日産婦に無断で検査を行っている施設があるため、何らかの対策をしないといけないという事情もあったとされる[4]。それが今回（二〇一九年）の緩和の議論につながっており、二〇一九年の夏に緩和が実施されると、現在の九二施設以外に一〇〇以上の施設で検査が受けられると見られている[5]。

ところで、実際のところどのくらいの妊婦が新型出生前診断を受けているのだろうか。

誰が新型出生前診断を受けているのか

新型出生前診断を受けることのできる妊婦は、原則として分娩時三五歳以上の妊婦である。二〇一三年四月から二〇一八年末の約五年半で少なくとも六万五〇〇〇人が検査を受け、胎児の染色体異常が確定した約九〇〇人のうち九割が中絶を選んだという[6]。厚労省の人口動態統計を見ればわかるように、近年の出生数は年間約一〇〇万人であり、そのうち四人に一人が三五歳以上で出産しているから、大雑把に計算して、ここ五年半を平均すると、毎年二五万人程度の高齢妊娠者のうち、約一万二〇〇〇人が検査を受けていることになる。割合で言えば約四・五%だ。先ほど述べた通り、無認可施設でも検査が実施されていると考えられるものの、その数は含まれていない点に注意が必要である。また、検査実施機関の要件が緩和されれば、検査を受ける人も多くなると見られる。ただし、検査には自己負担で二〇万円程度かかるため、当面はすべての人が受けることにはならないだろう。

また、どうして妊婦は新型出生前診断を受けるのだろうか。超音波検査などの出生前診断は、従来から胎児の生育状況を調べるために妊婦健診の一環として行われているものであり、新型出生前診断はその延長線上にあるものと言える。医学的には、高齢出産ではダウン症などの染色体異常や流産のリスクが高まるため、検査を受けることは出産と育児を控えた妊婦および家族にとって一定の意義があるだろう。妊娠を継続するのであれ、中絶するのであれ、胎児の異常を知ることにより、情報に基づいた選択をすることができるからだ。また、新型出生前診断については、妊婦からの一定の需要があり、検査が行える医療機関は収入が増えることが予想されるため、医療者にもインセンティブがあると考えられる。ＮＩＰＴコンソーシアムの調べによると、無認可の施設では性別も検査結果に含めているところもあるとされる。

新型出生前診断の倫理的問題　先に述べたように、新型出生前診断を受けることにより、陰性であれば妊婦は胎児に染色体異常がないという「安心」を得ることができる[7]。だが、陽性の判定が出ると、妊娠を継続するか、中絶するかの選択を迫られることになる。妊婦とその家族にとっては、より多くの情報に基づいた選択ができるというメリットがある半面、せっかく授かった子どもを産むのか中絶するのか、大きなジレンマを抱えることになる。実際、中絶を選ぶ人が約九割に上ることは、前述の通りである。

日本では胎児の異常を理由にした中絶は法律で認められていない。そのため、出生前診断の結果を受けた中絶は、「妊娠の継続又は分娩が身体的又は経済的理由により母体の健康を著しく害するおそれ」（母体保護法第一四条第一項）があるという理由で行われているはずである。したがって、理屈上は、中絶を選択したとしても、「命の選別」をしているわけではなく、母体の健康を守るためにやむなく中絶を認めていることになる。言い換えると、障害を持った子どもそのものが望ましくないから中絶が許可されているのではなく、障害を持った子どもの養育によって母親の健康が著しく害されることが望ましくないから中絶が許可されているということだ。しかし、この理屈はそのまま受け入れられるだろうか。たとえばダウン症の子どもを産むことによって、母体の健康が著しく害されると本当に言えるのか。また、障害者福祉をさらに充実させたとしてもどうしても母体の健康を守れないかどうかについても検討する必要があるだろう。

以上の、出生前診断についてしばしば言われる倫理的問題の他に、予防の倫理学の観点からすると、さらに次の三つの指摘をすることができる。これらは本書のテーマにも関わる重要な問題である。

第一に、出生前診断を用いて障害を持った胎児、とりわけダウン症の子どもが生まれることを予防することは、予防行為として望ましいことなのか、という問題がある。予防行為に明確な価値があるのは、予防されるべき事柄が望ましくないことが明確な場合である。そうでなければ、予防行為そのものの価値が問われることになりうる。「命の選別」の問題は、まさにこうした問題の一つだと言える。

これは、予防活動の目的のよさに関わる問題である。

第二に、新型出生前診断は異常を発見するのに役立つが、その異常に関して現在は治療法がないという点だ。そのため、染色体異常を持った子どもの誕生を予防するには中絶しかないという困難をもたらすことになる。実はダウン症に特有の知的発達の遅れなどを胎児の段階で治療、あるいは緩和しようとする治療法の研究が進められているが、これが実用化されるまでには時間がかかるだろう。予防を目的とした医療においては、診断方法はあるが治療法は存在しない、という事態がときに生じる。そのため、望ましくない事態が生じないようにする方法がないか、次善の選択肢を選ばざるをえないという状態が生じる。これは、予防活動の手段のよさに関わる問題である。

最後に、予防のためには将来の事態についての予測が必要であるが、予測には不確実性が付きまとうということだ。新型出生前診断については、陰性であるという判断は九九・九％確実であるが、陽性であるという判断はそこまで高くない。そのため、羊水検査などの確定診断を受けることになる。出生前診断は確定診断まで受ければほぼ確実であるが、すべての検査がこのような確実性を持つわけではない。そこで一般には、悪い事態が生じる可能性が一〇〇％ではないがある程度高い場合に、その事態を予防すべく行動を取ることになる。このような不確実性は、予防活動にさらなる困難をもたらすものである。これは、予防活動の前提となる予測の不確実性に関わる問題である。

次節ではこれらの点について、乳がんの遺伝子検査を例にとって議論を行う。

注

（1）二〇二〇年一二月には生殖補助医療法（生殖補助医療の提供等及びこれにより出生した子の親子関係に関する民法の特例に関する法律）が成立したが、この法律は生殖補助医療に関する相談体制の整備を謳っているものの、基本的には第三者提供された精子や卵子を用いて生まれた子どもの親子関係に関して規定する法律であり、出生前診断や着床前診断などを含む生殖補助医療全般を規制するものではない。

（2）より詳しくはＮＩＰＴコンソーシアムのウェブサイトを参照（http://www.nipt.jp　二〇二二年八月三〇日現在閲覧不可）。

（3）「新出生前診断を一般診療に認定」『朝日新聞』二〇一八年三月四日朝刊。

（4）「出生前診断　産院でも　今夏以降　施設倍増の見方」『朝日新聞』二〇一九年三月三日朝刊。

（5）その後の展開について簡単に記す。日産婦の拡大案に対して他学会が反対するなどして、国が関与することになった。二〇二〇年一〇月から厚労省の「ＮＩＰＴ等の出生前検査に関する専門委員会」が妊婦への情報提供のあり方や実施体制等について検討を行い、二〇二一年二月に報告書を公表し、新たな認証制度を発足させた。二〇二二年七月からは、本文で述べた臨床研究の枠組みからこの新制度に移行し、日本医学会内に設置された出生前検査認証制度等運営委員会によって承認された基幹病院（全国の大学病院など七月時点で一六九施設）が、「連携施設」として認定された地域の医療機関と協力して、ＮＩＰＴ検査およびその前後の遺伝カウンセリングを行うことになった。詳しくは以下を参照。「新出生前診断　拡大先送り　学会間で対立　国が対応検討」『朝日新聞』二〇一九年六月二三日朝刊、厚生労働省「ＮＩＰＴ等の出生前検査に関する専門委員会」（https://www.mhlw.go.jp/stf/shingi/other-kodomo_145015_00008.html　二〇二二年八月三一日最終アクセス）、「出生前検査認証制度等運営委員会」（https://jams-prenatal.jp/　二〇二二年八月三一日最終アクセス）、ＮＨＫ解説委員室「新制度開始！　新型出生前検査・ＮＩＰＴ」二〇二二年六月三〇日（https://www.nhk.or.jp/kaisetsu-blog/700/470492.html　二〇二二年八月三一日最終アクセス）。

（6）『読売新聞』二〇一九年二月一三日。

（7）出生前診断を受ける妊婦はしばしば「安心」が動機になっているという玉井真理子の指摘については、『出生前診断　受ける受けない　誰が決めるの？』生活書院、二〇一七年、七〇頁以下を参照。

4 乳房の予防的切除術

アンジェリーナ・ジョリーは、アンジーの愛称で知られる米国の有名な俳優・監督である。その彼女が二〇一三年五月一四日、「私の医学的選択」と題した論稿を『ニューヨーク・タイムズ』紙に寄せた。それは、当時三七歳だったジョリーが両乳房の予防的切除術（double mastectomy）と乳房再建術を受けたと告白する記事であり、米国内だけでなく国際的にも大きな注目を集めた。

アンジーの選択

その記事の概要はこうだ[1]。ジョリーの母親は乳がんと卵巣がんを患い、約八年の闘病の末、二〇〇七年に五六歳の若さで亡くなった。また、ジョリーの母方の祖母もやはり卵巣がんで亡くなっていた。そのためジョリーが遺伝子検査を受けたところ、ＢＲＣＡ1遺伝子に変異があることがわかった。主治医の推定によれば、彼女が生涯で乳がんになる確率は八七％、卵巣がんになる確率は五〇％であった。そこで彼女は、がんを発症する前に両方の乳房を予防的に切除して、その後に乳房再建術を受けたのだった。

ジョリーがこのような告白を米国の全国紙上で行ったのは、同じ不安を抱える女性たちへの啓発が目的だった。「乳房切除術を受けるという選択は簡単ではありませんでした。しかし、その選択をしたことを私はとても喜んでいます。私が乳がんを発症する確率は八七%から五%以下になりました。私は自分の子どもたちに、私を乳がんで失うことを恐れる必要はないと伝えることができます」。

二年後の三月、彼女は両側の卵巣および卵管の予防的摘出術も受けたことを『ニューヨーク・タイムズ』紙上で公表した(2)。

ジョリーの選択は、「予防は治療に勝る」という考えを実践したものと考えられる半面、予防のためと言えどもそこまでやらないといけないのだろうかと人々を不安にさせるところがある。そこで本節では、予防という観点に注目しつつ、乳房の予防的切除の倫理について検討を行う。

BRCAとHBOC

BRCA1とBRCA2は、常染色体のそれぞれ一七番と一三番にある遺伝子で、紫外線などによって傷付いたDNAを修復し、細胞のがん化を防ぐ機能を持つ。ところが、この遺伝子の機能を失わせるような変異（バリアント）が生じている場合、DNAの修復が行われず、がんの発症確率が高くなる。これが遺伝性乳がん卵巣がん（Hereditary Breast and Ovarian Cancer：HBOC）症候群の原因となる。

BRCA遺伝子の変異は常染色体遺伝のため、男性も女性も五〇%の確率で親から同じ遺伝子変異を受け継ぐ。これにより男性が乳がん等を発症する確率はあまり高くならないが、女性の場合は乳がんと卵巣がんの発症確率がそれぞれ四〇~九〇%、一〇~六〇%程度高くなる。また、乳がん患者の五~一〇%、卵巣がん患者の一〇~一五%は、BRCA変異によるものと考えられている。

遺伝子検査によってBRCA1／2の遺伝子変異が判明した場合の予防策としては、乳がんに関しては、年齢にもよるが基本的に視触診やマンモグラフィなどの検診を年一回以上受けることと、予防的乳房切除術の可能性について医療者と話し合うことが推奨されている。また、卵巣がんについては、検診による早期発見が困難なこともあり、出産を終えて三五歳から四〇歳の間で左右両方の卵巣および卵管を予防的に切除することが推奨されている。以上は、国立がん研究センターや日本HBOCコンソーシアムが提供している情報を中心にまとめたものであるが、他にも日産婦の婦人科腫瘍委員会等が出している「BRCA1またはBRCA2遺伝子変異保持者に対するリスク低減卵管卵巣摘出術について」なども参考になる。(3)

乳房の予防的切除術の倫理的問題

乳房の予防的切除術にはどのような倫理的問題が考えられるだろうか。フランソワ・エーサンジェというフランスの腫瘍遺伝学の研究者が書いた「予防的乳房切除術――倫理的問題」という二〇〇七年の論文では、四つの論点が挙げられている。(4)

一つ目は、リスクに関わる論点である。まず、予防的乳房切除術はあくまでがんのリスクを低減するだけであり、確実にがんにならない保証はない。そのため、この著者は「予防的乳房切除術(prophylactic mastectomy)」ではなく、「リスク低減手術(risk reduction surgery)」という言葉を使うことを提言している。また、予防的切除術はがんを発症していない時点での介入であるため、「予防は福利(well-being)を向上させるのではなく、〔疾患によって〕影響を受けるリスクを下げる」だけだとしている。さらに、専門家でない患者のリスク認知には多くのバイアスが含まれるため、どのようにリスクを伝えるかが大きな問題だとしている。

第二に、遺伝子例外主義（genetic exceptionalism）の問題がある。一般に遺伝子例外主義とは、遺伝情報は特別であり他の医療データや個人情報とは別格の扱いが必要であるとする考え方だが、エーサンジェは遺伝情報が持つ特有の特徴を指してこの用語を用いている。遺伝情報が持つ特徴として彼が挙げているのは、遺伝情報は家族と共有されるという点や、喫煙などの場合と異なり自分の目には見えずコントロールもできないリスク要因であるという点、また、情報開示や遺伝子差別の問題等があるため、情報の扱いには訓練や経験が必要とされるといった点を挙げている。

第三に、乳房の特殊性という問題がある。遺伝性のがんに関しては、他にも結腸切除術や甲状腺切除術などの予防的切除術があるにもかかわらず、乳房切除術がこれだけ問題になるのは、「女性らしさや母親らしさの象徴としての乳房」という、乳房の持つ社会的に構築された意味があるからだとエーサンジェは述べている。彼は、こうした文化的側面にも注意が必要だと指摘している。

第四に、患者の自律性の問題が挙げられている。エーサンジェは、医療者が十分な情報を与えた上で、患者が自分の価値観に基づいて意思決定を行うという医師‐患者関係モデルに若干批判的であるものの、治療のコストを真に理解してコストとベネフィットを比較できるのは本人だけだとして、医療者の役目は患者の意思決定を助けることだと結んでいる。

二〇一六年に書かれた米国の研究者らによる論文でも、エーサンジェの四つ目の論点に通じる主張がなされている。ヤンらは、米国で両乳房の予防的切除術が流行している状況を受け、医療者の役割は十分に予防的切除術のリスクとベネフィットの説明を行い、ＢＲＣＡ１／２の遺伝子変異を持たな

い場合は医学的に見て良い選択肢ではないと説明することだとして、インフォームド・コンセントの重要性を論じている。(5)

予防は治療に勝るのか

ここまで乳房の予防的切除術を概説し、またその倫理に関わる先行研究を少し紹介してきた。次に、予防の倫理学の観点からこの問題を検討してみたい。

前節で新型出生前診断の問題を扱った際、検査によって染色体異常が発見できても根本的な治療法は存在しないため、異常を持った子の出産を避けるには中絶という選択肢しかないという構造があることを指摘した。遺伝性腫瘍の遺伝子検査にも同じ構造がある。すなわち、遺伝子検査によって遺伝子の異常がわかっても、それを発症前に治療する方法はなく、予防のためには頻回の検診を受けて早期発見・早期治療を行うか、あるいは予防的に乳房を切除するしかないということだ。

また、これも前節で指摘したことだが、予測には不確実性が付きまとう。仮にＢＲＣＡ１／２の遺伝子変異を持っていたとしても、がんの発症確率が高まるだけで、確実にがんを発症するわけではない。逆に、仮に乳房や子宮を摘出しても、がんの発症確率が下がるだけで、がんになる確率がゼロになるわけではない。そのような状況で乳房切除術のような予防的行動を取るかどうかを判断するのは心理的に困難なことであろう。加えて、専門家でない人間が発症のリスクを適切に理解して選択することは容易ではない。たとえば二〇一一年に米国で行われた調査では、片方の乳房に関してがんにかかった女性に、一〇年以内にもう一方の乳房にもがんを発症するリスクについて尋ねたところ、平均で三一％と答えたが、実際には遺伝性腫瘍以外の女性では、片方の乳房ががんになってももう一方の乳房でがんを発症する確率は高くならず、一生で乳がんになる確率は一二％のままだという。(6) 米国ではピンクリボンによる乳がんの啓発活動が成功した結果、かえって女性ががんになるリスクを高く見積もりすぎて、それが両乳房の予防的切除術の増加につながっているという指摘もなされている。(7)

さらに、より原理的な問題も存在する。すなわち、実際のところ発症の確率が何％で、予防的に切除したらそれが何％に下がるのであれば手術を受けるのが「合理的」と言えるのかについては、当人がどのくらいリスクを取るのか、または回避したいのかにもよるため、容易に決めることはできないということだ。乳房の予防的切除術を受けるかどうかは最終的には個々人が決めるべき問題だとしても、もし学会などで手術を推奨するのであれば、どのくらいのリスク低減であれば推奨が合理的と言えるのかについて議論する必要があるだろう。

最後に、乳房の予防的切除術という今回の事例の検討を通じて浮かび上がってきたように、「予防は治療に勝る」という格言は、事例によっては必ずしも自明ではないということがある。「RRSO〔リスク低減卵管卵巣摘出術〕は……健常であると考えられる臓器の摘出という倫理的課題を含んでいる」(8)と日産婦の委員会が述べているように、卵巣がんの発症および潜在的な死を予防するためと言えども、健康な身体にメスを入れるというのは、本人の同意の下でも問題のありうる介入だという認識は医療界にもある。このような予防的介入は行き過ぎで、不適切な予防手段と言うべきなのだろうか。一般に、どういう場合に「予防は治療に勝る」という格言が当てはまり、どういう場合には当てはまらないのか。予防行動を正当化するためには、その条件を考える必要がある。次節では類似した問題として、認知症の発症予測の問題を扱う。

注

（1） Angelina Jolie, 'My Medical Choice', *The New York Times*, May 14, 2013.

（2） Angelina Jolie Pitt, 'Diary of a Surgery', *The New York Times*, March 24, 2015.

（3） 日本産科婦人科学会婦人科腫瘍委員会・遺伝性乳癌卵巣癌（ＨＢＯＣ）の啓発および取り扱い検討小委員会「ＢＲＣＡ１またはＢＲＣＡ２遺伝子変異保持者に対するリスク低減卵管卵巣摘出術について」『日産婦誌』第六八巻第六号、二〇一六年。

（4） Eisinger, Francois, 'Prophylactic Mastectomy: Ethical Issues', *British Medical Bulletin*, 81-82(1), 2007, 7-19.

（5） Yang, Tony, Y. Elizabeth R. Pike, Christopher M. Rose, and Leslie E. Botnick, 'The Rise in Bilateral Mastectomies: Evidence, Ethics, and Physician's Role', *Breast*, 29 (2016), 160-162.

（6） Abbott, Andrea, Natasha Rueth, Susan Pappas-Varco, Karen Kuntz, Elizabeth Kerr, and Todd Tuttle, 'Perceptions of Contralateral Breast Cancer: An Overestimation of Risk', *Annals of Surgical Oncology*, 18(11), 2011, 3129-3136.

（7） Shute, N., Angelina Jolie and the Rise of Preventive Mastectomies, NPR, 14 May, 2013 (https://www.npr.org/sections/health-shots/2013/05/14/183892507/angelina-jolie-and-the-rise-of-preventive-mastectomies?t=1661849475714　二〇二二年八月三〇日最終アクセス).

（8）前掲注（3）、一三三頁。

5 アルツハイマー病の発症予測

認知症の問題

WHO（世界保健機構）によると、二〇一九年現在、世界の認知症患者は約五〇〇〇万人おり、認知症は死因の第五位となっている。患者数は二〇三〇年には八二〇〇万人、さらに二〇五〇年には一億五二〇〇万人になる見込みである。[1] 認知症対策は今日の主要な医療・公衆衛生上の課題と言われている。中でも認知症の原疾患の五～七割を占めるとされるアルツハイマー病（Alzheimer's disease、以下AD）の対策は急務である。

二〇〇〇年代からADの発症予測と根本的治療法の研究が国際的に進んでいる。これまでの知見によれば、七〇歳でADを発症する場合、すでに四五歳の頃から脳の病変が始まっているとされる。しかし、進行を遅らせる薬がこれまでにいくつか承認されており、また有望な治療薬と見込まれている薬剤の研究も行われているものの、現時点では効果的な予防法も根本的な治療薬もない。つまり、ADについての根本的治療法はまだ存在しない中で、発症予測だけが一足先に可能になりつつあるという状況である。

そこで今回は、ADの発症予測が持つ倫理的問題について論じ、これまでの内容を振り返りつつ小括を行う。

アルツハイマー病の発症予測

神戸医療産業都市推進機構・医療イノベーション推進センターが運営しているアルツハイマー病情報サイトでは、米国国立加齢研究所（NIA）のアルツハイマー病啓発・情報センター（ADEAR）が提供している最新情報の翻訳がオンラインで公開されている。[2]それによると、ADは不可逆的な進行性の脳疾患であり、記憶や思考能力がゆっくりと障害され、最終的には日常生活の最も単純な作業を行う能力さえも失われる病気である。脳内の変化としては、蛋白の異常な沈着により、脳の至るところにアミロイド斑（老人斑）ができ、また神経原繊維変化が生じるとともに、脳内の神経細胞（ニューロン）の相互連結が失われ最終的には死滅に至る。これにより、影響を受けた脳領域の萎縮が徐々に進行する。このような病変が記憶を司る海馬やその他の領域に広がると、認知機能の障害などが発生すると考えられている。

現在のADの診断基準では、ADは発症前（プレクリニカル期）、ADによる軽度認知機能障害（MCI）、ADによる認知症の三つのステージに分けられる。徳田隆彦の「アルツハイマー型認知症のバイオマーカーの現状と課題」[3]によると、従来はADの診断には、認知機能検査やADL（日常生活動作）の尺度が用いられていたが、二〇〇〇年代以降のAD研究の発展により、今日では早期診断や薬剤効果の判定をより客観的に行うためのいくつかのバイオマーカーが開発されている。代表的なバイオマーカーは、MRIやPETなどの画像診断的バイオマーカーと、髄液や血液などの生化学的バイオマーカーである。詳細は省くが、これまでの研究によれば、こうしたバイオマーカーを用いることによって、発症前のAD患者を同定できることが示唆されている。つまり、ADの発症予測の技術が開発されているということだ。

冒頭で述べたように、七〇歳でＡＤを発症する場合、その二五年前の四五歳頃からすでに脳の病変が始まっているとされる。このような発症予測のための診断はまだ研究途上にあるが、今後容易に利用可能になるかもしれない。その場合、どのような倫理的問題が生じるだろうか。

アルツハイマー病の発症予測に伴う倫理的問題

オランダのスメディンガらの論文は、ＡＤの発症予測に伴う倫理的問題を包括的に文献調査したものだ(4)。この論文によれば、バイオマーカーによるＡＤの発症予測の検査への賛成論と反対論には以下のようなものがある。

〈賛成論〉

①ＡＤの研究に役立つ、②ＡＤ診断の正確さが増す、③将来の計画が立てやすくなる、④健康や幸福を向上させることができる、⑤検査結果を知る権利がある、⑥検査結果によってもたらされる心理的危害などは過大視されている。

〈反対論〉

①検査は利益をもたらさない、②検査結果は現時点では不正確、③検査によって健康な人々の医療化が生じる、④検査結果は心理的危害をもたらす、⑤検査により差別が生じる、⑥検査費用が高額である、⑦検査結果を知らないでいる権利がある、⑧検査自体による身体的負担が大きい。

これらの賛成論、反対論の論点をおおざっぱにまとめると、発症予測の不確実性、予測による利益と危害、検査の利用可能性などの点が論点になっており、これはこれまでに見た新型出生前診断（NIPT）やBRCA遺伝子検査の問題などの他の領域と重なる点が多い。

一方、ADの発症予測の問題がこれまで見てきた問題と異なるのは、現時点では検査によって発症の可能性が高いと指摘された場合に、根本的な治療手段がないだけでなく、いわばセカンドベストというべき選択肢もない点だ。NIPTであれば、胎児の染色体異常を防ぐことはできないが、中絶という選択肢が残されていた。また、BRCA遺伝子検査の場合は、乳がんや卵巣がん等の発症を防ぐことはできないが、乳房や卵巣等を事前に摘出するという選択肢が存在した。ところが、ADの場合はそのような選択肢すらない。生活習慣の改善による予防も言われるが、確実なものとは言えない。反対論で「検査は利益をもたらさない」と指摘されているのはそのためだ。

発症を防ぐのに現時点で唯一考えられるのは、安楽死ないし自殺である。実際、米国でADの治療薬の研究に参加している研究参加者を対象とした意識調査では、ADを発症した場合に医師幇助自殺を考えるという人が約五人に一人いた(5)。ただし、米国のいずれの州でも、認知症を理由とした医師幇助自殺は認められていない。日本も同様である。したがって、そのような国では、ADの発症を避けるために唯一取りうるのは、医師の助けを借りない自殺だけということになるだろう。

ADの発症を避けるために自殺することは、はたして「予防」と言えるのだろうか。AD発症前検査の結果を受けて自殺することを「予防」と呼ぶことに、読者は抵抗を覚えるかもしれない。たしかに、自殺という極端な手段を取ってAD発症を回避するのは望ましい方法ではない、と一般的には考えられるだろう。しかし、そうした価値判断を保留して見るならば、自殺も将来起きる悪いこと（ここではADの発症）を回避するための手段の一つであり、予防の一種と見なすことができよう。自殺は多くの人にとっては犠牲が大きすぎるために望ましい手段ではないが、AD発症を回避するための予防手段の一つではある。同様に、BRCA遺伝子検査の場合の乳房や卵巣等の予防的切除も、大きな犠牲を払わなければならないという意味で決して望ましくないが、がんの発症を回避するための手段の一つである。このように、予防には多かれ少なかれ犠牲（コスト）が伴うということを認識しておく必要がある。

発症予測の問題についてのまとめ

これまで扱ってきたNIPT、BRCA遺伝子検査、および今回のADの発症予測に共通する特徴を改めて考えてみる（表1）。第一に、染色体異常や遺伝子変異、あるいは脳の病変の進行などを検査することにより、障害や病気の発症をある程度の正確さで予測できる技術が存在する。第二に、現時点では当の障害や病気を根本的に治す治療法は存在しない。第三に、望ましくない事態を予防するための方法も、それ自体、侵襲性が高かったり、社会的に問題視されたりしているため、倫理的に望ましくないと考えられている。

このような特徴がある場合、検査の利益（ベネフィット）が見えにくいため、そもそも検査をするべきか、また検査結果を本人に伝えるべきか、という問題が生じる。「将来悪いことが起きる」という予測を情報として受け取る利点は、主にその害悪を回避することにあると思われるが、それを回避する

表1　発症予測の検査と治療法・予防手段の関係

	新型出生前診断（NIPT）	BRCA遺伝子検査	AD発症前検査
発症予測	実用化	実用化	臨床研究中
根本的治療法	現在はなし	現在はなし	現在はなし
主な予防手段	人工妊娠中絶	乳房・卵巣等の予防的切除	安楽死・自殺

（出所）筆者作成。

ことができないか、回避のためにかなりの犠牲を払わなければならない場合、そもそもその情報を伝えるべきなのかという問題が生じるということだ。このような問題構造は遺伝性の深刻な疾患であるハンチントン病などにも見られるものである。

治療法がなく、また適切な予防手段もないとしても、患者に診断結果を伝えるべきだろうか。治療法や適切な予防手段がない場合でも、検査によって発症予測ができれば、検査から発症までの間に心の準備ができるという利点は確かにあるだろう。たとえばＡＤであれば、それまでに相続の手続や望ましい医療や介護の準備などを行うことができる。しかし、人によっては「将来悪いことが起きる」という情報を楽観的に受け取ることができず、むしろ知らない方がそれまでの人生を楽しめたという場合もありうる。また、予測が不確実であればあるほど、「もしかしたら実際には悪いことは起きないのでは……」という考えに悩まされることも増えるだろう。

このような困難な状況を回避する最善の方法は、根本的治療法を開発するか、あるいは発症予防のための犠牲の少ない方法を見つけ出すことだろう。それができるまでは、「検査を行うべきかどうか」、また「検査を行った場合にはどのように選択を行うか」という、社会にとっても個人にとっても難しい倫理的な問題に向き合う必要があるように思われる。

注

（1）二〇二一年九月現在では、世界の認知症患者は五五〇〇万人以上おり、死因の第七位である。また、二〇三〇年には七八〇〇万人、二〇五〇年には一億三九〇〇万人になると見込まれている。WHO: Dementia（https://www.who.int/news-room/fact-sheets/detail/dementia　二〇二二年八月三〇日最終アクセス）.

（2）アルツハイマー病情報サイト（https://adinfo.tri-kobe.org　二〇二二年八月三〇日最終アクセス）。

（3）徳田隆彦「アルツハイマー型認知症のバイオマーカーの現状と課題」『老年期認知症研究会誌』第二一巻第四号、二〇一七年、三九～四五頁。

（4）Smedinga, Marthe, Krista Tromp, Maartje H. N. Schermer, and Edo Richard, 'Ethical Arguments Concerning the Use of Alzheimer's Disease Biomarkers in Individuals with No or Mild Cognitive Impairment: A Systematic Review and Framework for Discussion', *Journal of Alzheimer's Disease*, 66(4), 2018, 1309–1322.

（5）Largent, Emily A., Mélanie Terrasse, Kristin Harkins, Dominic A. Sisti, Pamela Sankar, and Jason Karlawish, 'Attitudes Toward Physician-Assisted Death from Individuals Who Learn They Have an Alzheimer Disease Biomarker', *JAMA Neurology*, 76(7), 2019, 864–866.

6 予防接種

感染症と予防接種

天然痘（痘瘡）は古くから知られている病気で、感染力が非常に高く、致死率も高い。ＷＨＯが天然痘の根絶計画を決めた一九五〇年代半ばにおいても、世界で年間二〇〇〇万人が感染し、うち四〇〇万人が死亡していた[1]。しかし、効果的な予防接種により、わずか二〇数年後の一九八〇年には世界根絶が宣言され、今日では予防接種の必要がなくなった。これは、ＷＨＯの大きな功績の一つとして知られている。

その他にも、ジフテリアやポリオ（急性灰白髄炎・小児麻痺）といった感染症が、先進国ではほとんど消えたか、深刻な脅威ではなくなった。この背景には衛生状態の改善もあるが、予防接種の功績が大きい。しかし、今日でもインフルエンザや麻疹などの感染症が国内外で流行しており、また子宮頸がんワクチン（ＨＰＶ）接種の是非や新型インフルエンザワクチンの配分の問題など、予防接種をめぐる議論が存在している。

そこで本節と次節では、予防接種の倫理的問題を扱う。予防接種は感染症対策の一つということで、前節までに扱ってきた遺伝性の疾患や生活習慣病などの非感染症とは異なる問題があることがわかるだろう。なお、感染症の予防には衛生状態の改善や強制的な隔離などの介入も含まれるが、以下では基本的に予防接種の議論に絞って論じる。まず本節では予防接種の倫理に関する総論を述べる(2)。

予防接種とは

vaccinationは予防接種やワクチン接種と訳されるが、元々ワクチン(vaccine)は牛から得られた痘苗《とうびょう》のことである。一八世紀末、英国の医師エドワード・ジェンナーは、牛の乳搾りをしている人々は天然痘に罹りにくいという言い伝えを知り、それは彼らが一度牛痘(cowpox)に罹ることで天然痘に対する免疫ができるからだと考えた。そこで彼は庭師の息子に牛から得られた痘苗を接種し、数週間後に天然痘を接種したところ、天然痘に罹らなかった。現代の観点からすると、庭師の息子を実験対象にするのはいささか非倫理的に見えるが、ともかくも牛痘を用いたジェンナーの天然痘予防法が近代の予防接種の先駆けとなった。「接種」という言葉が今も生きているのは、「痘苗を植え付ける」という元々のイメージが残っているからだろう。

個人防衛と社会防衛

予防接種にはいくつか重要な概念や区別があるが、とくに重要なのは、個人防衛と社会防衛(個人予防と集団予防)という区別だ。予防接種をした個人は、その感染症に罹らなくなるか、罹っても重症にならずに済むため、自分に直接の利益がある。これが予防接種による個人防衛である。

しかし、予防接種は受けた当人だけでなく、その周囲の人々への感染可能性を下げることにより、他人にも利益をもたらす(正の外部性)。大勢の人々が予防接種を受けていれば、何らかの理由で予防接種を受けていない人が一定数いたとしても、その人たちも感染しにくいという利益を享受できる。個々人が免疫を得ることで、あたかも集団が全体として免疫を持っているかのような状態になる。これを集団免疫（herd immunity）という。社会防衛とは、予防接種によってこのような集団免疫を獲得することを通じて、感染症から社会を守ることだと言える。近年、日本や先進諸国で麻疹《はしか》が再び流行しはじめているが、これは麻疹の予防接種を受けていない人が増えたために、集団免疫が失われつつあることを示している(3)。

個人防衛と社会防衛の区別は、現行の予防接種法のA類疾病とB類疾病にも表れている。A類疾病とは「人から人に伝染することによるその発生及びまん延を予防するため、又はかかった場合の病状の程度が……重篤になるおそれがあることから……特に予防接種を行う必要がある」疾病のことで、ジフテリア、百日咳、ポリオ、破傷風、麻疹・風疹、日本脳炎、結核などが含まれる。A類疾病については接種勧奨がなされており、予防接種を受ける努力義務が個人に課されている。これらは基本的に社会防衛が主、個人防衛が従という風に考えられている。

それに対して、B類疾病は、「個人の発病又はその重症化を防止し、併せてこれによりそのまん延の予防に資するため特に予防接種を行う必要がある」疾病である。ここに含まれるのはインフルエンザや高齢者の肺炎球菌感染症である。これらは個人防衛が主、社会防衛が従と考えられている。B類疾病については、接種の勧奨はなく、個人に努力義務も課されていない。つまり、基本的には予防接種によって自分の身を守りたいと思った人だけが受ければよいということだ。

強制か勧奨か

すでに「勧奨」という言葉が出てきたが、強制か勧奨か、というのも重要な区別である。この点について、予防接種法の歴史を見ながら説明しよう。

戦後の一九四八年に予防接種法ができたときは、感染症患者や死者が今よりもはるかに多かった。そのため、社会防衛の観点が重視されており、天然痘や百日咳等の疾病に関する予防接種は個人の義務であり、実際に罰則付きの強制が行われていた。

しかし、感染症の患者や死者が減少するにつれ、むしろ予防接種による健康被害の方が社会的に問題視されるようになった。そこで、一九七六年の予防接種法の改正では、予防接種の健康被害救済制度が導入されるとともに、予防接種は義務だが、罰則は緊急時の臨時の予防接種に限るとして原則廃止された。

また、予防接種の健康被害を受けた子どもやその親を原告として国に損害賠償責任を求める集団訴訟が、一九七〇年代初頭より六度にわたり提起されていたが、一九九二年に東京高裁が「接種の禁忌者に予防接種を実施させないための充分な措置をとることを怠った過失がある」として国の過失を認める判決を出して結審した(4)。これを受けて行われた一九九四年の予防接種法改正では、予防接種を個人の義務とする規定は廃止され、努力義務が課せられる(接種勧奨がある)のみとなった。

その後、予防接種法の対象から外れたインフルエンザの予防接種率が低下し高齢者の集団感染が問題になったため、二〇〇一年の改正では高齢者のインフルエンザが追加されたが、これは先に述べたB類疾病(当時の名称は一類疾病)、つまり個人の判断による努力義務のない(接種勧奨のない)種類に入れられることになった(5)。

したがって、現在の日本では予防接種は勧奨ありとなしの違いはあるものの、強制力はなく、個人の判断で受けるものとなっている。また、以前は学校での集団接種も行われていたが、現在では親が子どもを診療所に連れて行く個人接種が原則である。これは、個人の意思を尊重するものとして評価できる一方、感染症に対する社会防衛の必要性を軽視していると見ることもできる。社会防衛のために予防接種を強制できるかどうかは、予防の倫理を考える上で大きな問題であり、次節以降も繰り返し扱う論点である。

予防のパラドクス

予防にはコストがかかる。とりわけ予防接種の場合には、感染症の制圧が進むにつれて、個人にとっては得られる利益がますます少なくなり、予防接種を受けるコストの方が利益を上回るように思えてくるという現象が起きる。すると予防接種を忌避する人々が現れやすくなる。

この点は、英国の疫学研究者として有名なジェフリー・ローズが「予防のパラドクス」として一般化している。予防のパラドクスとは、「集団全体に対して多大な恩恵をもたらす予防措置も、集団を構成する個人個人への恩恵となると少ない」というものだ(6)。

ローズが挙げている二つの例を見よう。ジフテリアが一九四〇年代に流行していた頃の死亡率は数百人に一人であったため、一人の子どもを死亡から守るのに、数百人が予防接種を受ける必要があった。また、自動車事故を起こした場合にシートベルトを着用していれば死亡リスクが半減するとしても、交通事故に遭って死ぬ確率は極めて低いため、実際に事故を起こしてシートベルトの恩恵を被る人は数百人に一人の割合でしかない。このように、社会全体から見ればジフテリアの予防接種や自動車のシートベルト着用の利益は大きいが、一人ひとりにとっては（実際に被害に遭わない限り）利益はそれほどではないという事態が生じる。これがローズのいう予防のパラドクスである。

予防のパラドクスがどういう意味でパラドクスなのかについては研究者の間でも意見が分かれているが[7]、筆者の考えでは、ローズの指摘しているパラドクスは、集団的合理性と個人的合理性のずれに起因する問題と見なすことができる。

集団全体の視点からすると、個々人が予防接種を受けるという一定のコストを引き受けることで、統計的には大勢の生命を救うことができ、また集団免疫が発生することで予防接種を受けられない人々を危険から守ることもできる。集団全体の利益を考えると、人々が予防接種を受けることは合理的である。

しかし、自分の利益、あるいは自分の子どもの利益を優先する個人の視点から見ればどうだろうか。場合によって副反応により大きな健康被害を負う可能性のある予防接種を受けることは、感染症に実際に罹って重症化したり死んだりする確率が低くなればなるほど、相対的にコストの大きい行為となる。また、周りの人が予防接種を受けて集団免疫が発生していれば、自分が予防接種を受ける動機付けはますます低くなる（これはフリーライダー問題と呼ばれる）。したがって、個人の視点から見れば、予防接種を受けることは感染のリスクが高くないかぎり不合理である。この集団と個人から見た合理性のずれが、ローズの言う予防のパラドクスの本質だと考えられる。

この問題を解決する一つの方法は、予防接種を受けないことによって個人が被るコストを上げること、つまり罰則付きの義務にすることだ。だが、予防接種が自動車のシートベルトと違って難しいのは、副反応による健康被害がありうることである。予防接種を受けた個人が運悪く大きな健康被害を被った場合には、強制した主体である国が責任を負うことになりうる。このような予防行為のコストの不確実性、および義務化に伴う責任の問題が、予防接種による予防の問題を難しくしていると言える。

予防接種と信頼

次に、近年予防接種に関して見られるもう一つの問題について論じる。それは、予防接種によってコストに見合ったベネフィットが得られるというのは、行政や科学者が作ったでっちあげではないのか、という不信がもたらす問題である。

ＷＨＯによれば、予防接種のおかげで毎年二〇〇万人から三〇〇万人の命が助かっている一方で、予防接種の忌避（vaccine hesitancy）、すなわち親が子どもに予防接種を受けさせなかったり受けさせるのをためらったりすることが、二〇一九年にＷＨＯが公表した国際保健上の十大危機の一つに入るほどの問題になっている。[(8)] また、同年六月に公表された科学や医療問題への市民の態度に関する大規模な国際調査でも、とりわけ先進国において予防接種の安全性や有効性に対する市民の信頼度が下がっているという結果が出ている。[(9)] そこで、以下ではとくに麻疹の世界的流行を具体例として取り上げながら、この問題について論じる。

麻疹の流行

麻疹はウイルスによって引き起こされる急性の全身感染症である。麻疹ウイルスは、唾液などの飛沫感染や接触感染だけでなく、空気感染もする非常に高い感染力を持つウイルスであり、免疫がなければほぼ一〇〇%感染する。感染すると、約一〇日後に風邪のような症状が出たあと三九度以上の高熱と発疹が生じる。患者の一〇〇〇人に一人が脳炎を発症し、先進国でも患者の一〇〇〇人に一人が死亡するとされる。また、妊婦が感染した場合は流産や早産を起こす可能性がある。麻疹に対する最も効果的な予防法は予防接種であり、麻疹ワクチンを一度受けると九五%程度の人が、二度受けるとほぼ全員が麻疹ウイルスに対する免疫を獲得するとされている。そのため、日本では現在、一歳児の間に一度、また小学校入学前の一年間にもう一度と、二度の定期接種が勧奨されている[10]。

二〇一九年現在、その麻疹が国際的に流行している。米国では一九九〇年前後に麻疹が大流行したが、その際に予防接種を強力に推進したため、二〇〇〇年には麻疹の排除宣言が出された。ある感染症が排除された状態というのは、海外から麻疹が「輸入」された場合や、その輸入例から感染した事例を除くと、国内での発生が見られない状態を指す。しかし、二〇一四年末から二〇一五年初頭にかけてカリフォルニア州のディズニーランドの従業員や入場者の間で麻疹の流行が認められたことを皮切りに、近年、麻疹が再び流行しており、六月末時点ですでに一〇〇〇人以上の感染者を出した二〇一九年は四半世紀ぶりの流行になる見込みである。またヨーロッパでも、二〇一六年以降麻疹の感染者が増えており、二〇一八年は約八万二六〇〇例と前年の三倍の感染数を記録している。麻疹の流行は先進国に限らない。二〇一九年現在内戦状態にあるコンゴ民主共和国では、致死率が非常に高いエボラ熱の流行が問題となっているが、麻疹による死亡者は一五〇〇人以上となっており、エボラ熱で亡くなる数を上回る流行を見せている[11]。

　こうした状況の背景にあるのは、十分な数の人々が予防接種を受けていないという事態である。麻疹に関して集団免疫を得るには、社会の九五％以上が免疫を持っていなければならないが、ヨーロッパでは地域によっては接種率が七〇％程度に留まるところもあるという。なぜ途上国だけでなく先進国でも予防接種の接種率が下がっているのだろうか。その一つの問題が、予防接種に対する不信の問題である。

麻疹の予防接種の問題

　前出の国際調査は英国のBBC放送で大きく取り上げられ、予防接種に対する信頼は発展途上国よりも先進国において低く、とくにフランスでは、ワクチンが有効だと考える人は三人に二人しかいないという点が強調されていた[12]。しかし、日本では同じ問いに肯定的に答えていた人はそれよりも少なく、ワクチンは安全だと考える人は三人に一人しかいなかった（表1参照）。先進国における予防接種に対する不信についてはいくつかの原因があると考えられるが、とくに麻疹に関しては、MMR（麻疹・おたふく風邪・風疹）三種混合ワクチンと自閉症を結びつける研究の影響が大きいと思われる。

　この研究は、英国の医師であるアンドリュー・ウェイクフィールドが、一九九八年に医学雑誌として高名な『ランセット』誌上で公表したものである。その論文の中で彼はわずか一二例の症例報告に基づき、MMR三種混合ワクチンが自閉症をもたらす可能性があると示唆した。この論文はメディアで大きな反響を呼び、英米を中心に子どもに予防接種を受けさせない親たち（anti-vaxxer と呼ばれる）

表1　ワクチンに関する各国市民の態度（Wellcome Global Monitor 2018）

	フランス	英　国	米　国	日　本	世界平均
「ワクチンは有効」に同意	68%	86%	84%	61%	84%
「ワクチンは安全」に同意	47%	75%	72%	34%	79%

（出所）Vaccines: Low trust in vaccination 'a global crisis' https://www.bbc.co.uk/news/health-48512923 を参考に作成。

を生み出した。しかし、MMR三種混合ワクチンと自閉症の関係はその後の大規模調査で否定され、『ランセット』誌は一二年後の二〇一〇年に論文を撤回した。この論文は現在でもダウンロードできるが、「撤回（Retracted）」という言葉が全ページに赤字で記されている。[13] ウェイクフィールドは論文が撤回されただけでなく英国の医師免許も剝奪されたが、彼自身は立場を変えることなく今日でもワクチン反対の講演を世界各地で行っているとされる。ドナルド・トランプも、大統領になる前の二〇一二年には、混合ワクチンが自閉症児を増やしているという趣旨のツイートを行っていた。こうした発言がＳＮＳで繰り返されることで、ウェイクフィールドの論文は引き続き大きな影響力を持ち続けている。[14]

とはいえ、予防接種全般に対する市民の信頼の低下の原因は、この論文だけではないだろう。ＷＨＯの二〇一四年の報告書では、予防接種の忌避の要因には三つのＣ（３Ｃｓ）があると分析している。三つのＣとは、Complacency（感染症リスクを甘く見積もること）、Confidence（予防接種の安全性や有効性、および医療全体への信頼の低下）、Convenience（ワクチンへのアクセスや理解の難しさ）である。[15] 先進国においては三つ目の問題は比較的小さいと思われるが、一つ目の問題と二つ目の問題が結びついて予防接種を避けようとする傾向が市民に現れることが考えられる。

予防接種の強制

予防接種率を向上させるための一つの方法は、予防接種を勧奨ではなく強制にすることである。実際、麻疹をはじめとするワクチンの接種率低下を受け、幼稚園や小学校に入るための条件として予防接種を強制する国が出はじめている。たとえばイタリアでは親が子どもに小学校入学前までに所定の予防接種を受けさせることが二〇一七年に罰則付きで義務化された。[16]また、ドイツでも子どもに所定の予防接種を受けさせずに小学校に入れた場合には三〇万円近い罰金を払わせることを検討している。[17]米国では多くの州で親の宗教的理由や「哲学的理由」での予防接種免除規定を設けているが、カリフォルニア州やニューヨーク州を含め五つの州では、医学的理由以外の免除理由を認めない方針を打ちだした。[18]日本の場合は学校保健安全法に基づき、特定の感染症に感染した生徒の出席停止を校長が命じることができるが、予防接種を入学の条件にするなどの規定はなく、前述したように、予防接種法においてはすべて勧奨に留まっている。

とはいえ、予防接種の強制は、予防接種の安全性や有効性に対する信頼や医療全般に対する信頼が低いところでは、逆効果になる可能性もある。強制するにせよ勧奨に留まるにせよ、予防接種や医療全般に対する信頼をどのように勝ち得るかが予防接種行政の鍵となるだろう。先で述べたような予防接種に対する不信をどうやって取り除くかが大きな課題である。シルバーマンの論文では、公衆衛生キャンペーンの重要性や、市民のワクチンに対する認識に関する社会科学的調査の重要性などが指摘されている。[19]また、本章1節で紹介したナフィールド生命倫理評議会の「介入のはしご」の発想を用いて、自由と強制の間の段階的な介入を検討することも重要だろう。
麻疹について言えば、日本は以前は麻疹輸出国として知られていたが、二〇〇七年から二〇〇八年にかけて若者の間で麻疹が流行ったのを契機に、麻疹ワクチン（通常は風疹ワクチンとの二種混合）を二回定期接種することが徹底されるようになり、二〇一五年にはWHOにより麻疹の排除宣言が出された。とはいえ、二〇一八年末から二〇一九年初頭にかけて、宗教上の理由からワクチン接種を忌避している人々の間で麻疹の集団感染が起きるという事件があったように[20]、日本でも一定数の予防接種忌避者が存在する[21]。予防接種が浸透しているおかげでかえって感染症の脅威が感じられにくくなっている中で、予防接種という投資行為に大きなリターンがあることを市民にどのように理解してもらうかが、海外だけでなく国内の予防接種行政でも重要な課題であると言えるだろう。

注

（1）国立感染症研究所「天然痘（痘そう）とは」(https://www.niid.go.jp/niid/ja/kansennohanashi/445-smallpox-intro.html 二〇二二年八月三〇日最終アクセス)。
（2）もともと本節の原稿は二〇一九年六月頃に執筆されており、まだCOVID-19のパンデミックが起きる前であった。COVID-19関連の話題として、隔離の問題を本章10節で、医療資源の配分の問題を同11節で扱う。また、COVID-19のワクチンに関わる問題は、次の著作で扱っている。児玉聡『COVID-19の倫理学』ナカニシヤ出版、二〇二二年。

（3）麻疹は二〇一九年に二〇〇九年以降の最多記録（七四四例）を更新したが、二〇二〇年にはＣＯＶＩＤ－19のパンデミックに伴う外出規制の影響もあり、年間一二例と大きく減少した。WHO: Measles - number of reported cases (https://www.who.int/data/gho/data/indicators/indicator-details/GHO/measles--number-of-reported-cases　二〇二二年八月三〇日最終アクセス).

（4）東京高判平成四年一二月一八日『高民集』第四五巻第三号、三二一頁。

（5）以上、厚労省健康局結核感染症課「予防接種制度について」二〇一三年四月、を主に参考にした。

（6）ローズ『予防医学のストラテジー』医学書院、一九九八年。訳は筆者が少し改変した。

（7）たとえば以下の文献を参照。Thompson, Christopher, 'Rose's Prevention Paradox', *Journal of Applied Philosophy*, 35(2), 2018, 242–256.

（8）WHO, 'Ten threats to global health in 2019' (https://www.who.int/news-room/spotlight/ten-threats-to-global-health-in-2019　二〇二二年八月三〇日最終アクセス).

（9）Wellcome, 'Wellcome Global Monitor 2018, Ch. 5' (https://wellcome.org/reports/wellcome-global-monitor/2018　二〇二二年九月二日最終アクセス).

（10）以上、厚生労働省ＨＰ「麻しんについて」を参照した（https://www.mhlw.go.jp/seisakunitsuite/bunya/kenkou_iryou/kenkou/kekkaku-kansenshou/measles/index.html　二〇二二年九月二日最終アクセス）。

（11）国立感染症研究所（ＮＩＩＤ）によると、「二〇一九年の世界の麻疹症例数は、一九九六年以降最多となる約八七万症例」を記録したが、「二〇二〇年にはおよそ九・四万症例と大幅に減少した」IASR 42(9), 2021【特集】麻疹　二〇二一年七月現在（https://www.niid.go.jp/niid/ja/measles-m/measles-iasrtpc/10654-499t.html　二〇二二年九月二日最終アクセス）。注（3）に記したように、日本の状況も同様の傾向を辿っている。ただし、ＣＯＶＩ

D－19のパンデミックに伴う外出制限などにより二〇二〇年には麻疹のワクチンを受けなかった子どもが前年に比べて三〇〇万人増えており、今後、麻疹が大流行する可能性も指摘されている。WHO, 'The largest increase in unvaccinated children in 20 years and critical gaps in disease surveillance increase risk of measles outbreaks, putting lives at risk: WHO, CDC'（https://www.who.int/news/item/10-11-2021-global-progress-against-measles-threatened-amidst-covid-19-pandemic　二〇二二年九月二日最終アクセス）.

（12）BBC News, 'Vaccines: Low trust in vaccination 'a global crisis', 19 June, 2019（https://www.bbc.com/news/health-48512923　二〇二二年九月二日最終アクセス）.

（13）Wakefield, A. J., S. H. Murch, A. Anthony, J. Linnell, D. M. Casson, M. Malik, and others, 'Retracted: Ileal-Lymphoid-Nodular Hyperplasia, Non-Specific Colitis, and Pervasive Developmental Disorder in Children', *Lancet*, 351(9103), 1998, 637–641.

（14）CNN, 'Science being 'debunked': Why are some countries making a vaccine U-turn?' 18 February, 2019（https://edition.cnn.com/2019/02/16/health/anti-vaccine-movement-history-pushback-intl/index.html　二〇二二年九月二日最終アクセス）.

（15）WHO, *Report of the Sage Working Group on Vaccine Hesitancy*, 2014.

（16）Reuters, 'Italy passes law obliging parents to vaccinate children', 19 May, 2017（https://www.reuters.com/article/us-italy-politics-vaccines-idUSKCN18F1J7?feedType=RSS&feedName=healthNews　二〇二二年九月二日最終アクセス）.

（17）BBC News, 'Germany vaccination: Fines plan as measles cases rise', 26 May, 2017（https://www.bbc.com/news/world-europe-40056680　二〇二二年九月二日最終アクセス）. その後、ドイツでは二〇一九年に法律が成

立し、二〇二〇年三月に施行された。Euronews, 'Measles vaccination becomes mandatory in Germany', 2 March, 2020（https://www.euronews.com/2020/03/02/measles-vaccination-becomes-mandatory-in-germany 二〇二二年九月二日最終アクセス）.

（18）CNN, 'New York ends religious exemptions for vaccines', 14 June, 2019（https://edition.cnn.com/2019/06/13/health/new-york-vaccine-exemption-law-bn/index.html　二〇二二年九月二日最終アクセス）.

（19）Silverman, Ross D., 'Controlling Measles through Politics and Policy', *Hastings Center Report*, 49(3), 2019, 8-9.

（20）「「医薬依存しない信仰」はしか拡大　津の宗教団体が謝罪【名古屋】」『朝日新聞』二〇一九年一月二四日朝刊。

（21）この点については、岩田健太郎『予防接種は「効く」のか?——ワクチン嫌いを考える』光文社新書、二〇一〇年が参考になる。

7 HPVワクチン

英国と日本のHPVワクチン

英国では二〇一九年九月から一二〜一三歳の男子にもHPV（ヒトパピローマウイルス）ワクチンの接種を拡大することになった[1]。これは、二〇〇八年から一〇年間実施している同年代の女子へのHPVワクチンの接種が奏功して、子宮頸がんなどの原因となるHPV感染が大幅に減少したため、HPVの国内根絶を視野に男子にも範囲を拡げるものである。また、他国にも同様の動きが見られ、とりわけ女子は二〇〇七年、男子も二〇一三年からHPVワクチン接種を開始した豪州は子宮頸がんを根絶する最初の国になるのではないかと言われている[2]。

その一方、日本では二〇一三年四月から始まったHPVワクチンの定期接種プログラムが、相次ぐ健康被害の報告を受けてわずか二カ月後に中止に追い込まれた。その後、厚労省は「積極的に勧奨しない」という立場を取っていたが、二〇二二年四月から積極的勧奨を再開することになった[3]。

国内で年間約一万人が罹患し、約三〇〇〇人が死亡するとされる子宮頸がんは、そのほとんどがHPV感染を原因とするという特徴を持つ。仮にこれまでの九年間にHPVワクチンの接種が行われていれば、今後約九万人の女性の子宮頸がんを防ぎ、約二万七〇〇〇人の命を救うことができたかもしれないのだ。それができなかったのは、日本の行政、学会、報道等の責任も大きいが、より根深い問題として、本節で見るように予防行動としての予防接種の困難さがあると言える。

ヒトパピローマウイルスとＨＰＶワクチン　ヒトパピローマウイルス（ＨＰＶ）は宿主（ホスト）をヒトとするパピローマウイルスであり、遺伝子型の異なるウイルスが数多く存在する。とくに、子宮頸がんなどの原因となる高リスク型のもの（16型や18型など）と、尖形コンジローマなどの疣《いぼ》や良性腫瘍の原因となる低リスク型（6型や11型など）が知られている。高リスク型ＨＰＶの主たる感染経路は性交渉である。

ＨＰＶに感染した場合、無症状のままウイルスが自然に排出され一過性の感染に終わることが多いが、女性が持続的に長く感染した場合にウイルスゲノムが宿主のＤＮＡに組み込まれると、前がん病変が生じ、それが進行すると子宮頸がんの発症に至る場合がある。子宮頸がんはほぼすべての場合においてＨＰＶ感染が原因とされているため、ＨＰＶ感染を予防できれば、子宮頸がんは劇的に減少すると考えられている。

ＨＰＶワクチンが開発されるまでは、子宮頸がん予防としては子宮頸部細胞診があった。しかし、陽性ではないと誤って判断される可能性（偽陰性という）や、日本ではとくに若い女性の検診率が低いという問題があった(4)。

これに対して、二〇〇〇年代後半から各国で用いられはじめたＨＰＶワクチンは、ＨＰＶ感染を防ぐことで子宮頸がんを予防しようとするものである。三回の予防接種を受けることで、未感染者であればＨＰＶ16／18型の感染をほぼ一〇〇％予防できるとされる。英国や豪州など、思春期になる前の女子への定期接種を約一〇年間続けてきた国では、最近の調査でHPV感染や前がん病変である子宮頸部上皮内腫瘍が定期接種開始前と比べて大きく減少していることがわかり、今後子宮頸がんの発症率も下がると予測されている(5)。

なお、HPVに関しては、このようにHPVワクチンによって予防はできるがウイルスを体内から除去する方法はない。そのため、前がん病変や子宮頸がんを早期発見して治療することになるが、子宮頸がんの罹患率が最も高いのは二五歳から四四歳までの女性であり、妊娠・出産に大きな影響が生じる可能性が高い。日本では年間約九〇〇〇人の女性が子宮頸部円錐切除術を行っているが、これにより早産のリスクや子宮の入口が細くなったり閉じてしまったりするなどの問題がある。また、がんが進行している場合は子宮や卵巣摘出などが必要であり、仮に救命できたとしても妊娠・分娩ができなくなるなどの困難がある(6)。

また、HPVは子宮頸がんだけでなく、他の部位のがんも引き起こす。英国ではとくに男性の同性愛者における肛門がんや口腔咽頭がんが問題になっており、四五歳までの同性愛者の男性には無料のHPVワクチンが提供されている。

日本の議論

日本では、二〇一〇年に政府や自治体によるHPVワクチン接種の補助金が出されるようになり、二〇一三年四月には一二〜一六歳の女子に対する定期接種が開始された。しかし、ワクチンを接種した女子から、慢性の痛みやけいれん、運動障害といった副反応の報告が相次ぎ、わずか二カ月後に厚労省は積極的な勧奨を停止することになった(定期接種から外されたわけではないが、国や地方自治体からの市民への情報提供を中止した）。この積極的勧奨の停止は一時的なはずであったが、ワクチン接種と副反応の因果関係に関する疫学的な調査が難航した上に、二〇一六年七月には、被害を訴える女性らによる国とワクチン製造企業二社を相手取った集団提訴が行われ、現在も四都市で訴訟が進行中である。(7) このため、二〇一三年には女子の接種率は七〇％台だったのが、それ以降は一％以下に低迷している。(8)

こうした状況は国際的な懸念事項になっており、ＷＨＯの予防接種の安全性に関する諮問委員会（ＧＡＣＶＳ）は、二〇一五年の声明で日本の状況に言及して「弱いエビデンスに基づく政策決定は、安全で有効なワクチンを使用しないことにつながり、現実の危害をもたらしかねない」と警鐘を鳴らしていた。(9)

以下ではＨＰＶワクチンによって深刻な副反応が引き起こされるのかどうかという科学的な論点には立ち入らずに、むしろ予防の倫理学の観点から、ＨＰＶワクチンをめぐる日本の状況についてどのような問題が指摘できるかについて論じたい。

予防行為としての予防接種の三つの特徴

前節までで述べたように、一般に予防接種には、①個人と集団にとってのコストベネフィット計算が異なる（予防のパラドクス）、②予防接種によるリスクとベネフィットの見積もり・評価に対する信頼がないと実施が困難である、といった特徴があり、これらが予防行為としての予防接種を難しくしている。

これはＨＰＶワクチンについても当てはまる。第一に、一生の間に子宮頸がんに罹患するのは女性の七六人に一人、子宮頸がんで死ぬのは三〇〇人に一人である[10]。七六人に一人が罹患するということは、裏を返せば残りの七五人は罹患しないということだ。つまり、圧倒的多数の人々にとってはＨＰＶワクチンを打っても打たなくても結果が変わらなかった可能性があり、その人たち個人からすればワクチンを打つのは余計なコストを背負うだけ損のように思えるかもしれない。しかし、日本全体では一年間に一万人以上の女性が子宮頸がんに罹患し、三〇〇〇人近くが死亡することを考えると、集団全体としてはＨＰＶワクチンは大きな社会的ベネフィットをもたらすと考えられる。

第二に、ＨＰＶワクチンが子宮頸がんを予防するのかどうかというベネフィットに関する情報、またＨＰＶワクチンが深刻な副反応をもたらすのかどうかというリスクに関する情報について、市民が情報提供者である国や科学者に対して十分な信頼を寄せていなければ、人々が予防行為を取ることは著しく困難になるだろう。

以上の二つの特徴に加えて、第三の特徴を指摘したい。それは、予防の問題として、予防接種を受けることによって被害を受けた人は具体的に特定できるが、予防接種を受けたことによって恩恵を受けた人は特定できないという特徴である。以下で具体的に考えてみよう。

統計上の人命と特定可能な人命

ＨＰＶワクチン問題に関しては村中璃子『一〇万個の子宮』（平凡社、二〇一八年）がよくまとまっているが、ここではその内容については論じず、タイトルについて考えてみる。これは、日本でＨＰＶワクチンの被害に関する集団訴訟が起きると、結審までに一〇年はかかり、その間に（子宮頸がん患者から年間一万人の子宮が摘出されているとすると）一〇万個の子宮が失われることになる、ということを言い表したものである。

たしかに、一〇万個の子宮の喪失は非常に大きな損失だ。また、一〇年間で約三万人の命が子宮頸がんで失われるとした場合、これはおそらく、HPVワクチンを対象の女性全員が接種した場合に、副反応で苦しむ（とされる）女性の数をはるかに上回るだろう。もしこのような単純な計算が許されるなら、話は簡単である。しかし、なぜこういう計算がなされないのだろうか。

それは、HPVワクチンを受けたことで被害を被った人は特定可能（すなわち顔が見える）だが、HPVワクチンを受けたことで恩恵を得た人は特定不可能だという特徴があるからだ。日本でHPVワクチンを受けた女性で、深刻な副反応（とされるもの）に苦しめられなかった女性は数多くいるはずだが、医師や科学者が特定の女性に向かって、「あなたは一二歳の頃にHPVワクチンを接種していたおかげで、これまで子宮頸がんにならずに済んでいるのです」と確実に言うことはできない（ワクチン接種をしなくてもがんにならない人が多くいるため）。我々にできるのは、統計的に子宮頸がんの罹患数や死亡数の減少を知ることだけである。

この話が重要なのは、我々は一般に、統計上の人命よりも、特定可能な人命に共感を寄せる心理的傾向を持つからだ。詳細は省くが、この傾向は人命救助活動に関する我々の思考や行動の仕方に影響を及ぼす。端的に言えば、仮に一〇年間で一〇万個の子宮の摘出を防げるとしても、そのために（おそらくはそれよりずっと少ない人数の）副反応で苦しむ女性が生じることは非倫理的だ、と我々は考える傾向にあるということだ。

顔の見えない大勢の利益よりも、顔の見える少数の犠牲者に共感する心理的傾向が我々にあるとすると、副反応というコストを伴う可能性のある予防接種は常に不利な戦いを強いられることになる。予防接種行政は、市民への情報発信などに関して、このような傾向を考慮に入れる必要があるだろう。たとえば、ワクチンを打たずに子宮頸がんを経験した患者の話を紹介することは、予防接種を受けようという市民の動機を強化する可能性があるだろう。

予防接種の話はこのぐらいにして、次節からは自殺対策の問題について扱う。

注

（1）BBC News, 'HPV vaccine for boys 'will prevent thousands of cancers'', 9 July, 2019（https://www.bbc.com/news/health-48881008　二〇二二年九月二日最終アクセス）.

（2）BBC News, 'Cervical cancer: Australia 'to be first to eliminate disease'', 3 October, 2018（https://www.bbc.com/news/world-australia-45727977　二〇二二年九月二日最終アクセス）.

（3）「子宮頸がんワクチンと「多様な症状」　積極的勧奨、九年ぶりに来月再開」『朝日新聞』二〇二二年三月三〇日朝刊。

（4）以上、日本産科婦人科学会「子宮頸がんとＨＰＶワクチンに関する最新の知識と正しい理解のために」初版、二〇一八年を主に参照した。最新版は第四版である（https://www.jsog.or.jp/modules/jsogpolicy/index.php?content_id=4　二〇二二年九月二日最終アクセス）。

（5）BBC News「子宮頸がんワクチン、一四カ国の調査で効果明らかに　撲滅の可能性も」二〇一九年六月二八日

(https://www.bbc.com/japanese/48795883　二〇二二年九月二日最終アクセス)。

(6)　前出の日本産科婦人科学会の資料より。

(7)　「活動のあゆみ――HPVワクチン薬害訴訟全国弁護団」(https://www.hpv-yakugai.net/history/　二〇二二年九月二日最終アクセス)。

(8)　以上、次の論文を参照した。Ikeda, Sayaka, Yutaka Ueda, Asami Yagi, Shinya Matsuzaki, Eiji Kobayashi, Tadashi Kimura, and others, 'HPV Vaccination in Japan: What Is Happening in Japan?', *Expert Review of Vaccines*, 18(4), 2019, 323-325. より近年の情報については、以下を参照。厚生労働省「令和四年四月からのHPVワクチンの接種について」二〇二二年三月一一日(https://www.mhlw.go.jp/content/10906000/000911549.pdf　二〇二二年九月二日最終アクセス)。

(9)　WHO：*Global Advisory Committee on Vaccine Safety Statement on Safety of HPV Vaccines*, *World Health Organization*, 2015.

(10)　国立がん統計センター「最新がん統計」より。累積がん罹患リスクは二〇一八年データ、累積がん死亡リスクは二〇二〇年データ(https://ganjoho.jp/reg_stat/statistics/stat/summary.html　二〇二二年六月八日更新より。二〇二二年九月二日最終アクセス)。

8 自殺予防

自殺と自殺対策の現状

日本の年間自殺者数は一九九八年から一四年連続で三万人を超えていたが、二〇〇六年に自殺対策基本法が成立し様々な対策が行われて以降は、徐々にその数を減らし、二〇一八年では二万人を少し超える程度に落ち着いている(1)（図1）。とはいえ、交通事故の年間死亡者数がすでに三〇〇〇人を割っていることを考えると、年間二万人でも相当な数であり、一〇万人当たりの自殺死亡率が約一七人というのは先進国の中でも依然として高い方である（図2）。本節ではまず日本の自殺予防の取り組みについて概説した上で、主に概念整理を行う。次に自殺予防の倫理的問題について検討する。

日本の自殺対策の歴史

日本では、英国などの諸外国の取り組みに影響を受けた「いのちの電話」が一九七〇年代初頭に開始され、自殺念慮のある者の話を聞くという取り組みが全国で行われるようになった。ただ、「いのちの電話」は民間の取り組みであり、地域によって活動に濃淡があり、また開設してから長い間、自殺予防に限らず性の問題や家庭不和など人生相談一般を受けるものであった。

一九九〇年代には長引く経済不況の影響もあり自殺者は微増傾向にあったが、前年末から金融業の

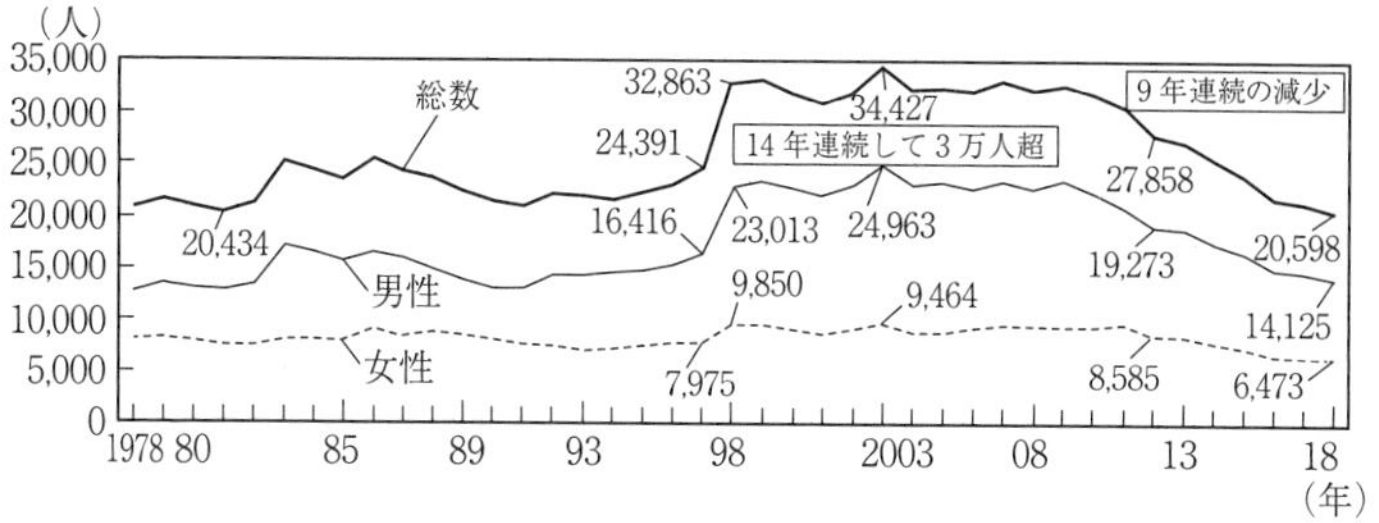

図1　日本における自殺の状況

（出所）厚生労働省社会・援護局総務課自殺対策推進室「自殺対策に関する基本資料」2019年3月15日自殺総合対策の推進に関する有識者会議資料より作成。

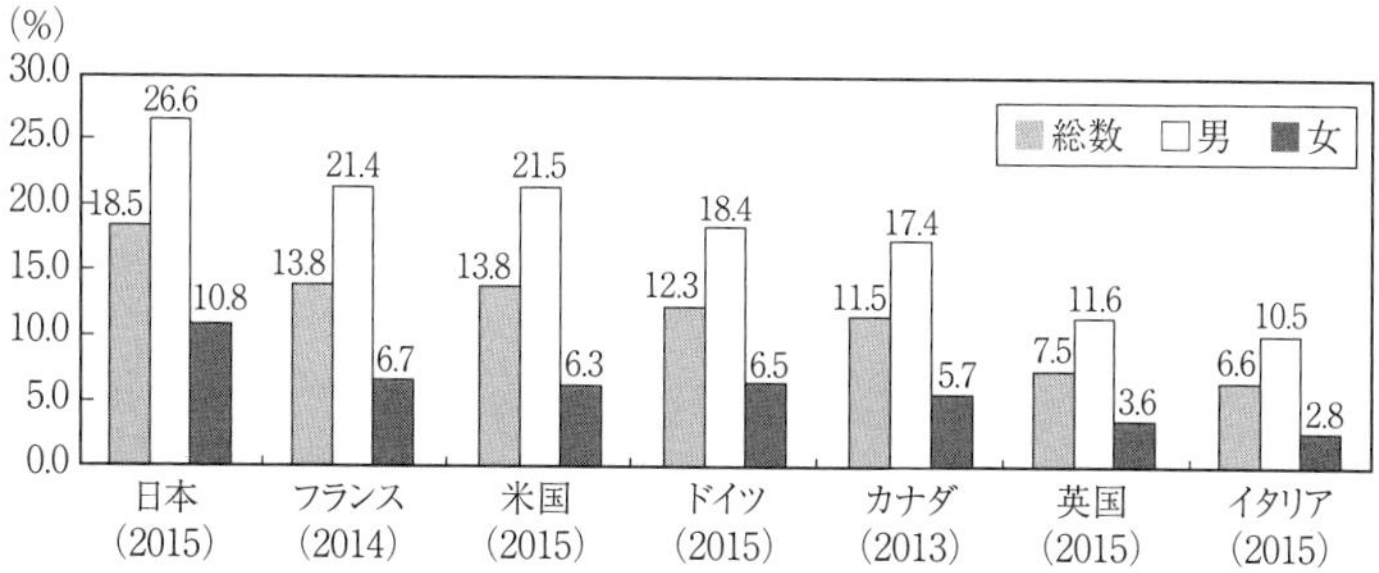

図2　先進国の自殺死亡率

（出所）厚生労働省『自殺対策白書（令和元年版）』より作成。

経営破綻が相次いだ一九九八年には、自殺者数が前年から八五〇〇人以上増えて年間三万二八六三人となった（一〇万人当たり二六人）。自殺によって父親を亡くした遺児の体験談が二〇〇一年に報道で大きく取り上げられると、国会でも総合的な自殺対策の必要性が議論されるようになり、またNPO法人ライフリンクのような民間団体の積極的な運動もあり、二〇〇六年に自殺対策基本法が成立した。

この法律により、これまでは主にうつ病との関連で厚労省が行ってきた自殺対策が内閣府の所管に移り、内閣府特命担当大臣（自殺対策）のもとで総合的な自殺対策が行われるようになった。具体的には、予防医学で用いられる区分を下敷きにして、一次予防として「自殺の事前予防」、二次予防として「自殺発生の危機への対応」、三次予防として「自殺が発生した後又は自殺が未遂に終わった後の事後対応」を行うことになった（自殺対策基本法第二条第四項より）。

自殺対策基本法の制定、および基本法に基づく自殺総合対策大綱の作成と実施により、日本の自殺対策は進展し、必ずしも因果関係は明確ではないものの、日本の自殺者数および自殺死亡率は二〇一〇年代に入って減少を続けている。また、二〇一六年の自殺対策基本法の一部改正により、自殺対策の所管は再び厚労省に戻った(2)。

予防すべき行為としての自殺の特殊性

自殺予防は交通事故対策との類比で語られることがある。たとえば、あしなが育英会の広報担当職員の小河光治は、自殺対策基本法ができる前に、次のように述べていた。

七〇年、事故死二万三〇〇〇人がピークだったが、ここ十数年は一万人前後に半減。官民一体になれば事故は減ることが証明された。

一方、今の自殺問題はどうか。なぜ、新聞やテレビは、かつての交通事故防止のように自殺対策キャンペーンをしないのか。なぜ、自殺防止対策は、厚労省だけで進めるのか。なぜ、自殺が起きたときに遺族に接して話を聞き、膨大な自殺のデータをもっている警察庁は、他の省庁といっしょに取り組まないのか。なぜ、与野党議員は自殺問題を国会で議論しないのか[3]。

以下で述べるように、自殺予防も交通事故予防も、いわゆる公衆衛生の問題として取り組むべき課題だと言える。しかし、交通事故と自殺にはいくつかの違いがあり、自殺の持つ特殊性がその予防を難しくしているとも考えられる。そこでここでは、これまでに検討してきた交通事故や病気との比較をしつつ、自殺の特殊性を考えてみよう。

まず、自殺はしばしばうつ病などの精神疾患によって引き起こされるものの、自殺そのものは病気ではなく、また犯罪でもないという特徴がある。

自殺は従来、うつ病などの精神疾患によって引き起こされるものと考えられてきたため、その対策はもっぱら厚労省（旧厚生省）の所管であった。日本では自殺の統計資料が二つあるが、その一つは厚労省が作成している人口動態統計であり、自殺は死因の一つとして扱われている。

また、歴史的に見ても、日本で自殺が犯罪だったことはない。英国その他の欧州諸国では自殺が宗教的な罪であると同時に犯罪と考えられていたときもあるが、現在では非犯罪化されている[4]。ただし、自殺幇助は犯罪とされている国がほとんどであり、また自殺か他殺かを判断するのに警察が関与する必要があるため、日本では警察庁も自殺についての詳しい統計を取っている。

次に、自動車と歩行者が関わるような交通事故と比較した場合、自殺には直接の加害者がいないため、自殺した者を被害者として認識することが困難だという特徴がある。むしろ、自殺は（たとえ困難な状況に追い詰められているにせよ）自分が自発的に選択したものだ、と考えられる傾向にある。これは言い換えれば、その人は死なないこともできた、だから自殺を選んだ当人にも責任があるという考え方である。交通事故の場合も「あの道を通らなければ……」といった後悔がありうるが、第一に責任を問われるのは加害者である。それに対して、自殺の場合にはそのような直接の加害者がいないという違いがある。

第三に、このような当人や周囲の者の責任の問題、および精神疾患と結びついて考えられることなどから、自殺にはスティグマが伴うという点も大きな特徴と言える。『自殺って言えなかった。』（注（3）参照）という自殺者の遺児の手記を読むと、「あなたは、お父さんが自殺したことを、けっして他人に話してはいけないよ。話したら、就職も結婚もできないからね」と母親に言われたという話がある。このように、自殺した人の周りの者は自らの責任に苦しむとともに、死因が自殺であることを周りに言えないという苦しみを持つ。

最後に、自殺は病気ではないものの、感染症のように自殺が別の自殺を誘発するという特徴を持つ。有名人の自殺を発端とする後追い自殺が有名であるが、このような事態を防ぐために、ＷＨＯの提言に基づく報道ガイドライン「ＷＨＯ 自殺予防 メディア関係者のための手引き」が作成されている。

自殺予防を考えるに当たっては以上のような自殺の特殊性を考慮することが重要であり、またこのような特殊性が自殺予防を難しくしていると言える。

「個人的問題から社会的問題へ」

自殺は個人的な問題ではなく、社会的問題であると今日言われるようになっている。自殺対策基本法の理念でも、「自殺対策は、自殺が個人的な問題としてのみ捉えられるべきものではなく、その背景に様々な社会的な要因があることを踏まえ、社会的な取組として実施されなければならない」と謳われている（第二条第二項）。だが、この表現で言わんとしていることはやや曖昧であり、これがどういう変化であるのかを明確にすることは自殺予防を考える上で有用と思われる。

一つは、自殺は個人の選択によるものではなく、社会経済的要因による部分が大きいという意味がありうる。かりに自殺者の多くがうつ病を患っているとしても、うつ病を発症するかどうかは、たとえば景気の動向や学校や職場環境などにも左右される。前述の小河は次のように述べている。「自殺は、「個人の問題」ではない。年間二万人台から三万人台への自殺者激増は、日本の政治、経済、社会、文化の諸問題が複合して要因になっている。毎年三万人の自殺の原因究明なくして自殺者減少はない」(5)。そこで、「個人的問題から社会的問題へ」と言う場合、一つにはこのような社会経済的要因を重視する必要があるという意味だと理解できる。

ただし、自殺の社会経済的要因を重視する視点は、一九世紀末に書かれたデュルケームの『自殺論』などでもつとに打ち出されている。また、社会的な自殺予防の取り組みは先の「いのちの電話」や、厚労省の精神疾患対策においてもすでにある程度はなされていたと言える。それでも「自殺の社会性」を強く打ち出す必要があったのは、一つには隠蔽されがちな自殺の実態を明るみに出して公に議論する必要があるという認識と、もう一つには「いのちの電話」による人生相談や、精神疾患の治療という臨床的な解決法では根本原因に取り組んでいないという認識が高まってきたからであろう。

したがって、「個人的問題から社会的問題へ」という場合には、公衆衛生学で言うところのより「上流」の対策、すなわち自殺した個人や家族の問題だけに焦点を合わせるのではなく、家庭環境や職場環境を形づくっている社会制度のあり方を問題にし、それを変革していくことが重要だという視点が打ち出されていると言える。一言で言えば、自殺の問題は広義の公衆衛生の問題であり、公衆衛生的な対策が必要とされているということである。

ここまでは日本の自殺対策の現状を概説し、また、予防されるべき行為としての自殺の特徴を検討した。以下ではその検討を踏まえて、近年の具体例も取り上げながら、自殺予防の倫理について考える。

予防目的のよさと予防手段のよさ

一般に、予防の倫理について考える場合、大きく分けて、目的のよさと、手段のよさを分けて考える必要がある。これは自殺予防についても当てはまる。自殺を予防することは、常によいことだろうか。換言すると、自殺は常に予防されるべき悪いことだろうか。この点は、現在いくつかの国々で安楽死や医師の幇助による自殺が合法化されているという現実を踏まえると、今後大きな論点になると思われる。また、仮に多くの自殺は悪いものであり、予防すべきものだとしても、自殺予防として現在考えられている手段は、倫理的によいと言えるだろうか。この二点について、順に検討しよう。

自殺が悪いのはなぜか

これまで確認したように、今日の日本において、自殺は病気でもなければ犯罪でもない。しかしそれでも、その数を減らすのが好ましいと考えられている。これはなぜだろうか。通常、自殺が悪いことは当たり前と考えられているが、ここでは哲学的な問いとして改めて考えてみたい。

具体例で考えよう。二〇一五年一二月二五日の朝、広告代理店大手の電通に入社してから一年目の女性が都内の女子社員寮で投身自殺した。その前から彼女は、ＳＮＳで「死にたい」などのメッセージを同僚や友人に送っていたという。労災認定を行った都内の労働基準監督署（以下、労基署）によれば、この女性が死ぬ約一カ月前の時間外労働は約一〇五時間だったとされ、仕事量とそれに伴う時間外労働が大幅に増えた結果、心理的負荷による精神障害で過労自殺に至ったとされる(6)。

このような自殺は明らかに望ましくないと思われるが、それにはいくつかの理由があるだろう。まず、自殺にせよ他殺にせよ早世は望ましくないということがある。過労自殺した女性はまだ二四歳であった。彼女は長生きすれば幸福を享受できたかもしれないのに、早過ぎる死によってその機会を奪われたと言える。自殺は望ましくない早世をもたらすという点で、交通事故死と似ている。

これに対して、自殺は交通事故とは異なり、自分で選んだ死だという反論も考えられる。だが、労基署の認定にあったように、彼女は当時、仕事で追い詰められ、合理的に判断することが困難な状況にあった。彼女が冷静に考えることができれば、カウンセリングを受けたり、適切な部署に相談したり、あるいは会社を辞めたりなど、自殺するよりもっと合理的な解決策を思いつくこともできたかもしれない。そもそも、過酷な労働環境の問題は、本来は会社側が労働環境を改善することで対処するべきことであり、社員が自殺することによって解決すべきことではない。この意味で、自殺はしばしば不合理な選択の結果であるため、本人が自分で選んだ死というよりは、むしろ本人が合理性を保持できていたなら選ばなかった死だと言えるだろう。

また、自殺による周りへの影響もある。先に自殺者の遺児の手記について言及したが、自殺が家族や友人などにもたらす精神的なショックは、単にそれが大きいだけでなく、周囲の者の自殺のリスクを高めることにもつながる。(7) 自殺は病気ではないが、「自殺のミーム」(ミームは生物学者のドーキンスの造語。アイディアが社会に広まっていく事態について、生殖によって伝播する遺伝子になぞらえて「ミーム」というアイディアの単位を考案した)という表現もあるように、自殺の観念が感染症のように周りに広がる傾向がある。模倣自殺や自殺伝染(contagion)と言われる現象であるが、これについては後ほど詳しく扱う。

医師の幇助による自殺の問題

過労自殺やいじめによる自殺は明らかに望ましくない事例だと考えられる一方で、今日、オランダやベルギーでは回復の見込みがない患者の求めに応じて医師が致死薬を投与する安楽死が認められており、またスイスやオレゴン州などの米国のいくつかの州では、主に医師の幇助による自殺(physician-assisted suicide、以下PAS)を認めるところもある。このような自殺についてはどう考えるべきだろうか。これも具体例で考えてみよう。

米国カリフォルニア州に住むブリタニー・メイナードという女性は、二〇一二年秋、二八歳で結婚し、新婚生活を送っていた。結婚直後から原因不明の頭痛に悩まされていたところ、二〇一四年の一月に脳に悪性腫瘍があることがわかった。最初の診断後すぐに外科手術をしたが、四月には彼女の脳腫瘍は進行しており、しかも脳腫瘍の中でも最も重篤で進行の速い多形性膠芽腫であることがわかった。この腫瘍は現在に至るまで有効な治療法がないものである。余命六カ月と診断された彼女は、家族と一緒に、ＰＡＳが認められているオレゴン州に引っ越した。そして、その年の一一月一日、自宅のベッドで家族に囲まれたまま、医師によって処方された致死薬を自ら服用して亡くなった。(8)

これは電通の過労自殺の事例とは大きく異なる。まず、メイナードの余命は六カ月を切っており、まもなく死ぬことは避けられなかったため、自殺によって大きく寿命が縮まったとは言えない。また、本人には合理的な判断能力があったことが医師によって確認されており、精神障害による選択ではないことは明らかである。さらに、病気が進行すると、治療によって取り除けない苦痛が生じる可能性が高く、また脳の病変により記憶を失ったり人格が変わったりする可能性もあった。このような事情もあり、家族や友人は、悲しんでいるとはいえ、本人の選択を尊重していた。

メイナードが自殺をしたオレゴン州を含め、一般にＰＡＳを認めている国々では、自殺の幇助を望む者は、治癒不可能な病気を患っており、死ぬ以外の手段では苦痛を取り除くことができず、本人が冷静に判断して死を望んでいる、などの要件が課されている。(9)すると、要件を満たした場合、他人の手を借りて行う一部の自殺は法的に許容されていることになる。

「合理的自殺」の可能性

しかし、PASは自殺の一種ではないという主張もある。米国自殺学会は、PASは伝統的な意味での自殺とは異なるとして、自殺には反対するが、PASには反対しないという声明を出している[10]。同学会は、PASのことを「医師の介助による死（physician aid in dying：PAD）」と呼び、PADはそもそも自殺ではないという立場を取っている。だが筆者には、この主張は、「自殺はすべて望ましくないものである」という考えに例外を設けたくないがゆえの詭弁のように思える。前述のメイナードは、医師の援助を受けているとはいえ、致死薬を服用することによる自殺であることに変わりはない。それは名称を変えても変わらないだろう。

日本ではメイナードの事例のような自殺幇助は許容されていないが、国際的な潮流として自殺幇助の限定的な合法化が広がっていくと、「自殺はすべて望ましくない」ということを前提とする自殺対策の政策は再検討を迫られる可能性がある。一般に自殺は不合理な選択だと考えられるが、このように例外的に「合理的自殺」と考えられるものがありうるとすると、それを他人が妨げるのは、不当なパターナリズムではないかという問題が生じるからだ[11]。そうすると、本節で検討したような自殺の悪さについての検討や、自殺はどのような場合は防止すべきもので、どのような場合はそうでないのかについての議論が必要となるだろう。電通の過労自殺の事例については、明らかに防止すべきものだと思われるが、次の事例ではどうだろうか。

評論家の西部邁は、二〇一八年一月二一日の早朝、東京の多摩川で入水自殺した。享年七八歳であった。彼は以前から、病院で死なずに元気なうちに自らの命を絶つ「自裁死」を行うと公言していたが、ここ数年、頸椎を痛めたことに由来する両手の痛みが激しくなり、字も書けなくなっていた。二〇一四年には八年間にわたる看病の末に妻を亡くしており、同じ負担を子どもたちにかけさせたくないという思いもあったという[12]。その後、西部に恩義のあった知人二人が、彼の自殺を幇助したとして逮捕された。西部は手が不自由になっていたため、自殺するのに二人の協力を必要としたのだった。二人はともに自殺幇助罪で有罪となり、懲役二年執行猶予三年の刑が言い渡された[13]。

この場合、医師や医療者の関与がないため、本人が合理的に判断できる精神状態にあったのかがわからず、また自殺した多摩川の河川敷には遺書があったものの、十分な捜査を経なければ自殺なのか他殺なのかもわからない状況だった。さらに、病気を患っているとはいえ、メイナードの事例とは異なり終末期にあるとも言えないため、ＰＡＳを認めている国であっても許容される事例とは考えにくい。しかし、仮にそうした事情が一つひとつクリアされていたら、どうだっただろうか。そう考えると、自殺はあらゆる状況において不合理だと言い切ることはできないように筆者には思われる。

現在、自殺幇助が刑法によって禁止されているのも、その前提には自殺はすべて防止すべきものだという考えがあると思われる。しかし、仮に「合理的自殺」がありうるとすれば、そうした自殺を幇助する行為も許すべきではないだろうか。実際、スイスやドイツの刑法では、利己的な動機からの自殺幇助のみが罪とされており、スイスではそれを根拠に、利己的動機に基づかない自殺幇助が、スイス国民だけでなくスイスに来た他国民にも提供されている。オレゴン州などＰＡＳを認めている米国の州の法律も、自殺を幇助した医師は所定の要件を満たしていれば法的な責任を免責されるという規定になっている。ＰＡＳの背後にある「合理的自殺」の思想は、今後、日本でも議論が必要になるものと考えられる。

もっとも、合理的な自殺と考えられるものはかなりまれであり、年間二万件に上る日本の自殺のほとんどは、予防できればそうすべきものであることは間違いないだろう。そこで次に、自殺予防の手段の倫理性について考察する。

現在の自殺対策の考え方

一九九八年から一四年連続で年間自殺者数が三万人を超えていた日本では、二〇〇六年に自殺対策基本法が制定され、その翌年に第一次自殺総合対策大綱が策定された。大綱の目標の一つは、二〇一六年までに二〇〇五年の自殺死亡率を二〇％減少させることだった。政府の対策がどの程度有効だったのかは必ずしも明らかではないが、結果的に政府はその目標を達成し、二〇一六年の年間自殺者は約二万二〇〇〇人、人口一〇万人当たり一七・三人まで減少した。また、二〇一七年には第三次大綱が策定され、二〇二六年までに二〇一五年の自殺死亡率を三〇％減少させるという目標を立てた。これは、年間自殺者約一万六〇〇〇人、人口一〇万人当たり一三・〇人であり、達成できた場合には、戦後最低値になる。

二〇一七年に策定された自殺総合対策大綱を読むと、自殺を公衆衛生的問題として捉えていることがよくわかる。それは一つには、自殺対策を個人レベル、地域レベル、社会レベルに分けて考えている、ということだ。大綱の文言を引用すると、①自殺対策を個々人の問題解決に取り組む相談支援を行う「対人支援のレベル」、②問題を複合的に抱える人に対して包括的な支援を行うための関係機関等による実務連携などの「地域連携のレベル」、③法律、大綱、計画等の枠組みの整備や修正に関わる「社会制度のレベル」というように分類している。この分類は、自殺は単に個人の問題に留まらず、社会的な問題も自殺の要因になっているという認識を示していると言える。

もう一つは、一一四頁でも言及したが、自殺対策のために、予防医学で用いられる一次予防、二次予防、三次予防の考えを下敷きにしているということだ。これも大綱の文言を引用すると、一次予防として、「事前対応――心身の健康の保持増進についての取組、自殺や精神疾患等についての正しい知識の普及啓発等自殺の危険性が低い段階で対応を行うこと」、二次予防として、「自殺発生の危機対応――現に起こりつつある自殺発生の危険に介入し、自殺を発生させないこと」、三次予防として、「事後対応――不幸にして自殺や自殺未遂が生じてしまった場合に家族や職場の同僚等に与える影響を最小限とし、新たな自殺を発生させないこと」に区分して、それらの段階ごとに効果的な施策を行う必要があるとしている。

以下では、大綱の内容も適宜参照しながら自殺予防の倫理性について考えるが、その際、次のように枠組みを設定する。一般に、自殺をするには自殺したいという欲求があり、自殺をするための手段についての知識があり、さらにその手段にアクセスできる必要がある。そこで、自殺を予防するには、①自殺したいという欲求を持たせないか、弱めるような働きかけをする、②自殺するための手段について具体的な知識を与えない、③自殺するための手段を入手できないようにする、という三つの方法があるように思われる。これらの区別に留意して、いくつかの論点を検討してみよう。

まず、自殺報道の問題を取り上げる。ゲーテの『若きウェルテルの悩み』から名付けられた「ウェルテル効果」として知られているように、タレントや政治家などの有名人の自殺が報道されることで、後追い自殺が発生する恐れがある。また、二〇〇三年頃から社会問題化した練炭自殺（一酸化炭素中毒死）のように、報道によって自殺の手段が広まることもある。これは、先の筆者の区分で言えば、自殺報道は、自殺したいという欲求を生み出したり、自殺の手法を詳しく説明したりすることで自殺を増やす可能性があるということだ。

一一六頁で少し言及したように、WHOは「自殺予防 メディア関係者のための手引き」を作成しており、「自殺をセンセーショナルに扱わない」、「自殺既遂や未遂に用いられた手段を詳しく伝えない」、「著名な人の自殺を伝えるときにはとくに注意を要する」などの指針を示している。この手引きでまとめられている自殺予防の諸研究によれば、適切な報道により、自殺数が減るとされる(14)。

しかし、自殺予防のためにメディアが自主規制することは、「あの人はなぜ死んだのか」、「あの人はどのようにして死んだのか」という真相を人々から隠すことにもつながりうる。また、後に述べるSNS（ソーシャルネットワーキングサービス）などの媒体で、不正確な情報が広まることもある。だとすると、主流のメディアは、自殺を賛美したり、自殺願望を強めたりすることは慎みつつも、自殺について事実を隠さずに正確に報道する方針を立てて取り組む必要があるように思われる。

これと関連して、スイスにおける幇助自殺の報道が問題になっていたことを指摘しておきたい。二〇一九年六月二日に放映されたNHKスペシャル「彼女は安楽死を選んだ」というドキュメンタリーでは、重度の難病を患う女性が、家族の手を借りて自殺幇助を許容しているスイスに渡航し、致死薬を用いて自殺する姿が放映された。これについて、日本自立生活センターという京都の障害者団体が報道を問題視する声明を出したが、その中でＷＨＯの前出のメディア関係者への手引きを引用して、今回の報道は自殺を問題解決の一つとして扱っている点や、自殺の手段や自殺のあった場所を詳しく伝えている点などが問題だとの批判を行った[15]。これは安楽死や幇助自殺が通常の自殺と同列に論じられるかという前出の論点にも関係するところだが、今回の報道が自殺の欲求を生み出したり自殺手段についての知識を与えたりしかねないという重要な指摘だと思われる。英国の公共放送であるＢＢＣも、二〇一一年と二〇一六年に英国人がスイスに渡航して自殺幇助を受けるドキュメンタリーを放送した際に同じような批判を受けている。安楽死や医師幇助自殺をどのように報道するかは、それらを合法化する国々が増えるにつれ、今後より大きな問題となるだろう。

ＳＮＳ・ネット掲示板

「自殺の手段について具体的な知識を与えない」という点については、たとえテレビ放送や新聞などでそう努めたとしても、インターネット上の掲示板やＳＮＳなどで多くの情報を得ることのできる今日では、あまり意味がないように思われる。これらの新しいメディアは、自殺願望を持つ人々にとって、自殺の手助けになっている可能性が高い。二〇〇三年以降に問題になった練炭等を用いた集団自殺も、ネット掲示板等で一緒に死ぬ人を募って自殺を行うというものであった[16]。

さらに近年では、男性が、自殺願望を持つ若者を次々と集めて殺していた座間事件が発覚し、社会に衝撃を与えた。これは二〇一七年八月から一〇月にかけて合計九名の若い男女が、SNS上で神奈川県座間市の男性と知り合いになり、一緒に死のうといった呼び掛けに誘われて男性の家に行ったところ殺害されたという事件である。これは殺人事件ではあるものの、見方を変えれば、自殺願望を持つ者にSNSがその手段を提供していたとも言える。日本国内ではこれをきっかけにSNS規制の声が高まったと同時に、SNS上での自殺予防のカウンセリングや情報発信などの重要性が認識された(17)。

このように、SNSやネット掲示板のようなメディアは、一方では自殺願望を実現させるための手段を提供し、他方では自殺予防の相談などにより、自殺したいという欲求を抑制するという役割も果たしている。ネット掲示板やSNSは自殺予防において今日重視されているが、WHOの二〇一七年版の「自殺対策を推進するためにメディア関係者に知ってもらいたい基礎知識」では、こうしたデジタルメディアの影響についてはまだ十分な研究の蓄積がないと述べられている(18)。SNS上での効果的な自殺対策が望まれるが、先述のように自殺を望む人がその手段に関する知識を得るのを防ぐことは、今日では容易ではないと思われる。

公衆衛生における上流と下流

公衆衛生においては、病気や事故などの事象を生み出す要因のうち、より直接的・個人的な要因を下流の要因、その要因を生み出したより根底的・社会的な要因を上流の要因と表現することがある。たとえばある人がインフルエンザになった直接の要因はその人がウイルスに感染したことだが、より上流の要因としては、自分も含め周りの人が予防接種を受けていなかったことや、人口が密集している地域に住んでいたことなどがあるかもしれない。この場合、上流の根本的な要因に取り組むことによって、問題の大部分が解決できると考えられる。
自殺予防についても、自殺するための手段を入手できないようにする、というのは下流の要因に取り組んでいることになる。たとえば、WHOの二〇一四年の報告書[19]では、銃の入手を難しくすることは、衝動的自殺に効果があると言われているが、ドーソンらは、そのような対策は下流のものであり、銃を用いた自殺に至るうつ状態を生み出した社会的経済的要因にも取り組む必要があると指摘している[20]。日本でも線路転落防止用のホームドアが自殺対策にも有効であるという認識で進められている[21]。だが、仮に線路への飛び込み自殺が減ったとしても、男性の七割弱、女性の約六割が縊首（首吊り）で自殺している日本の現状を考えると、自殺の手段を入手できないようにするというのはあまり現実的ではないだろう。現代社会では、自殺の方法についての知識や、自殺の手段は容易に入手可能だという前提で、より上流の原因に取り組み、各人が自殺したいという強い欲求を持つことがない社会を作ることを目指さなければならない。

注

（1）二〇一九年の自殺者数は二万一六九人であったが、二〇二〇年は二万一〇八一人、二〇二一年は二万一〇〇七人であった。最新の統計は警察庁のウェブサイト「自殺者数」を参照（https://www.npa.go.jp/publications/statistics/safetylife/jisatsu.html　二〇二二年九月二日最終アクセス）。

（2）この項については森山花鈴『自殺対策の政治学』晃洋書房、二〇一八年を参考にした。二〇二〇年に自殺者数が前年に比べて少し増えた点は注（1）で述べた通りである。

（3）小河光治「痛みをバネに生きる自死遺児たち」自死遺児編集委員会・あしなが育英会編『自殺って言えなかった。』サンマーク出版、二〇〇五年。

（4）山田卓夫『私事と自己決定』日本評論社、一九八七年参照。

（5）前掲注（3）参照。

（6）「電通社員の自殺、労災認定　過労死、再発防げず」『朝日新聞』二〇一六年一〇月八日朝刊。

（7）WHO Department of Mental Health and Substance Abuse, *Preventing Suicide: A Global Imperative*, 2014.

（8）「米女性、予告通り安楽死　がん、余命半年宣告」『朝日新聞』二〇一四年一一月四日朝刊。

（9）詳しくは、田中美穂・児玉聡『終の選択』勁草書房、二〇一七年、第六章。

（10）American Association of Suicidology, 'Suicide Is Not the Same as Physician Aid in Dying', Statement, 2017.

（11）Dawson, Angus, and Diego Silva, 'Suicide Prevention: A Task for Public Health and a Role for Public Health Ethics', *Journal of Public Mental Health*, 8.3 (2009), 4-6.

（12）「西部邁が残した問いかけ　左右の壁を軽々と乗り越えた保守派論客」『AERA』二〇一八年二月五日。

（13）「西部邁さん自殺幇助で有罪判決　MX元社員に　東京地裁」『朝日新聞』二〇一八年九月一四日夕刊。

（14）この手引きは、二〇〇八年改訂版および二〇一七年最新版の日本語訳を厚労省のウェブサイトから入手できる。「メディア関係者の方へ」(https://www.mhlw.go.jp/stf/seisakunitsuite/bunya/hukushi_kaigo/seikatsuhogo/jisatsu/who_tebiki.html　二〇二二年九月三日最終アクセス)。

（15）日本自立生活センター「NHKスペシャル「彼女は安楽死を選んだ」（二〇一九年六月二日放送）における幇助自殺報道の問題点についての声明」二〇一九年六月二四日。次のサイトに全文が掲載されている（https://www.

dpi-japan.org/　二〇二一年九月三日最終アクセス）。

（16）「「後押し」と「予防」の共存――引くに引けないネット集団自殺」『ＡＥＲＡ』二〇〇四年一〇月二五日。

（17）座間市における事件の再発防止に関する関係閣僚会議「座間市における事件の再発防止策について」平成二九年一二月一九日（https://www.kantei.go.jp/jp/singi/zamashi_jiken/index.html　二〇二一年九月三日最終アクセス）。

（18）前掲注（14）参照。

（19）前掲注（7）参照。

（20）前掲注（11）参照。

（21）厚生労働省「令和元年版自殺対策白書」第三章（https://www.mhlw.go.jp/wp/hakusyo/jisatsu/19/index.html　二〇二一年九月三日最終アクセス）。

9 遺伝子剖検

近年、元気な若者やスポーツ選手が運動中に心臓発作で突然死する事案が問題になっている。総務省消防庁によると、二〇一五年に心臓に問題が起きて心停止し、医療機関に運ばれた人は全国で七万人以上、うち九割近くが亡くなったとされる(1)。

若者の突然死

このような場合、死因究明のために死後に解剖を行うと、心臓の一部が肥大する肥大型心筋症などの奇形が見つかる場合があるが、逆にそうした奇形が見つからない場合もある。その場合、遺伝性の疾患による不整脈が疑われるため、死後に遺伝子検査を行って死因究明を試みる遺伝子剖検（遺伝学的剖検 genetic autopsy）の必要性が言われるようになってきた。分子剖検（molecular autopsy）とも呼ばれる遺伝子剖検は、従来の解剖に加えて遺伝子検査を通じて死因究明を行う新しい試みだ。

しかし、遺伝子剖検は、死因の究明という目的だけでなく、同じ遺伝子変異を持つ可能性のある家族が同じ病気を発症しないように予防措置を取るという目的もある。この目的の二重性が、遺伝子剖検を倫理的に複雑なものにしている。そこで本節では、予防の倫理学の観点から、遺伝子剖検の倫理性について検討する。

遺伝子剖検とは

突然心臓死（sudden cardiac death、以下ＳＣＤ）は、心疾患を持っていることが知られていない個人において、症状が発生してから一時間以内に亡くなる死を指す。米国では毎年三〇万人から四〇万人がＳＣＤで死亡していると推計されており、国際的にも全死亡者の一五〜二〇％の死因がＳＣＤとされている。とりわけ、一四歳から二一歳の間では、ＳＣＤによる死は三〇％になる。

成人の場合、ＳＣＤの多くは動脈硬化による冠動脈疾患が原因であるが、若者の場合は遺伝性の心疾患であることが多い。遺伝的に心臓の奇形すなわち構造異常をもたらす疾患には、肥大型心筋症（ＨＣＭ）、拡張型心筋症（ＤＣＭ）、不整脈原性右室心筋症（ＡＲＶＣ）、左室心筋緻密化障害（ＬＶＮＣ）などがある。しかし、ＳＣＤにはこうした構造上の異常が見られない場合もあり、その場合はてんかんの他に、ＱＴ延長症候群やカテコラミン作動性多型心室頻拍やブルガダ症候群などの遺伝的心疾患が疑われる。

死因究明の病理解剖や司法解剖においては、従来は肉眼あるいは顕微鏡を用いた検査や、毒性試験などが行われてきたが、伝統的な手法では正常に見える心臓の遺伝性疾患は解明できない。そこで、遺体の血液や組織から採取されたＤＮＡを解析する遺伝子剖検が欧米で始まりつつあり、日本でも試験的に導入されている。

もっとも、遺伝子剖検によって常に死因が解明されるとは限らない。遺伝子剖検でＳＣＤの原因がわかる可能性は、現在では三割程度と言われており、残りの七割は真相究明には至らないことになる。

遺伝的に不整脈を起こしやすいQT延長症候群やブルガダ症候群といった遺伝性疾患が見つかった場合は、近親者にも同じ遺伝性疾患を持つ者がいないかどうかを調べるために、リスクの高い血縁者を対象に遺伝子検査を行うことができる（カスケード・スクリーニングと呼ばれる）。もし同様の遺伝性疾患を持つことが判明した場合には、激しい運動を避けるなどの生活習慣の見直しの他に、β遮断薬を用いた不整脈の予防や、心室細動に備えて体内植え込み型の除細動器を予防的に付けるなどの措置がありうる。(2)

遺伝子剖検の倫理的問題　遺伝子剖検に関するこれまでの欧米の議論では、同意の問題、守秘義務の問題、結果の開示の問題などが議論されてきた。(3)

まず、同意については、生命倫理においては患者の同意は多くの場合に必須と考えられるが、死因究明は犯罪捜査や公衆衛生といった公益のために必要であるため、必ずしも本人あるいは家族の同意が必要とは限らない点が指摘されている。もっとも、遺伝子剖検の場合、血縁でつながった家族の健康についても重要な情報が明らかになる可能性もあるため、一概に公益のためだからといって家族の同意がなくてもよいとは言えないという指摘もある。日本の解剖に関する法律は複雑であり、司法解剖なのか病理解剖なのかなどによって本人や家族の同意の必要性は異なってくるため、家族の同意なく遺伝子剖検をすることが許されるかは、十分な議論が必要であろう。

次に、守秘義務については、遺伝子検査の結果を含む解剖の結果報告書が、情報公開法などに則った開示請求により、家族性の遺伝性疾患について開示される可能性があるという問題がある。この点は、日本では医師が作成する死体検案書や司法解剖結果の開示の是非が問題になるだろう。本人および家族の遺伝的情報について、誰がアクセスできるのか、また生命保険や医療保険などの保険上の差別の問題が生じないかといった問題が検討されなければならない。

最後に、家族への結果開示の問題がある。遺伝子検査の結果、ＳＣＤに関連する遺伝子変異がある場合は、血縁家族に伝え、同じ遺伝子変異があるかどうかを検査で確認した上で、適切な予防措置をとることが望ましいと考えられる。また、遺伝子検査で血縁関係がないことがわかったり、他の遺伝性疾患が発見されたりする可能性もある（偶発的所見と呼ばれる）。偶発的所見は他の遺伝子検査にもつきものであるが、ＳＣＤに関連した遺伝子検査においてこうした偶発的所見をどこまで開示するかについても、事前に決めておく必要があるだろう。さらに、陰性の場合でも、現在の検査ではわからないだけで、確実ではないという説明も必要であるため、結果の開示に際しては、遺伝カウンセラーによる慎重かつ十分な説明が必要である。

予防の倫理学の観点から

ここまでは欧米の先行研究で指摘されている点であるが、さらに予防の倫理学の観点から、遺伝子剖検の問題点を検討してみたい。以下の議論は、先に予防的乳房切除術やアルツハイマー病の発症予測の議論をしたときの論点を下敷きにしている。

予防という観点から見た場合、予防の目的と手段について考える必要がある。まず、遺伝子剖検は死因究明という目的と、血縁家族がＳＣＤとなるリスクを下げるという二つの目的がある。そこで、どちらの目的をより重視するのかという議論が生じうる。この優先順位は、病理医などの死因究明を主にする者と、心臓専門医などの治療を重視する者とで違う可能性もあろう。遺伝子剖検は死因究明ができ、また家族の遺伝性疾患の可能性も明らかになるという一石二鳥の構造をしているが、この目的の二重性が、以下に述べるように遺伝子剖検の問題を難しくしていると考えられる。

次に、予防の手段であるが、遺伝子剖検は、家族の遺伝性疾患による死亡リスクを減らすために死体の遺伝子検査を行い、突然死に関連する遺伝子変異がある場合には家族にも遺伝子検査を行うという構造になっている。死因究明という大義があるとはいえ、家族の死亡リスクを減らすという目的の手段として、死体から生前の同意なく遺伝的情報を得るというのは、倫理的には相応の正当化が必要となるように思われる。これは、遺伝性乳がん卵巣がん症候群（HBOC）のような家族性の遺伝性腫瘍が疑われる場合に、遺伝子検査を受ける場合とはずいぶん異なっている（その場合は死体の遺伝子検査を行うわけではない）。また、遺伝子検査の精度は日進月歩のため、死因究明のために遺体の組織を冷凍保存しておいて、あとで検査することも考えられるが[4]、その場合、家族の利益のために、遺体の組織を生前の同意なく保存することは認められるべきだろうか。

さらに、家族のメンバーにSCDに関連する遺伝子変異があることがわかったとしよう。その場合には、突然死を予防するための手段の確実さや倫理性が問われることになる。遺伝子変異そのものを治す手段は現時点ではないため、不整脈による心停止のリスクを減らすために、予防手段としてβ遮断薬を服用したり、植え込み型除細動器を手術によって付けたり、あるいは周囲の人がAEDの講習を受けたりするということが考えられる。このうち、とくに植え込み型の除細動器は手術の侵襲性が高く、心室細動の誘発テストを実施する必要があるため、予防のためのリスクが大きいという問題がある。さらに、未成年の家族（とくに判断能力のない小さな子ども）に親の判断で遺伝子検査を受けさせることが認められるか、さらに将来的には、次の子どもを作るときに着床前診断等によって遺伝子変異のない子どもを選ぶことは許されるか、といった論点も生じうるだろう。

遺伝子剖検は死因究明や家族の遺伝性疾患による突然死リスクの低減など、潜在的に大きな利益のある手法と言えるが、遺体の遺伝的情報を予防手段として用いるがゆえに、同意や守秘義務、情報開示といった従来の生命倫理的な問題だけでなく、前述のようなかなり先鋭的な問題もはらんでいると考えられる。そのため、本格的な実施の前に、十分な議論を踏まえたガイドライン作りが必要となる。また死因究明は、医療だけでなく警察や司法の管轄でもあるため、地域での医療と警察・司法との制度的連携を構築するとともに、海外でも強調されているように解剖医、臨床遺伝医、遺伝カウンセラー、心臓専門医の他、生命倫理学者や法学者なども含めた学際的チームを組織して取り組む必要があるだろう。(5)

注

（1）「若者の心停止、遺伝子が関係　不整脈・心筋症の割合高く」『朝日新聞』二〇一七年六月一四日朝刊。

（2）本節は主に以下の論文を参照した。Orland, Kate M., and Kimberly B. Anderson, 'Molecular Autopsy for Sudden Cardiac Death: Current State and Considerations,' *Current Genetic Medicine Reports*, 7(3), 2019, 145-152.

(3) McGuire, Amy L., Quianta Moore, Mary Majumder, Magdalena Walkiewicz, Christine M. Eng, John W. Belmont, and others, 'The Ethics of Conducting Molecular Autopsies in Cases of Sudden Death in the Young', *Genome Research*, 26(9), 2016, 1165–1169; Moore, Quianta L., Mary A. Majumder, Lindsey K. Rutherford, and Amy L. McGuire, 'Ethical and Legal Challenges Associated with Public Molecular Autopsies', *Journal of Law, Medicine and Ethics*, 44(2), 2016, 309–318 など。

(4) Orland and Anderson, *op. cit.*, 2019.

(5) McGuire et al. *op. cit.*, 2016; Fellmann, Florence, Carla G. van El, Philippe Charron, Katarzyna Michaud, Heidi C. Howard, Sarah N. Boers, and others, 'European Recommendations Integrating Genetic Testing into Multidisciplinary Management of Sudden Cardiac Death', *European Journal of Human Genetics*, 2019.

10 感染予防措置としての隔離

COVID-19の流行と隔離

二〇二〇年初頭より、新型コロナウイルス感染症（COVID-19）が世界中で問題になっている。今回の感染症対策でとりわけ目を引いたのは、中国武漢の都市封鎖や、横浜に入港していたクルーズ船の乗客乗員の停留などの、いわゆる隔離（quarantine）である。感染症予防についてはすでに予防接種の問題を扱ったが、本節では隔離に関して、とくにクルーズ船の事例を詳しく見ながら、予防の倫理学の観点からの考察を行う。

Quarantineの定義

隔離という言葉を用いたが、quarantineを日本語でどう訳すかは難しい問題だ。もともと、quarantineはイタリア語のベネチア方言で四〇日を意味する語（*quaranta giorni*）に由来する。これは、かつて黒死病と呼ばれたペストの蔓延を防ぐために、ペストの流行している港から来た船を四〇日間停泊させるという西洋の風習から来ている。

定義を考える上では、二種類の隔離を区別する必要がある。米国の疾病対策予防センター（CDC）のウェブサイトによると、isolationとは、感染した患者を健康な人々から空間的に切り離す措置を指す。たとえば結核患者を病院の結核病棟に入院させるなどである。それに対して、quarantineとは、まだ発症していないが感染の可能性のある人々の移動の自由を制限することで、他の健康な人々から切り離す措置を指す。いずれも空間的な距離を取るという意味では「隔離」であり、そのため上位概念としては「社会的隔離（social distancing）」という言葉がある。また、「防疫線（*cordon sanitaire*）」は、quarantine のうち、ある地域の外に出たり、その地域に入ったりすることを制限するものである。今回の中国の武漢やイタリアの都市封鎖もこれに当たる(1)。

さらに、日本の検疫法が Quarantine Act と訳されるように、quarantine は「検疫」とも訳される。検疫法では、「検疫を受ける」という表現が多用されているように、検疫は船や飛行機が感染症の病原体に汚染されていないかを検疫官が検査する行為を主に指しており、英語の quarantine が意味する行動の自由の制限を指すわけでは必ずしもない。その一方、検疫法には「感染症の病原体に感染したおそれのある者を停留し……」（第一四条第二項）というように quarantine を「停留」と訳していると考えられるところもあり、広義の「検疫」としての quarantine と、狭義の「停留」としての quarantine を区別する必要があると思われる。今回、問題にしたいのはこの「停留」措置である。そのため、以下では quarantine の訳語として「停留」という語を使用する。

クルーズ船の事例

英国籍の大型クルーズ船、ダイヤモンド・プリンセス号は、二〇二〇年一月二〇日に横浜港を出発し、約二週間の東南アジアのクルーズ中だった。一月下旬に香港で途中下船した者が新型コロナウイルスに感染していたことが二月一日に確認されたため、日本政府は二月三日に横浜港に戻ったクルーズ船の乗員乗客に関して、検疫法に基づき下船を許可せず、検疫官による全乗員乗客の健康診断および発熱などの症状がある乗客等のウイルス検査を始めた。同五日に一〇名の感染者が判明すると、厚労省は乗客全員に対して一四日間の船内待機を要請した。これが停留という意味での quarantine である。この時点で、クルーズ船には乗客二六六六名（うち約半数が日本人）、乗員一〇四五名の計三七一一名が乗船していた。

乗客たちは基本的にそれぞれ客室での待機が求められ、検査の結果、陽性が確認された場合には下船し、国内の病院に入院し治療、隔離された。その後も感染者が増加したが、持病を持つ高齢者が体調を崩し始めたため、陰性かつ八〇歳以上の高齢者の優先的下船を開始した。

船内での感染者が増加の一途を辿ると、日本の対応について国際的批判が噴出し、二月一七日以降、米国、豪州、カナダなどの政府がチャーター機を派遣して自国民を帰国させる措置をとった。同一九日には一四日間の観察期間が終了したため、検査結果が陰性で無症状の乗客が下船を開始した。同二〇日には乗客の八〇代男女二名が死亡し、その後、乗客の死者は七名となった。さらに、同二二日には船内での検査で陰性が確認されていた六〇代女性の下船後の感染が確認されると、翌日に厚労省は下船者に健康状態の確認を要請した。その後、三月一日には船内に残っていた乗客乗員の下船が完了した。最終的な感染者は七〇九名に上った(2)。

国立感染症研究所による分析では、検疫の始まった二月三日にはすでに多くの感染が起きていたとされるが、客室に停留された乗客に食事を出すなどのサービスを続けていた乗員の間に感染が広がり、それが一部の乗客にも広がった可能性があると考えられている。また、同研究所の報告では、同室者の間での感染の可能性も示唆されている。さらに、対応に当たった厚労省職員や検疫官にも感染者が発生した。

Quarantine の倫理

今回のクルーズ船に見られるような停留措置は、倫理的に正当化できるのだろうか。

ジョージ・アナス（米国の生命倫理学者）のように、感染症の拡大防止のための防疫線などは人権侵害であり、国家の安全という名目で個人の自由を制限するという発想は過去の遺物だと主張する者もいる。[3] 他方で、感染の可能性のある者を停留させることは限定的に許されるという見解もある。そのような見解のうち、法学的には、国際人権B規約（自由権規約）に対する例外を規定したシラクサ原則に訴える議論がよく見られる。[4] 倫理学でも、シラクサ原則などを踏まえたロス・アプシャー（カナダの生命倫理学者）の公衆衛生上の介入を正当化する四つの原則がよく知られている。停留措置を例にして言えば、感染症の危険性が科学的に示されていて、封じ込めの手段として停留措置が必要であること（危害原則）、最も人権の制約が少ない手段であること（最小制約原則）、防疫線などの内部にいる人々に対して人権を制約する代償として援助を行うこと（互恵性原則）、政府は公衆衛生的介入をする意思決定や過程に関して情報公開をすること（透明性原則）の四つである。[5]

予防の倫理学の観点からは次の二つの点が重要である。第一に、停留によって何を予防しようとしているのかという目的の議論と、その目的に対する手段が適切なのかという手段の議論とを分けて論じる必要がある。目的としては、検疫法では国内に常在しない感染症の国内侵入を阻止するということが述べられているように、船内や航空機内、またより一般的には防疫線の内部に感染を留め、その外部には感染を広げないことが第一の目的と言えるだろう。だが、第二の目的として、防疫線の内部での感染拡大を防ぐことも重要である。今回のクルーズ船では、船内で感染が広がったと考えられたことから多くの批判が集まったが、停留により、外部への感染の拡大をある程度まで防止ないし遅らせることができたのだとすれば、第一の目的つまり日本国内への感染拡大防止は達成されたと言えるが、第二の目的、つまり船内での感染拡大防止の達成度は低かった。今回は日本以外の国の乗客乗員も多かったため、日本以外の国にとっては第一の目的はあまり重要と見なされず、その分、第二の目的（の未達成）が注目を集めやすかったとも考えられる。いずれにせよ、このように予防行為の目的を明確化して評価することが重要である。

また、そもそも国内での感染を広げないようにクルーズ船に検疫期間をもうけたことが、手段として望ましかったのかという問いはどうだろうか。第一の目的を達成できたという意味では望ましかったと言えるかもしれないが、その場合でも、さきほどの最小制約原則に則っているのかという問題が残る。この点を評価するには他にどのような手段がありえたのかを検討する必要があるが、三〇〇〇人以上の乗員乗客を個別に移送してどこかに停留させる方法は他になく、また一旦上陸した場合に停留を法的に強制する根拠がなかったため、他には選択肢がなかったという意見もある。(6) その後に米国のクルーズ船で起きた類似の船内感染事例への対応と比較検討して、よりましな選択肢があったのかどうかに関して事後検証を行う必要があろう。

もう一つの点は、予防接種の議論でも指摘した市民からの信頼の問題である。武漢の都市封鎖とも共通するが、今回のクルーズ船の停留措置で興味深いのは、多くの乗客はインターネットを通じて外部との連絡が取れたことである。そのため、外部から情報を受け取るとともに、外部に船内の情報を発信することもできた。予防接種の副反応のところでも指摘したが、ここでも特定の犠牲者効果が見られた。すなわち、自由を奪われ感染の恐怖にさらされる乗客の声がテレビやラジオで放送されたため、共感が集まりやすく、感染症対策が失敗したという印象を市民にもたれやすい状況があったと言える。

このような状況に陥らないためには、アプシャーが言うような政策の透明性や、停留している者への補償という意味での互恵性も重要であるが、それと同時に、市民の信頼を得る（あるいは失わない）ために、感染症およびその予防について可能な限り正確な情報を提供する必要がある。今回は様々なデマが国内外で飛び交っていたため、「インフォデミック」（インフォメーションとパンデミックをかけた言葉）という造語も登場していたが、クルーズ船内に留まっている人たちがこうした誤った情報にさらされると、彼らの協力が得られにくくなり、結果的に市民一般の支持も得られなくなるだろう。そのため、今回のような公衆衛生的介入が成功するには、正確な情報の提供およびデマの拡散を防止する措置が必要だと思われる。情報の流通がグローバル化しており、また英語での発信も重視される時代において、これは決して容易ではないが、今後の公衆衛生行政の大きな課題である。

注

（1）　英米におけるさらなる区別は次の論文を参照。Rothstein, Mark A., 'From SARS to Ebola: Legal and Ethical Considerations for Modern Quarantine', *Indiana Health Law Review*, 12(1), 2015, 227-280.

（2）　以上、国立感染症研究所の報告「現場からの概況――ダイアモンドプリンセス号におけるＣＯＶＩＤ－19症例」（二〇二〇年二月二六日掲載）（https://www.niid.go.jp/niid/ja/diseases/ka/corona-virus/2019-ncov/2484-idsc/9410-covid-dp-01.html　二〇二一年九月四日最終アクセス）、および「クルーズ船隔離「火中の栗」」（『産経新聞』二〇二〇年三月三日朝刊）を主に参照した。

（3）　Annas, George J., 'Pandemic Fear', in *Worst Case Bioethics: Death, Disaster, and Public Health*, 2010, Ch. 15.

（4）　林芳紀「感染症対策」赤林朗・児玉聡編『入門・医療倫理Ⅲ――公衆衛生倫理』勁草書房、二〇一五年、第九章。

（5）　Cetron, Martin, and Julius Landwirth, 'Public Health and Ethical Considerations in Planning for Quarantine', *Yale Journal of Biology and Medicine*, 78(5), 2005, 325-330; Upshur, Ross E. G., 'Principles for the Justification of Public Health Intervention', *Canadian Journal of Public Health*, 93(2), 2002, 101-131.

（6）　國井修「クルーズ船の重い教訓」『ニューズウィーク』二〇二〇年三月一〇日版。

11 医療資源の配分

COVID-19と資源配分

二〇二〇年五月現在、日本でも新型コロナウイルス感染症（COVID-19）の患者が急増しており、医療崩壊の危機が取り沙汰されている。感染拡大に伴い重症患者が一時的にでも爆発的に増えると、集中治療室（ICU）のベッド、人工呼吸器、ECMO（体外式膜型人工肺）などが不足する可能性のあることが指摘されている。現時点ではCOVID-19に有効な治療薬はないため、これらの治療が受けられなければ、重症化した患者はほぼ間違いなく死ぬことになるだろう(1)。

人の生死を分けるほど医療資源が不足している場合に、どのように配分するべきか。これは予防医学の問題というよりは臨床医療の問題であり、一見すると予防の問題とは無関係に思われるかもしれない。だが、パンデミック（感染症の世界的流行）や災害発生時などにおいて、治療すれば助かる見込みのある人々の命が失われるのを最小化するために何ができるかを予め考えておくという意味では、予防の倫理学の射程に入る問題である。そこで今回は、最近の論文を紹介しながら、予防の倫理学の観点からこの問題についてどのようなことが言えるかを考えてみたい。

海外ではすでに、ＣＯＶＩＤ－19に関連する医療資源配分の問題が論じられている。ここでは、米国の生命倫理学者のエゼキエル・エマニュエルらによる論文を紹介しよう。[2]

海外の議論の紹介

エマニュエルらは、米国でも医療資源の配分が必要になる可能性が高いことを確認したあと、医療資源配分のガイドラインを作るに際して重要となる「四つの倫理的価値」を列挙している。第一は利益最大化、第二は人々を平等に扱うこと、第三は道具的価値の促進・報奨、第四は最も不利な人々を優先することである。彼らは、これら複数の価値を一元化することはできないとして、ガイドライン作成の際には、様々な立場を代弁できる人々が集まった委員会における透明な意思決定を経て、すべての価値を組み合わせたガイドラインを作ることが求められると言う。

エマニュエルらは、この四つの倫理的価値に基づき、具体的には次の六つの勧告をしている。第一に、パンデミックでは、助けられる人命の数を最大化することが最も重要な考慮になる。彼らは、生存可能性を優先するなら、実質的に若者が優先されることを認めている。また、生存可能性の高い他の人を助けるために、生存可能性の低い人から呼吸器を外すことも正当化されるとする。

第二に、検査キット、マスクなどの個人防護具（ＰＰＥ）、ＩＣＵのベッド、呼吸器、治療薬、ワクチンなどの資源は、最前線にいる医療者や代替が困難な社会機能維持者に優先的に与えられるべきである。これは、前述の「道具的価値」から出てくる主張である。これは職業の貴賤の問題ではなく、医療者や熟練した技能を要するような社会機能維持者を優先的に助けることによって、結果的により多くの人命を救うことができるという理由から、彼らを優先することが正当化されるということだ。ただしエマニュエルらは、裕福な人や権力者が優先されるといったガイドラインの濫用に注意すべきことも指摘している。なお、このように医療者や社会機能従事者を優先するという議論は、日本でも二〇〇九年にあった新型インフルエンザのワクチン優先接種対象者の議論においてなされていた(3)。

第三に、予想される治療の結果が同様の場合は、平等な扱いが重視される。この場合、エマニュエルらは、待機順ではなく、くじ引きなどの無作為による選択が望ましいと考えている。待機順は不公平になる可能性があり、また待機している間に感染拡大や喧嘩の恐れなどがあるという理由からである。

第四に、優先順位のガイドラインは介入の種類によって異なるべきであり、また科学的エビデンスの変化によって変更すべきである。たとえばCOVID-19のワクチンが開発されたら、医療従事者、高齢者、基礎疾患を持つ者などが優先されるべきである(4)。一方、ICUベッドや呼吸器については、治療結果がよいと考えられる若者や基礎疾患を持たない者を優先すべきである。

第五に、ワクチンの臨床試験などの研究参加者（被験者）は、治療が必要になった場合などにいくらかの優先性を与えられるべきである。これは先ほどの道具的価値の報奨という考えを反映したものである。

最後に、COVID-19の患者とそれ以外の疾患の患者で医療資源の配分に差を付けることは認められない。たとえば、アレルギーのアナフィラキシーショックで呼吸器が必要な医師は、医療者でないＣＯＶＩＤ－19患者よりも優先して呼吸器を配分されるべきである。

先にも述べたように、エマニュエルらによれば、国あるいは病院などがこうした勧告に基づく資源配分のガイドラインを透明なプロセスを経て作成し、現場の医療者はそれに従って一貫性のある意思決定を行うべきである。また、医療者がガイドラインの解釈に悩んだり、過度の責任感に苦しんだりしなくて済むように、院内で「トリアージオフィサー」や専門の委員会を置いて難しいケースについては判断を任せるべきである。このような制度を整えることにより、現場の医療者は資源配分について倫理的に悩むことなく多くの生命を救うことができるとされる。

高齢者の問題

エマニュエルらの論文のこうした主張は、英米圏の生命倫理学者の標準的な見解を示していると思われるが、とりわけ問題になるのは高齢者の扱いである。

ＣＯＶＩＤ－19に感染して重症化した場合、高齢者は、短期的な生存可能性（治療が成功する可能性）が一般的に若者よりも低く、また、若者に比べて余命も短いため、長期的な生存可能性も低くなる。つまり、生存数を最大化するという発想でも、生存年数を最大化するという発想でも、治療に関して高齢者の優先順位は低くなる。だとすると、高齢を理由にＩＣＵへの入室を認めないとか、呼吸器を付けないといった判断は許されるだろうか。

実際にＣＯＶＩＤ－19の急激な感染拡大により深刻な医療資源の不足に陥ったイタリアでは、より多くの人を救命するために、高齢を理由にＩＣＵへの入室を認めないガイドラインが策定された(5)。また、英国医師会のガイドラインにおいても、年齢のみを理由に治療を拒否することは法に触れる差別であるものの、基礎疾患を持つ高齢者は治療中に亡くなる可能性が高いゆえに優先性が低くなる、といった判断は、倫理的にも法的にも認められうるとしている。(6)

倫理学者のジュリアン・サバレスキュらの論説では、もし功利主義を取るならば、治療を受けた場合の生存可能性、治療が成功した場合の余命の長さだけでなく、QOLの考慮も計算に入れる必要があるとしている。この場合、四〇歳と八〇歳の患者のいずれかしか助けられないのであれば、四〇歳の患者が優先されるべきであり、また、六〇歳の健康な患者と七〇歳の進行した認知症の昏睡患者がいれば、QOLを理由に六〇歳の患者が優先されることになる。(7)

功利主義以外でも、高齢者の優先順位を下げることが正当化できるとする議論もある。その代表的なものは「フェア・イニング論」である。これは、各人は人生を十全に生きる平等な機会を与えられるべきであり、高齢者（伝統的には七〇歳まで生きた者）は、人生を十分に享受する機会があったのだから、まだその機会を享受していない若者に道を譲るべきだとする議論である。この議論は一見するともっともらしいが、どの年齢をもって「フェア・イニング」と考えるべきなのか、また仮に七〇歳とした場合でも、彼らが一律に「十分に人生を享受する機会があった」と見なすことが正当なのかなど、議論のあるところである。(8)

予防の目的をどう設定するか

予防の倫理学の観点から考えた場合、このような医療資源の配分の議論においてとりわけ難しい問題は、目的について合意を得ることだと考えられる。COVID-19に関連する死亡者を最小化する（助けられる人命を最大化する）という目的は多くの人の合意を得られそうであるが、これまで見てきたように、最小化すべきなのは失われる生存数なのか、あるいは失われる生存年数なのかで、高齢者に対する扱いがいくらか異なってくる。とりわけ、COVID-19は高齢者が重症化しやすいと言われているため、高齢者が犠牲になって若者が助かるイメージは、多くの人々に懸念を抱かせるだろう。同じことが基礎疾患を持っている人々についても言える。基礎疾患を持っているがゆえに治療の優先順位が下がるというのは、普通に考えると不当であるように思われるだろう。

しかし、非常時においては、我々の通常の倫理的直観では最善の解決策に至らない可能性がある。マスクや給付金は国民の間で平等に配分することができるため完全に平等でもかまわないかもしれない。だが、ICUのベッドや人工呼吸器は同じように等分に分けるということはできない。我々はこうした資源の配分についてどのように決めればよいだろうか。

この問いに対しては、まだ正解と言える結論は出されていない。エマニュエルらも強調していたように、意思決定のプロセスをできるだけ透明にして、資源配分のルールを議論することが必要であろう。また、より長期的な視点においては、次の新たな感染症のパンデミックに備えて、非常時の医療資源の不足に対する総合的な対策を早期に検討しておく必要があるだろう(9)。

注

(1)　その後、二〇二〇年五月に抗ウイルス薬のレムデシビルが特例承認され（保険適用や一般流通は翌年から）、その他にも治療薬が承認されたり開発されたりしている。詳しくは厚労省のサイトを参照。「承認済の新型コロナウイルス治療薬及び現在開発中の主な新型コロナウイルス治療薬（令和四年八月三〇日現在）」（https://www.mhlw.go.jp/content/10900000/000982561.pdf　二〇二二年九月四日最終アクセス）。

（２）Emanuel, Ezekiel J., Govind Persad, Ross Upshur, Beatriz Thome, Michael Parker, Aaron Glickman, and others, 'Fair Allocation of Scarce Medical Resources in the Time of Covid-19', *New England Journal of Medicine*, 382(21), 2020, 2049-2055.

（３）この点について詳しくは、厚労省の「新型インフルエンザ等対策有識者会議　医療・公衆衛生に関する分科会」（第三回、二〇一二年一〇月二九日開催）の資料三を参照のこと（https://www.mhlw.go.jp/stf/shingi/2r9852000002n2pk.html　二〇二二年九月四日最終アクセス）。

（４）日本でもＣＯＶＩＤ－19ワクチンの優先順位は当初これらの集団を優先する形で実施された。詳しくは児玉聡『ＣＯＶＩＤ－19の倫理学』（ナカニシヤ出版、二〇二二年）、第六講を参照。

（５）Vergano, Marco, Guido Bertolini, Alberto Giannini, Giuseppe Gristina, Sergio Livigni, Giovanni Mistraletti, and others, 'Clinical Ethics Recommendations for the Allocation of Intensive Care Treatments in Exceptional, Resource-Limited Circumstances - Version n. 1 Posted on March, 16', *Siaarti*, 2020, 1-8.

（６）British Medical Association, 'COVID-19 — Ethical Issues. A Guidance Note', March, 2020, p. 6.

（７）Savulescu, Julian, and Dominic Wilkinson, 'Who Gets the Ventilator in the Coronavirus Pandemic? These Are the Ethical Approaches to Allocating Medical Care', *ABC News*, 18 March 2020（https://www.abc.net.au/news/2020-03-18/ethics-of-medical-care-ventilator-in-the-coronavirus-pandemic/12063536　二〇二二年九月四日最終アクセス）.

（8）Archard, Dave, and Arthur Caplan, 'Is It Wrong to Prioritise Younger Patients with Covid-19?', *The BMJ*, 369, April, 2020, 1-2.

（9）非常時（有事）における倫理のあり方については、第Ⅳ章5節も参照のこと。

第Ⅲ章　犯罪の予防

1 犯罪予防について

前章では主に医療・公衆衛生分野における予防について論じてきたが、第Ⅲ章では犯罪予防について論じる。医療・公衆衛生と比べて犯罪予防はどこが特徴的か、どのような理論があるのかに注目しつつ、性犯罪や防犯カメラ、学校におけるいじめ対策といった具体的な課題に潜む倫理的問題を検討する。まず本節では総論的説明を行う。

犯罪予防の歴史

「犯罪は、処罰するよりも予防する方がよい[1]」。啓蒙時代のイタリアで活躍したベッカリーアのこの言葉に見られるように、犯罪を事前に防ぐ取り組みである犯罪予防は、犯罪が起きてから行われる捜査や裁判や処罰などの一連の手続きからなる刑事司法と対比されて用いられる。なぜ予防の方が優れているのだろうか。たとえば近年の日本の報告書では次のように述べられている。

「予防的介入」には、発生後に対策（取締りや被害回復等）をとるのに比べ、①規制の受け手・規制主体の双方に生じる、精神的・時間的・経済的なコストが小さい（「経済性」）、②対象者に「犯罪者」という「レッテル」を貼ることを避けることが可能、③被害が一度発生するとその完全な回復は困難又は不可能な場合があり、そのような被害を被害者又は社会に甘受させずに済むなどの点で、「社会として負担するコスト」が小さいというメリットがある。(2)

このような発想は、これまでに見てきた医療・公衆衛生における予防の取り組みとよく似ている。医療・公衆衛生では、犯罪予防における「防犯」や災害予防における「防災」に対応する「防病」のような言葉はなく、健康を守る活動は伝統的に「公衆衛生」や「保健」と呼ばれてきた。公衆衛生については、イエール大学で初代の公衆衛生学講座教授を務めたウィンズローによる次の古典的な定義がある。「公衆衛生とは、組織化された地域社会の努力により、疾病を予防し、寿命を延長し、健康と効率の増進を図る科学であり、技術である」(3)。

近代公衆衛生が登場した背景の一つには、最大多数の最大幸福を謳う功利主義がある。英国の近代公衆衛生の創成期に活躍したエドウィン・チャドウィックが、功利主義者のジェレミー・ベンタム（ベンサム）の弟子であったことはよく知られている。(4)

一方、現在の警察を指すポリス（police）という言葉は、古代ギリシアの都市国家を意味するポリスから出発して、「都市の規則」や「統治の技術」という意味に広がっていき、その際には治安だけでなく保健や土木や商業の規制といった広い意味を持っていた。政策（policy）や政治（politics）も同語源である。Police が今日のような狭義の警察行政だけを指すようになるのは、フランスでは一七世紀後半以降のことである。(5)

また、英国では近代の予防的な警察活動は、ベッカリーアなどから影響を受けたベンタム、また彼と協力して港湾の積荷盗難防止活動を任務とするテムズ川警察を設立して名を上げたパトリック・カフーン（Colquhoun）、そしてベンタムから影響を受けて「予防警察」を唱導したチャドウィックの影響が大きい。当時、予防を旨とする警察組織の設立は、イギリス的自由に反するとの抵抗がありつつも、一八二九年には、保守党で後に首相も務めたロバート・ピール卿によってロンドン警察が創設された(6)。

日本においても、周知の通り、警察は戦前においては内務省管轄であり、西欧に倣って整備された警察業務は衛生や建築や労働等に関する業務も所掌していた(7)。内務省の衛生局および社会局が分離して厚生省が設置されたのは一九三八年のことである。戦後、内務省は解体され、「警察は、個人の生命、身体及び財産の保護に任じ、犯罪の予防、鎮圧及び捜査、被疑者の逮捕、交通の取締その他公共の安全と秩序の維持に当ることをもつてその責務とする」（第二条）と規定された警察法の下、国の警察庁および都道府県警察によって警察活動が行われるようになった。

このように、歴史的に見れば近代の公衆衛生と犯罪予防の取り組みは元々つながりが深いものと言えるが、両者が制度的に分化してからはそれぞれ独自の発展を遂げてきたと言える。

米国で犯罪予防の発想が大きな脚光を浴びたのは一九六〇年代のことだとされる(8)。当時は、市民権運動との関連で犯罪や暴動が増え、また五〇年代からは少年非行も増大していたが、従来の刑事司法システム（警察、裁判所、刑務所）では、十分に犯罪を抑制できていないという批判があった。そこで、ジョンソン政権下にできた警察と司法に関する大統領諮問委員会が一九六七年に出した「自由社会における犯罪の挑戦」という報告書では、刑罰から予防へのシフトが重要であると論じられた。ちょうど、病気が必ずしも病院の活動のみでは解決しないのと同様、犯罪も刑事司法システムの活動だけでは防げず、一般市民や企業や学校等の取り組みが犯罪予防に必要だという認識が示されたのである。これ以降、現代の犯罪予防の理論と実践が欧米を中心に発展することになる。

一次予防、二次予防、三次予防

今日、犯罪予防の理論の中でも公衆衛生の理論とつながりが深いのは、すでに本連載でも何度か言及した予防医学の三分類（予防の三段階）の使用である。邦訳もあるスティーブン・ラブの『犯罪予防』では、一九七〇年代にブラティンガムとフォーストによって提唱された議論を土台に、この三分類を紹介している。(9) 一次予防は、犯罪の芽を早期に摘み取ることであり、犯罪を起きにくくする環境デザイン（夜道を明るくするなど）、市民によるパトロール、市民教育のほか、逸脱行動を発達心理学的側面から捉える発達的犯罪予防、失業や貧困に取り組むことで犯罪を減らそうとする社会的犯罪予防などの活動が含まれている。二次予防は、犯罪につながりやすいアルコールや薬物の濫用など、犯罪を起こしそうな人や犯罪が起きそうな場所を早期に特定して、起きかけていた犯罪を未然に防ぐことが目的である。とくに重要な取り組みが、犯罪の起きそうな場所を特定して具体的対策を立てることを重視する状況的犯罪予防である。三次予防は、すでに犯罪を行った個人がさらに罪を重ねることを防ぐための措置を指す。たとえば性犯罪者における化学的去勢を通じた無能化や、更生と治療などがここに含まれる。

以上の議論は、公衆衛生の考え方に慣れていれば、類推を用いて容易に理解できるところであろう。ただし、主に病気による被害を防ぐことが目的の公衆衛生と、犯罪による被害の防止を目的とする犯罪予防では、異なる特徴もある。とりわけ、犯罪においては加害者が存在する点が公衆衛生とは大きく異なる。病気と違って、加害者にならないように教育を施したり、犯罪を行った場合には処罰や治療を行ったりすることで行動を変容させることができる。そのため、公衆衛生と異なり、犯罪予防においては、潜在的な被害者に働きかけるだけでなく、潜在的な加害者にも働きかけることになる。そこで、前述の予防の三段階の犯罪予防への適用においては、公衆衛生では被害者（患者）に対する働きかけが問題になるのとは対照的に、主に加害者に対する働きかけが論じられていると言える。ただし、本来ならば、犯罪予防においては、（潜在的）被害者に関しても、一次予防、二次予防、三次予防を論じるべきだろう。この点は以降の節で具体的な犯罪予防を検討する際に論じる。

また、公衆衛生の場合、被害は基本的に健康や生命の被害に限定されるが、犯罪においては、被害は健康や生命だけでなく、器物破損のように物に対する被害や名誉毀損のように人格に対する被害もありうる。また、自然人だけでなく、企業などの法人に対する被害もありうる。さらに、公序良俗を損なうといった特定の被害者のいない犯罪も伝統的に存在する。ただし、これ以降の論述では、もっぱら被害者の健康や生命に及ぶような犯罪を念頭に議論する。

このように公衆衛生と犯罪予防の重要な違いを指摘できるものの、大麻等の薬物使用や自殺、交通事故など、犯罪と位置付けて犯罪予防の観点から削減を目指すアプローチと、健康上のリスクと位置付けて公衆衛生の観点から削減を目指すアプローチとは、予防という点では重なるところも多く、実際に英米では両者の協働も近年提言されている。[10]

三つの犯罪予防論

今日の犯罪予防は三つに類型化される。[11] 一つは、発達的犯罪予防であり、成長段階の子どもに適切に介入することで少年非行やその後の犯罪行動を防ごうとするものである。これは、一部の個人が犯罪行為に走る根本的な原因を取り除こうとするものであり、具体的には児童虐待やネグレクトを防いだり、道徳教育を行ったりすることが含まれるだろう。もう一つは、一九八〇年代に英国内務省が開発した状況的犯罪予防である。これは、特定の犯罪が特定の場所と時間で生じるのを防ぐことを目的とするもの、つまり犯罪の機会を除去しようとするものである。三つ目は、コミュニティ犯罪予防である。これは地域での犯罪を生み出す社会的条件や制度を変える活動を含むものとされる。先の二つと重なる活動も入ると考えられるが、重要なのは、個人や特定の場所に焦点を合わせるのではなく、地域全体で取り組むことで犯罪に強い地域を作るという、マクロレベルの活動に力点を置いているということである。

この三つのうち、とくに近年注目されているのは状況的犯罪予防である。そこで以下では状況的犯罪予防についてさらに詳しく扱う。

状況的犯罪予防とは何か

状況的犯罪予防（situational crime prevention）は、一九八〇年代にクラークにより定式化されたものであり、次の三つの特徴を備えた犯罪対策からなる。第一に、非常に具体的な犯罪様態に向けられた対策であり、第二に、可能な限り体系的かつ恒常的な仕方で直接的な環境を管理、設計、操作することを含むもので、第三に、多くの（潜在的）犯罪者によって認知される犯罪の機会を減らし、そのリスク（すなわち捕まるリスク）を高めるために行われるものである。すなわち、犯罪は犯罪者にとってリスクに比べてベネフィットが大きいような状況において行われるため、環境に介入することで犯罪機会を減らそうという発想である。そのため、「犯罪機会論」や「環境犯罪学」と呼ばれることもある。

ラブが解説しているように、ここで想定されている犯罪者は、犯罪に伴うリスクや、労力、報酬について合理的な計算を行うと考えられている。たとえば強盗であれば、犯罪者は、必要な金銭を得るために、対象や手段について合理的なリスク便益計算を行った上で実践する。もっとも、犯罪者は毎回実際に計算するわけではなく、犯罪のシナリオ（crime script）と呼ばれるルーチン化された手順に従う場合が多いとされるが、いずれにせよ、状況的犯罪予防では、犯罪者が自己利益を考えて合理的に行動することが前提とされており、犯罪がペイしないように状況を変更するという発想が根底にある。[12]

また、コーエンらの日常活動理論（Routine Activities Theory）も、状況的犯罪予防の重要な理論である。日常活動理論によれば、動機付けられた犯罪者と、適切な犯罪対象となる物や人（被害者）の数が仮に一定だとしても、人々の日常活動が変更することで、①犯罪者の存在、②犯罪対象の存在、および③犯罪対象の守り手の不在、という三つの要素が揃う状況が現出しやすくなり、犯罪者と犯罪対象が直接接触するような犯罪（窃盗や暴行など）が増えることがあるとされる。[13]

　そこで、過去に犯罪が起きた状況や犯罪者の行動パターンを検討することにより、上記のような犯罪の機会を生み出さない環境作りが目指されることになる。具体的には、防犯カメラや見通しのよい建物を作るなどの監視、自動車のハンドルロックや自転車のツーロックといった道具を用いたターゲットハードニング（犯罪対象の堅牢化）、公衆電話をテレフォンカード利用のみにすることで犯罪対象であるお金が存在しないようにするような環境管理、などである。クラークらは、こうした介入の分類を洗練させ、現在は二五項目からなる介入方法を提唱している(14)。

状況的犯罪予防の思想的背景

　犯罪学研究者の守山正は、状況的犯罪予防（状況モデル）を、社会的犯罪予防（社会モデル）と対比してわかりやすく説明している(15)。ここでいう社会モデルとは、「積極的に個人の精神作用自体に働きかけてその者の将来の犯罪・非行を予防しようとする」もので、「伝来的な家庭や学校などの社会化機関を通じての犯罪予防活動、あるいはそれに結びつく社会政策の必要性を強調するモデル」であり、今日では「発達的犯罪予防」と呼ばれるものと同じと考えられる。守山は状況モデルと社会モデルの違いについて、次のような例を引用して説明している。「「子どもが茶棚や引き出しから現金やチョコレートをとらないように鍵をかける」のが状況的予防（機会減少）であるのに対し「機会があってもとらないようになるべく早期に子どもを躾けて鍵をかけないですませる」のが社会的予防である」。

　守山によれば、ロンブローゾに代表されるいわゆる実証主義的犯罪学（犯罪原因論）では犯罪は先天的あるいは後天的な原因によって生み出されると考えるのに対し、状況モデルでは犯罪動機はある程度状況的要因によって左右されると考える（犯罪機会論）。守山が指摘するように、「犯罪は犯罪の素因のある一部の行為者によって行われる」と考えるのではなく、「犯罪は合理的に自己利益を追求する行為者によって行われる」と想定した上で犯罪への誘因をなくそうとする発想は、ベッカリーアやベンタムといった古典的犯罪学と共通していると言える。

また、守山は状況的犯罪予防の「状況」という語の使用について、一九六〇年代に主にキリスト教倫理において流行したジョゼフ・フレッチャーの「状況倫理」（規則を個々の事例ないし状況に機械的に適用するのではなく、その状況に応じた倫理的行動を考えなければならないとする）の影響があるのではないかと注で述べているが、筆者が調べた限りではむしろ、心理学における行動主義と、社会心理学の状況主義の影響の方が強いと思われる。いわゆる防犯環境設計（Crime Prevention Through Environmental Design：CPTED）を提唱したリチャード・ジェフリーは、その一九六九年の論文において、犯罪原因論が内観的な心理学やフロイトの精神分析などに頼って「犯罪行動を説明するために犯罪行動以外のものばかり見ている」ことを批判した上で、行動主義や意思決定理論、ゲーム理論などの立場から犯罪行動そのもの、すなわち犯罪が起きる環境的状況とその行動による将来の帰結を見ることで効果的な対策を立てることができると主張した(16)。

現在の心理学は行動主義のように心を完全なブラックボックスとして扱うことはなく、人々に一定の性格ないし傾向性があることは認めるが、その場合でも、個人の傾向性よりも個人が置かれた状況の方が行動に大きな影響を与えるという状況主義が、とりわけ社会心理学において影響を持っているように思われる。(17) 状況的犯罪予防もそのような思想的背景の上に成り立っていると考えられる。

徳倫理学と状況主義的批判

ここで若干迂回して、心理学における状況主義が倫理学に与えた影響について少し見てみよう。現代倫理学では徳倫理学に対する状況主義的批判がよく知られている。(18)

徳倫理学は、倫理において中心になるのは行為ではなく行為者であるとして、行為の帰結や義務といった概念よりも、行為者の性格に着目する理論であり、とりわけ一九九〇年代以降、功利主義や義務論と並ぶ理論として注目されている。

だが、徳倫理学は行為者の性格を重視するがゆえに、各人の行為は当人の性格よりも当人の置かれた状況に大きく左右されるとする状況主義の批判に晒されることになる。よく挙げられる事例は、ダーリーとバトソンによる善きサマリア人の実験である。(19) この実験では、プリンストン神学校の学生たち四〇名が被験者となった。それぞれの学生は、五分ほどの即興の説教を録音するという課題を与えられ、録音のために隣の建物に一人で移動するように言われた。その半分は、研究助手に「すでに遅刻しているから急いでください」と告げられ、もう半分は、「まだ開始時間に余裕がありますが、早めに出発してください」と告げられた。学生が建物を移動する途中で、男性がうずくまって咳をしながらうめき声を出していた。ところが、時間に余裕のある群の学生は約六割が男性を助けたのに対し、遅刻していると告げられていた群の学生で助けた者は一割だった。彼らの半分は、説教の内容は善きサマリア人に関するもの（新約聖書に出てくる寓話で、博愛を説くもの）だったが、その内容が援助行為に影響を与えることはなかった。

この事例や他の多くの事例から示唆されるのは、人々の行動（ここでは援助行動）はそのときの状況に大きく左右され、状況横断的な一貫性を見出すことは難しいということである。換言すると、我々が素朴に考えるほどには、性格は当人が何をするかの予測にはあまり役立たないということだ。すると、親切のような善い行動にせよ、犯罪のような悪い行動にせよ、状況が人々の行動の仕方を決める度合いが大きければ大きいほど、人々の性格の陶冶に力を入れるよりも、人々が置かれた状況の改善に力を入れた方がよいことになるだろう。

状況的犯罪予防の問題

状況的犯罪予防は、クラークらによれば、様々な事例において成功を収めてきたとされるが、これまでに批判も多くなされてきた[20]。ここでは予防の倫理学の観点から三つの論点を取り上げておく。

最もよくなされる批判は、予防手段としての効果の問題である。すなわち、ある場所で犯罪が起きないようにしたとしても、潜在的犯罪者は別の所で（あるいは別種の）犯罪をするだけで、犯罪は減らないという批判だ。これは転移（displacement）の問題として知られている。だが、クラークらによれば、従来の実証研究ではこの批判を裏付けるものは少数で、むしろある場所で犯罪が減ると、その効果が他の場所にも広がる傾向（diffusion と呼ばれる）を示す研究もあるという。

また、状況的犯罪予防は、守り手の不在が犯罪につながるという日常活動理論の発想に典型的に見られるように、「見られているから悪いことはしない」という発想であり、規範の内面化は想定されていない。状況的犯罪予防は、個人の規範意識の向上や社会の信頼醸成などの効果の見えにくい介入ではなく、即効的で費用対効果のわかりやすい介入である。だが、一つひとつの犯罪に対応するために、防犯カメラの設置や、コンビニのレジやタクシーの運転手を隔てる透明のスクリーンをどんどん増やしていった先には、どのような社会が待ち受けているだろうか。[21] 長期的に見た場合、人々の性格の改善を通じた犯罪予防が優れているか、あるいは犯罪機会を物理的に減らす犯罪予防が優れているかについて、広い意味での費用便益分析も含め、様々な観点から比較検討する必要があるだろう。

最後に、状況的犯罪予防を主張する者がしばしば強調するように、現実には状況的犯罪予防と発達的犯罪予防は同時に行われるものであり、排他的に考える必要はないとされる。たとえば、二〇一六年の英国内務省の報告書でも、機会と性格への介入が重要な予防手段として並列的に論じられている。[22] ラブも、発達的犯罪予防は、主に潜在的犯罪者を生み出さないための一次予防の理論であるのに対し、状況的犯罪予防は二次予防の理論であり、動機付けられた犯罪者がいることを所与として、いかにして犯罪を食い止めるかを問題にするものとしている。また、島田貴仁も、環境概念による犯罪機会論と犯罪原因論の統合を提言している。[23]

しかし、先に見たように状況的犯罪予防の背後には、人間の行動に関する状況主義的な理解がある。これは、人格の陶冶は実践的に困難だという主張とは異なるレベルの考え方であり、人格の陶冶可能性を前提とする発達的犯罪予防の発想とは理論的に相容れないものと思われる。両者の対立の根底には、人間観の根本的な違いが横たわっている。状況的犯罪予防と発達的犯罪予防という、犯罪予防の手段を提示する二つの理論が統合可能なのかについては、さらなる検討が必要である。

注

（1）チェーザレ・ベッカリーア著、小谷眞男訳『犯罪と刑罰』東京大学出版会、二〇一一年、一四二頁。

（2）警察政策学会犯罪予防法制研究部会「これからの安全・安心研究会——犯罪対策に関する提言」二〇一三年、二〇頁。

（3）Winslow, C. E. A., 'The Untilled Fields of Public Health,' *Science*, 51 (1306), 1920, 23-33.

（4）アンソニー・ブランデイジ著、廣重準四郎・藤井透訳『エドウィン・チャドウィック』ナカニシヤ出版、二〇〇二年。

（5）浦中千佳央「警察学の現状と未来——フランスの警察学から」『社会安全・警察学』第一号、二〇一四年、五～一七頁。

（6）西迫大祐「エドウィン・チャドウィックの思想における予防の起源について」『法律論叢』第九一巻第一号、二〇一八年、二六七～二七八頁。

（7）警察庁『平成一六年　警察白書』第二章参照（https://www.npa.go.jp/hakusyo/h16/hakusho/h16/index.html　二〇二二年九月五日最終アクセス）。

（8）Welsh, Brandon C., and Rebecca D. Pfeffer, 'Reclaiming Crime Prevention in an Age of Punishment: An American History,' *Punishment and Society*, 15 (5), 2013, 534-553.

（9）スティーブン・P・ラブ著、渡辺昭一・島田貴仁・齊藤知範訳『犯罪予防——方法、実践、評価』社会安全研究財団、二〇〇六年。以下の記述は Lab, Steven P., *Crime Prevention: Approaches, Practices, and Evaluations,*

10th ed. London, 2019, Ch. 2 および島田貴仁『犯罪予防の社会心理学』ナカニシヤ出版、二〇二一年を参照した。

（10）たとえば以下を参照。Public Health England, *Police and Public Health Innovation in Practice: An Overview of Collaboration across England*, 2016; Shepherd, Jonathan P., and Steven A. Sumner, 'Policing and Public Health – Strategies for Collaboration', *JAMA - Journal of the American Medical Association*, 317(15), 2017, 1525–1526.

（11）Welsh and Farrington eds., *Oxford Handbook of Crime Prevention*, OUP, 2012, Ch. 1.

（12）Lab, *op. cit.* Ch. 10.

（13）Lab, *op. cit.*

（14）Lab, *op. cit.*

（15）守山正「犯罪予防をめぐる「状況」モデルと「社会」モデル——欧米における展開」『犯罪社会学研究』第一八号、一九九三年、一二一頁。

（16）Jeffery, C. Ray, 'Crime Prevention and Control Through Environmental Engineering', *Criminology*, 7(3), 1969, 35-58.

（17）Ross, Lee, Richard Nisbett, and Malcolm Gladwell, *Person and the Situation: Perspectives of Social Psychology*, London: Pinter & Martin, 2011.

（18）ダニエル・C・ラッセル編、立花幸司監訳ほか『徳倫理学——ケンブリッジコンパニオン』春秋社、二〇一五年、第一三章「徳倫理学に対する状況主義者からの批判」。

（19）Ross et al., *op. cit.*, Ch. 2.

（20）Clarke, Ronald V., and Kate Bowers, 'Seven Misconceptions of Situational Crime Prevention', in *Handbook of*

Crime Prevention and Community Safety, ed. by Nick Tilley and Aiden Sidebottom, Routledge, 2017, pp. 109–142.

(21) この点について、守山は先の子どもの窃盗の例を敷衍して次のように述べている。「引き出しに鍵をかけてわが子の窃盗を防ごうとすれば家庭内にある種の不和を醸成し両親と子どものその後の関係において必ずしも展望的ではないであろう。この文脈を一般社会に引き延ばしてみればよい。例えば、若者の溜まり場である商店街の騒動を監視カメラだけで防止しようというのは長期的にみれば根本的な解決ではない」（守山、前掲、一一八頁）。

(22) UK Home Office, *Modern Crime Prevention Strategy*, 2016.

(23) 島田貴仁「環境心理学と犯罪研究——犯罪原因論と犯罪機会論の統合に向けて」『環境心理学研究』第一巻第一号、二〇一三年、四六～五七頁。

2　DV防止

新しい犯罪類型

今日、DV、児童虐待、ストーカーといった犯罪類型が注目されている。その理由の一つは、刑法犯の認知件数はここ十数年にわたり減少傾向にあるのに対して、いわゆる子どもと女性を被害者とする犯罪は概して増加傾向にあることである。しかし、本書でこれらの犯罪類型に注目するのは別の理由からである。これらは、二〇〇〇年前後に法制化の進んだ犯罪であるが、法制化に先立つ一九九九年に警察庁が策定した「女性・子どもを守る施策実施要綱」でもすでに見られるように、暴力や虐待といった深刻な犯罪の予防を主眼とするものだからである[1]。そこで、本節から数節にわたり、DV・児童虐待・ストーカー対策について予防の倫理学の観点から検討する。本節ではまずDV防止について詳しく見てみよう。

DVとは

現在ではDVが何の略かを知らない読者はまずいないだろうが、かつてはDVDと区別の付かない人もいたようだ[2]。DVはDomestic Violenceの略称であり、文字通りには「家庭内暴力」であるが、いくつかの事情からそのようには訳されない。一つには、日本で「家庭内暴力」と言えば、いわゆる受験戦争が取り沙汰された一九七〇年代末から八〇年代頃にかけて社会問題化した親に対する子どもの暴力を指すという事情がある。

もう一つには、これは一九七〇年代のフェミニズム運動から出てきた言葉であり、「家庭内暴力」とジェンダー中立的に訳すと、家庭内の権力者である男性から女性への暴力を明るみに出そうとしたフェミニズムの意図が隠蔽されてしまうという問題意識があるからである(3)。

そこで、DVは「配偶者からの暴力」という形で記述されることが多い。後述するように、今日、DVは必ずしも男性からの女性に対する暴力だけではなく、その逆も存在することが知られている。とはいえ、DVはもともと上記のようなフェミニズムによる家父長制批判を背景に発展してきた概念であることを押さえておく必要がある。

さて、配偶者からの暴力に関しては、かつては「夫婦げんかは犬も食わない」として警察などの公権力の介入が敬遠されていたが、こうしたフェミニズム運動の潮流もあり、日本では二〇〇一年にDVを防止するための法律が成立した。次にこの法律について説明する。

DV防止法の内容

二〇〇一年四月に議員立法により成立し同年一〇月に施行された「配偶者からの暴力の防止及び被害者の保護に関する法律」(以下、DV防止法)には、こうした個別の法律には珍しく前文が付されている。これは、法学者の戒能民江によれば、立法過程で「配偶者からの女性に対する暴力」の防止から、ジェンダー中立的な「配偶者からの暴力」の防止へと法律名称の変更があったために、本来の趣旨であった女性の人権保障立法であることを冒頭で示す必要があったからとされる(4)。そこで、前文では、「配偶者からの暴力の被害者は、多くの場合女性であり、経済的自立が困難である女性に対して配偶者が暴力その他の心身に有害な影響を及ぼす言動を行うことは、個人の尊厳を害し、男女平等の実現の妨げとなっている」という形で、男女平等を実現し女性に対する暴力を根絶しようとする国際社会の取り組みの一環として本法律が位置付けられていることが明示されている。

また、前文の末尾には、DV防止法の具体的な目的も記されている。すなわち、「配偶者からの暴力に係る通報、相談、保護、自立支援等の体制を整備することにより、配偶者からの暴力の防止及び被害者の保護を図る」ことである。

さらに、制定時の前文においては、「配偶者からの暴力は、犯罪となる行為であるにもかかわらず」という形で、「配偶者からの暴力」が犯罪行為であると明記されている部分も重要である。DVが犯罪行為だというのは今日では自明のことのようにも思われるが、過去においては必ずしもそうではなかった。たとえば一九六九年の『朝日新聞』朝刊に掲載されていた四コママンガの「サザエさん」では、公衆の面前で夫が妻を平手打ちしている姿を波平や他の人々が平気な顔をして懐かしい情景だと言い合っているものがある。(5) 実際のDVはしばしばこれよりはるかに凄惨だと思われるが、いずれにせよ、赤の他人にすれば暴行罪や傷害罪や脅迫罪になりうることも、配偶者である女性に対して行われる場合は黙認されるという過去があったのだ。

なお、本法律において「配偶者からの暴力」は、制定時には「配偶者（中略）からの身体に対する不法な攻撃であって生命又は身体に危害を及ぼすもの」として定義されていたが、身体的暴力だけでは範囲が狭すぎるという議論を踏まえ、二〇〇四年の改正により、「これ〔身体的暴力――引用者注〕に準

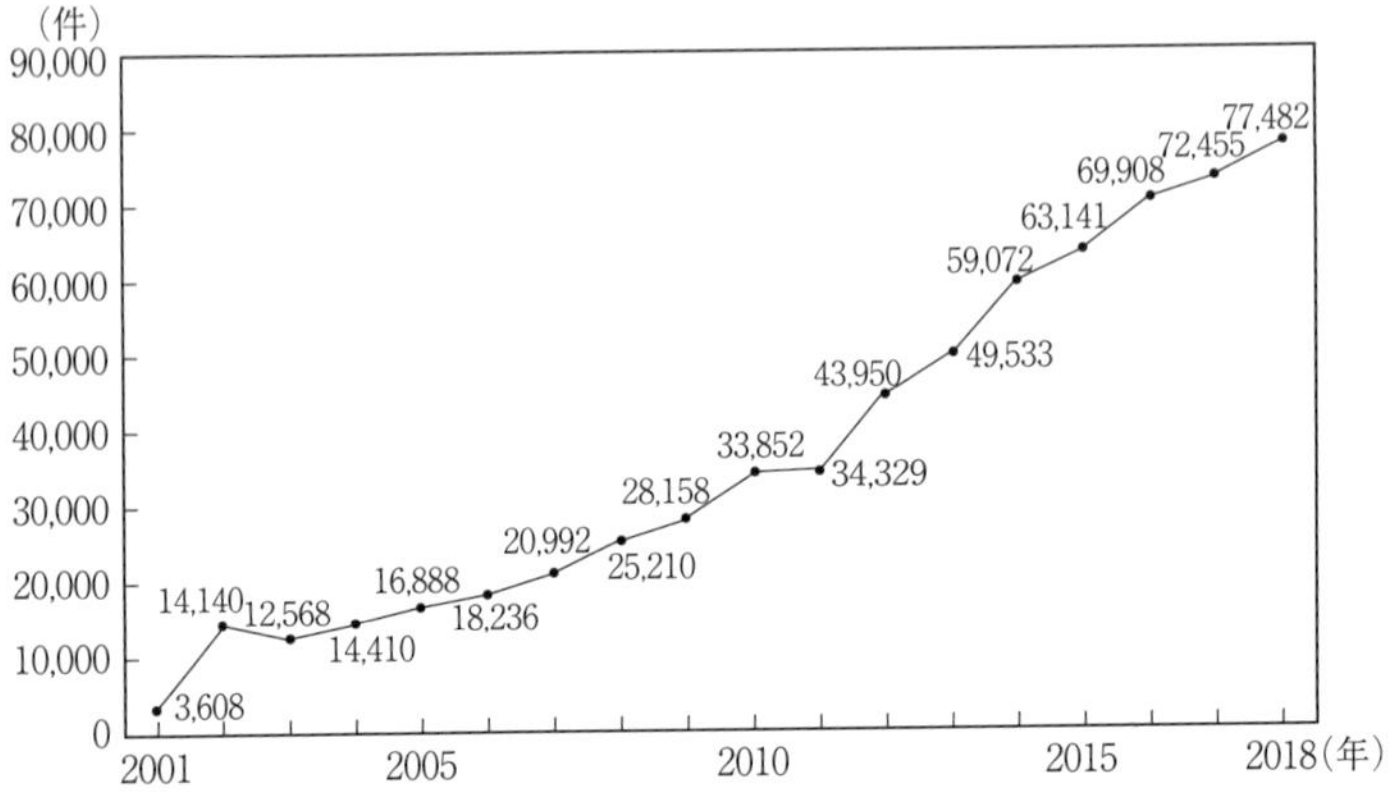

図1　警察における配偶者からの暴力事案等の相談等件数

（注）2001年は，DV防止法の施行日（10月13日）以降の件数。

（出所）内閣府男女共同参画局「配偶者からの暴力に関するデータ」2019年9月25日より作成。

ずる心身に有害な影響を及ぼす言動」も暴力の定義に含まれることになった。それに伴い、前文において「配偶者からの暴力」は犯罪行為であると明記されている部分も、「犯罪となる行為をも含む重大な人権侵害であるにもかかわらず」と表現が弱められ、必ずしもすべてのＤＶが犯罪行為ではないという理解になっている。

ところで、ＤＶ防止法はこのようにＤＶを基本的に犯罪行為を含むものとして位置付けてはいるものの、ＤＶを発見した者の通報に関する規定や裁判所の保護命令に関する規定等を定めたものであり、裁判所の保護命令違反に対する罰則は規定されていても、ＤＶそのものに対する罰則は規定されていない。というのは、ＤＶそれ自体は傷害、暴行、脅迫といった刑法犯に該当するものだからだ。したがって、ＤＶ防止法は、ＤＶが疑われる事案に早期に介入することで、犯罪行為の発生を予防しようとする法律だと位置付けることができる。

ＤＶ防止法が制定されてからすでに二〇年以上になる。その間にこの法律と制度の認知度が高まり、また、その後の法改正により、離婚後に引き続き暴力等を受けた事案や、婚姻関係にはない交際中の同居人などにも法の適用範囲が拡大されたこともあり、法制定当初は年間一万件程度だった警察への届け出（ＤＶ事案等を受理した件数）は、二〇一九年には八万二〇〇〇件近くになっている。(6)また、被害者は必ずしも女性に限らず、二〇一九年では被害者の七八・三％は女性であったが、男性も二年連続で二割を超えた。(7)内閣府が実施している調査においても、女性の約三人に一人、男性の約五人に一人は、配偶者から暴力の被害を受けたことがあると答えている。(8)

予防行動の持つコスト

配偶者からの暴力を防止するというＤＶ防止法の目的に異論を唱える人は少ないだろう。しかし、予防の倫理学の観点から考えた場合、安全を守るための手段には様々なコストが伴う可能性があるということも考慮しなければならない。

一つは警察や司法といった公権力の私的領域への介入の問題である。戒能は、「民事不介入」や「法は家庭に入らず」という原則を重視する従来の日本の刑事法学は、公私二分論による男性支配の温存につながるとしてフェミニズム法学の視点から批判しており、傾聴に値する。(9)しかし、その一方で、家族生活に公権力が踏み込むことを許すことで、一定のプライバシーや自由を犠牲にしていることもまた事実である。ＤＶ防止法に対しては、一部で「ＤＶ防止法は家族を破壊する」という抗議が存在する。(10)これは単なるフェミニズムに対するバッシングに留まるわけではなく、以下で見るようにＤＶ

防止法の規定の濫用が問題になるからである。

DV防止法に基づいて裁判所が発出できる保護命令は、被害者や子、親族等への接近禁止や住居からの退去を命じるものであり、違反すると刑事罰の対象となる。また、シェルターへの一時保護は、各都道府県の婦人相談所の所長の判断によって行うことができる。これらは、今後DVが発生するおそれがある場合に行われるが、このリスク評価が適切に行われなければ、加害者とされる配偶者の自由を不当に制約することになりかねない。

たとえば、DV防止法に基づくシェルターへの一時保護は被害者の訴えのみで可能なため、被害者が子どもと一緒にシェルターに保護されると、加害者とされる配偶者は子どもと面会することができなくなるといった問題や、離婚訴訟を有利に進めて子の親権を得るために相手をDV加害者だと訴えるというDV冤罪の問題などが指摘されている(11)。とくに一時保護の場合は、加害者に確認の連絡を取ると居場所がわかってしまうおそれがあるため、DVの申し立てを検証することが構造的に困難である。この点を利用した制度の濫用が発生していると言える。

家庭内で起こる配偶者からの暴力を未然に防ぐためであれば、こうしたことは些事でありやむをえないと考える向きもあるかもしれない。だが、DV予防に伴うコストは可能な限り最小化すべきであることは認めなければならない。また、その一方で、数度の法改正を経て保護命令は被害者だけでなく被害者家族や子どもへの接近禁止も規定され、また加害者の自宅退去命令も二週間から二カ月に延びたが、もっと防止策を厳しくしないとDVを十分に防止できないという指摘もある。DVを予防するという目的のためにどういう予防手段が適切なのかについて、さらに考える必要があるだろう。こうした問題は、次に見る児童虐待防止やストーカー防止にも共通するものである。

注

（1）警察庁「女性・子どもを守る施策実施要綱の制定について（依命通達）」（一九九九年一二月一六日）（https://www.gender.go.jp/policy/no_violence/e-vaw/kanrentsuchi/pdf/02/k_02_seianki111216.pdf　二〇二一年九月五日最終アクセス）。
（2）戒能民江編著『DV防止とこれからの被害当事者支援』ミネルヴァ書房、二〇〇六年、四〇頁。
（3）戒能民江『ドメスティック・バイオレンス』不磨書房、二〇〇二年、七六頁以降。
（4）戒能編著、前掲書、九八頁。
（5）「サザエさんをさがして」『朝日新聞』二〇一八年八月四日別刷be。
（6）「DV　最多八万二二〇七件　昨年　ストーカー被害二万件超」『朝日新聞』二〇二〇年三月五日夕刊。二〇二一年は八万二六四三件、二〇二二年は八万三〇四二件と引き続き増加している。警察庁「令和三年におけるストーカー事案及び配偶者からの暴力事案等への対応状況について」（https://www.npa.go.jp/publications/statistics/safetylife/dv.html　二〇二二年九月五日最終アクセス）。
（7）二〇二一年では、男性からの届け出は二五・二％、女性からの届け出は七四・八％となっており、届け出をした被害者の四人に一人は男性である。男性からの届出は年々増加しているのに対し、女性からの届出は二〇一九年の六万四三九二件をピークとしてその後は漸減している。

（8）内閣府男女共同参画局「男女間における暴力に関する調査報告書」二〇一八年三月（https://www.gender.go.jp/policy/no_violence/e-vaw/chousa/pdf/h29danjokan-12.pdf　二〇二一年九月五日最終アクセス）。二〇二一年三月に公表された同じ調査報告書では、女性の約四人に一人、男性の約五人に一人が配偶者から暴力の被害を受けたことがあると答えている。「男女間における暴力に関する調査報告書（概要版）全体版（https://www.gender.go.jp/policy/no_violence/e-vaw/chousa/pdf/r02danjokan-gaiyo.pdf　二〇二一年九月五日最終アクセス）。

（9）戒能、前掲書、一二〇～一二一頁。

（10）「DV防止、逆風に反発「家族を破壊」抗議で講演会中止　開催求め二七〇〇人が署名」『朝日新聞』二〇〇八年二月八日朝刊。

（11）「親権欲しさに「虚偽DV」妻がでっちあげる暴力夫」『AERA』二〇一二年一一月五日号。

3　児童虐待防止

目黒区の児童虐待死事件

「もうおねがい　ゆるして　ゆるしてください　おねがいします」。二〇一八年三月、東京都目黒区で父親から虐待を受けていた五歳児、船戸結愛ちゃんが亡くなった。父親は娘が太っているという理由から食事を制限し、香川から引っ越してきた一月には一六・六キロあった体重が、死亡時には一二・二キロになっていた。死因は低栄養状態などで起きた肺炎による敗血症とされ、父親だけでなく母親も保護責任者遺棄致死容疑で逮捕された。父親はしつけと称して娘を毎朝午前四時頃に起こしてひらがなの練習をさせていたが、冒頭の一文は娘が必死になって書いていた文章の一部である(1)。父親はその後、懲役一三年の刑が確定し、母親は東京地裁で懲役八年の有罪判決を受けた(2)。

前節ではDV防止について検討したが、本節ではそれに関連して児童虐待防止の問題を予防の倫理学の観点から考える。

児童虐待防止法

児童虐待の防止等に関する法律（以下、児童虐待防止法）は、二〇〇〇年に議員立法により成立した。その背景には、児童虐待は特殊な家庭環境でなくても起きうるという認識が社会に広まってきたこと、また一九八九年に国連で採択された子どもの権利条約を、日本が一九九四年に批准したことなどが挙げられる(3)。

同法は、「児童に対する虐待の禁止、児童虐待の防止に関する国及び地方公共団体の責務、児童虐待を受けた児童の保護のための措置等を定めることにより、児童虐待の防止等に関する施策を促進すること」を目的とし(第一条)、「何人も、児童に対し、虐待をしてはならない」と明記している(第三条)(以上、制定時の文言)。

また同法は、前記の目的を達成するための手段として、学校の教職員や医師、弁護士らによる児童虐待の早期発見と福祉事務所や児童相談所への通告の義務(第五条、第六条)、通告を受けた場合の児童相談所による児童の安全の確認および必要な場合の一時保護(第八条)、児童福祉司などによる立入調査(第九条)、などを規定している。これらの手段は、児童虐待防止法成立以前にも児童福祉法に規定されていたものの有効に使われてこなかったため、改めて新法を作って規定することにより、国や地方自治体をはじめとする関連機関および一般市民の認識を改めようとしたのだと理解できる(4)。

法律の制定後、警察から児童相談所への虐待疑い通告件数は年々増加し、二〇一九年には九万八二二二人となり、また警察が摘発した児童虐待事件で被害に遭った子どもの数も一九九一人となっている(5)(図1)。

定義の問題

児童虐待を防止するという目的に異論を唱える人は少ないと思われるが、「虐待」という言葉によって何を禁じるのかは大きな問題となりうる。これは後の章で見るように、ストーカーやいじめなどにも共通する定義の問題である。

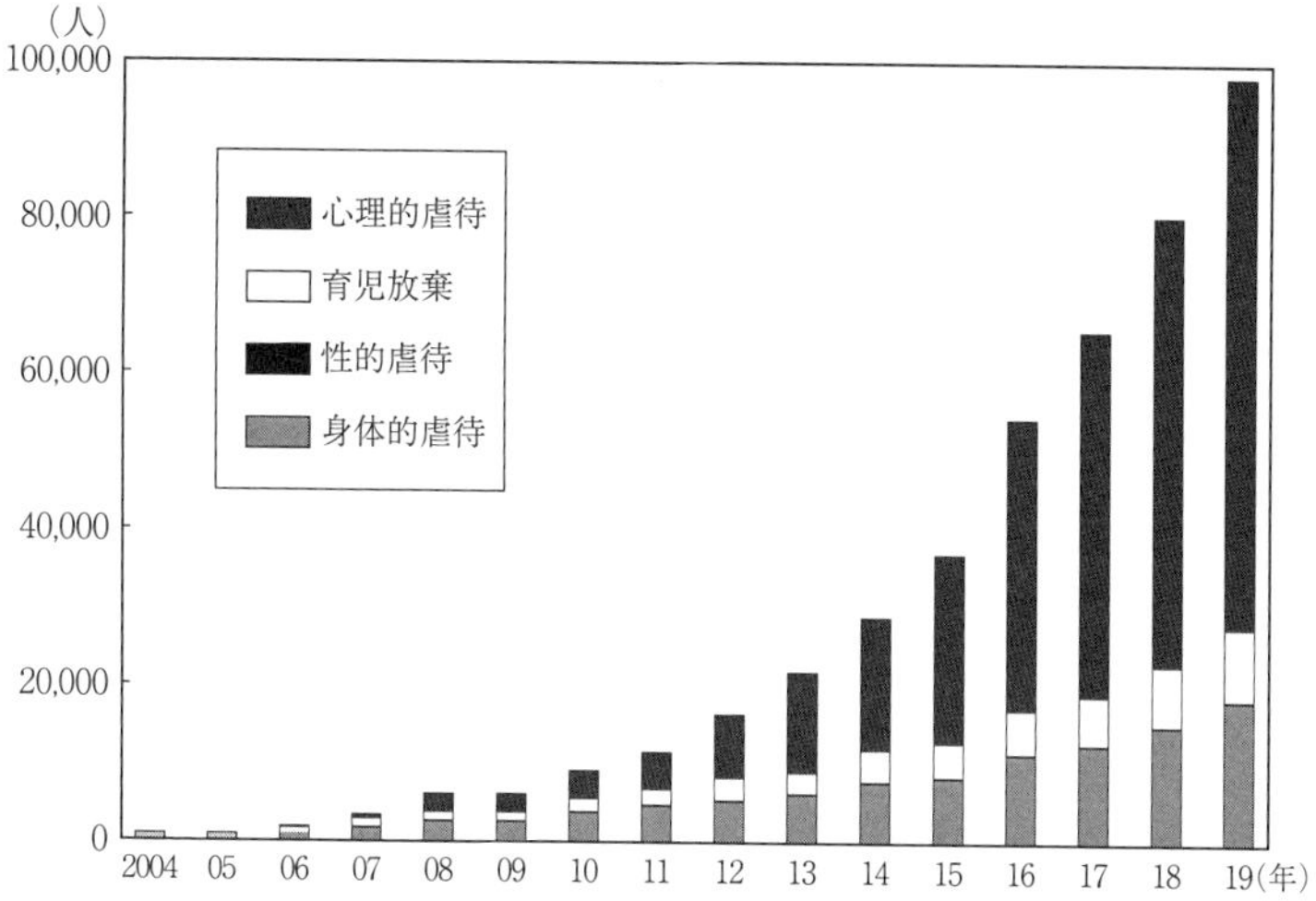

図1　警察から児童相談所への虐待通告児童数

（注）2004年および2005年は通告の総件数。

（出所）警察庁生活安全局少年課「令和元年における少年非行，児童虐待及び子供の性被害の状況（訂正版）」令和2年3月より作成。

児童虐待防止法では、児童虐待は、保護者がその監護下にある一八歳未満の児童に対して、身体的虐待、性的虐待、育児放棄（ネグレクト）、心理的虐待を行うことの四つに分類されている（第二条）。心理的虐待については、制定時は「児童に著しい心理的外傷を与える言動を行うこと」と規定されていたが、法改正により、面前ＤＶ（二〇〇四年改正）、およびきょうだいへの虐待（二〇〇七年改正）も含まれるようになった。

これらは一見すると妥当な定義と思われるが、虐待としつけの線引きの問題がある。たとえば、しつけにおいて一切の身体的暴力を禁じることが望ましいのか。また、子どもに心理的な影響を及ぼす行為はどこから虐待になるのか。より具体的には、子どもが悪いことをした罰に数時間自室に閉じ込めることや、一食分の食事を抜くことはどうだろうか。

この虐待としつけの線引きについては、民法第八二二条に定められた親の懲戒権をめぐって長く議論になってきた。だが、二〇一九年の児童虐待防止法改正で「体罰」の禁止が明示されたため（第一四条）、民法の懲戒権についても見直しが予定されている[6]。

改正法の施行に先立ち、厚生労働省（以下、厚労省）が体罰に当たる行為に関して指針を示している[7]。この報告書では「身体に、何らかの苦痛を引き起こし、又は不快感を意図的にもたらす行為（罰）である場合は、どんなに軽いものであっても体罰に該当」するとして、原則として一切の身体的危害を禁じている。ただ、その例示としては「宿題をしなかったので、夕ご飯を与えなかった」という不作為も体罰に入っており、どこまでが体罰かは不明確である（たとえば「宿題をしなかったので、おやつを与えなかった」「宿題をしなかったので、一日家から出ることを禁じた」ならどうか）。仮に子どもに一切の罰を与えることが許されなければ、子どもの教育は不可能ではないかもしれないが非常に困難になるだろう。どのような行為を児童虐待と見なすかについては、今後も議論が必要だと考えられる。

早期発見・早期対応の手段の是非

もう一つの問題は、児童虐待防止のための手段の望ましさについてである。早期発見・早期対応は、予防医学の発想で言えば二次予防に当たる。ただし、個人が医療機関にやって来るがん検診などとは異なり、児童虐待の場合の早期発見は必ずしも容易ではなく、以下のような倫理的問題も孕んでいる。

まず、病院に来た児童を医療者が虐待の疑いで通告したり、児童相談所の職員が自宅に立入調査に入ったりすることは、保護者との信頼関係を損なうことになりかねないという問題がある。子どもの福祉が最も重要とはいえ、保護者との信頼関係を失えば、今後、保護者の協力が得られなくなるおそれがある。

より大きな問題は、自宅に立入調査に入ることは、DV防止の場合と同様、家族生活のプライバシーの侵害になりうるという問題である。法制定当初は親の同意なしに立入調査をすることは困難だったが、二〇〇七年の改正により、立入調査に保護者の同意が得られない場合、裁判所の令状を取ることで、児童福祉司が強制的な立入調査をできるようになった。

立入調査とは文脈が異なるが、教育学者の田中理絵は、三カ月健診や一歳六カ月児健診といった児童福祉法に基づく乳児家庭全戸訪問事業が、虐待リスク度の高い家庭を発見する機会として積極的な利用が推奨されていることを挙げ、家族の自律性やプライバシーが子どもの生命保護の名目で制限されていると批判している。(8)

しかし、もっと極端に考えれば、児童虐待やDVを防ぐために、一家に一台、火災報知器だけでなく監視カメラも導入することが望ましいと言えないだろうか。だが、それは児童虐待等を防止する手段としては認めがたいと我々が思うのは、一つにはプライバシーが重要だからであり、また政府による濫用も懸念されるからであろう。ここには自由と安全という価値の対立がある。我々にはいくつかの重要な価値を比較衡量することが求められる。

リスク評価の問題

最後に、虐待リスクの評価に伴う難しさもある。現在は、虐待リスクを見逃さないように、保護者や子ども、養育環境に関するリスクを点数化して評価するためのリスクアセスメントシートが厚労省によって作成されており、児童相談所や市町村などでの使用が奨励されている。冒頭に記した結愛ちゃんのケースでも、リスクアセスメントシートを活用していなかったことが事後調査で問題視されていた。ただ、先の田中も指摘するように、アセスメントシートが虐待リスクに関してどれくらい正確な予測を可能にしているか、という問題があるだろう[9]。

また、児童相談所の職員がこのようなアセスメントシートを用いて保護者を評価することに伴う問題もある。田中は児童相談所が「寄り添う福祉から積極的介入と強権的権限をもつ福祉へ」と転換したことで、児童相談所の性格が変化するとともに、「対象家族に悟られないようにリスクアセスメントを行うこと」は家族との信頼関係を損ないかねないという問題を指摘している[10]。この問題については、二〇一九年の児童福祉法改正により、児童相談所の担う介入と支援の役割が明確に区別されることとなったため、ある程度は緩和されることが期待される。しかし、一般に犯罪予防の発想には、このような「人を見たら泥棒と思え」という態度が本質的に伴いうることが指摘できるであろう。

以上をまとめると、児童虐待防止は目的として望ましいことに疑いはなく、冒頭に引用したような虐待死は可能な限り防ぐべきである。だが、我々は児童虐待を防止するという大義を達成するために、他の望ましいものを犠牲にしていないかどうか、また予防目的のために適切な手段が取られているかどうかについて、不断の検討が必要である。

注

（1）「五歳児死亡　両親逮捕　遺棄致死疑い」『朝日新聞』二〇一八年六月七日朝刊。
（2）母親は夫による心理的ＤＶの影響を過小評価しているとして量刑不当を主張して控訴していたが、二〇二〇年九月に控訴審判決があり、東京高裁は一審の東京地裁判決を支持し、被告側の控訴を棄却した。「母、二審も懲役八年　目黒虐待死、東京高裁判決」『朝日新聞』二〇二〇年九月九日朝刊。
（3）花田裕子ら「児童虐待の歴史的背景と定義」『保健学研究』第一九巻第二号、二〇〇七年、一〜六頁。
（4）子ども虐待防止オレンジリボン運動「児童虐待防止法制度」（https://www.orangeribbon.jp/about/child/institution.php#01　二〇二二年九月五日最終アクセス）。
（5）「虐待被害児童　最多一九九一人　警察庁統計　昨年、五四人死亡」『産経新聞』二〇二〇年三月一三日朝刊。最新（二〇二二年）のデータについては警察庁の「令和三年における少年非行、児童虐待及び子供の性被害の状況について」を参照（https://www.npa.go.jp/news/release/2022/20220308002.html　二〇二二年九月五日最終アクセス）。
（6）「親の「懲戒権」見直し諮問　虐待の「口実」、削除か表現変更か　法相、法制審に」『朝日新聞』二〇一九年六月二一日朝刊。その後、二〇二二年二月に法制審議会部会が子に対する親の「懲戒権」を定めた規程を削除する内容を盛り込んだ答申案をとりまとめた。「親の「懲戒権」削除、子の人格尊重　民法規定、体罰禁止を明記へ　法制審が答申案」『朝日新聞』二〇二二年二月二日朝刊。
（7）厚生労働省「体罰等によらない子育てのために」二〇二〇年二月（https://www.mhlw.go.jp/stf/seisakunitsuite/bunya/kodomo/taibatu.html　二〇二二年九月五日最終アクセス）。
（8）田中理絵「社会問題としての児童虐待――子ども家族への監視・管理の強化」『教育社会学研究』第八八巻、二〇一一年、一一九〜一三八頁。

(9) 同前。

(10) 同前。

4 ストーカー規制法

「毎日毎日、君の言うすべての言葉、君のするゲーム、君の過ごす夜、僕は君のことを見つめているよ。ああ、なぜ君が僕のものだということがわからないんだい？　君の歩む一歩一歩が僕の心を傷つけるんだ」。

「見つめていたい」

これは、ロックバンドのポリスの名曲の一つ、「見つめていたい」という曲の一節である。一九八四年の曲だが、ストーカー規制が世界的に強化された今日においては、このような行為を実際にやると犯罪になる可能性が高い。今回は、日本のストーカー規制法の議論を通じて、予防の倫理学の観点からいくつかの課題を指摘する。

ストーカー規制法

ストーカー（stalker）は動物が獲物に忍び寄るという意味の stalk に由来する言葉である。一九八九年に米国で若い女優が狂信的なファンに殺害される事件が起き、それをきっかけに翌年カリフォルニア州で反ストーキング法ができたのがストーカー規制の嚆矢とされる。日本でも一九九〇年代後半からストーカー規制の必要性が強く言われるようになり、一九九九年に埼玉県桶川市で女子大生が刺殺される事件が起きると、翌年に「ストーカー行為等の規制等に関する法律」（以下、ストーカー規制法）が議員立法によって成立した。

この法律の目的は、「ストーカー行為を処罰する等ストーカー行為等について必要な規制を行うとともに、その相手方に対する援助の措置等を定めることにより、個人の身体、自由及び名誉に対する危害の発生を防止（中略）すること」である（第一条）。つまり、他人に危害を与えるストーカー行為を規制するための法律である。

では、ストーカー行為とは何か。第二条では、「特定の者に対する恋愛感情その他の好意の感情又はそれが満たされなかったことに対する怨恨の感情を充足する目的」で、その特定の者又はその家族等に対して行う以下の八つの行為類型が「つきまとい等」として規定されており、さらにこうした行為を同一人物に対して反復して行った場合をストーカー行為と呼ぶと定義されている。[1] 八つの行為類型とは、①つきまとい・待ち伏せ・押し掛け・うろつき等、②監視していると告げる行為（冒頭のポリスの歌の行為はこれに該当しうる）、③面会や交際の要求、④乱暴な言動、⑤無言電話、連続した電話・ファクシミリ・電子メール・SNS等、⑥汚物等の送付、⑦名誉を傷つける、⑧性的しゅう恥心の侵害、である。なお、⑤の電子メールとSNSについては、それぞれ、二〇一三年と二〇一六年の法改正によって追加された。[2]

また、つきまとい等の行為およびストーカー行為の処罰については、簡略化すると次のようになっている（刑罰の重さは二〇一六年の改正で厳罰化された後のものを記す）。①ストーカー行為をした者は一年以下の懲役又は一〇〇万円以下の罰金が科される。②警察署長等は、つきまとい等の被害者からの申告を受け、被害の深刻化のおそれがあると判断したときには、相手方に「警告」を出すことができる。

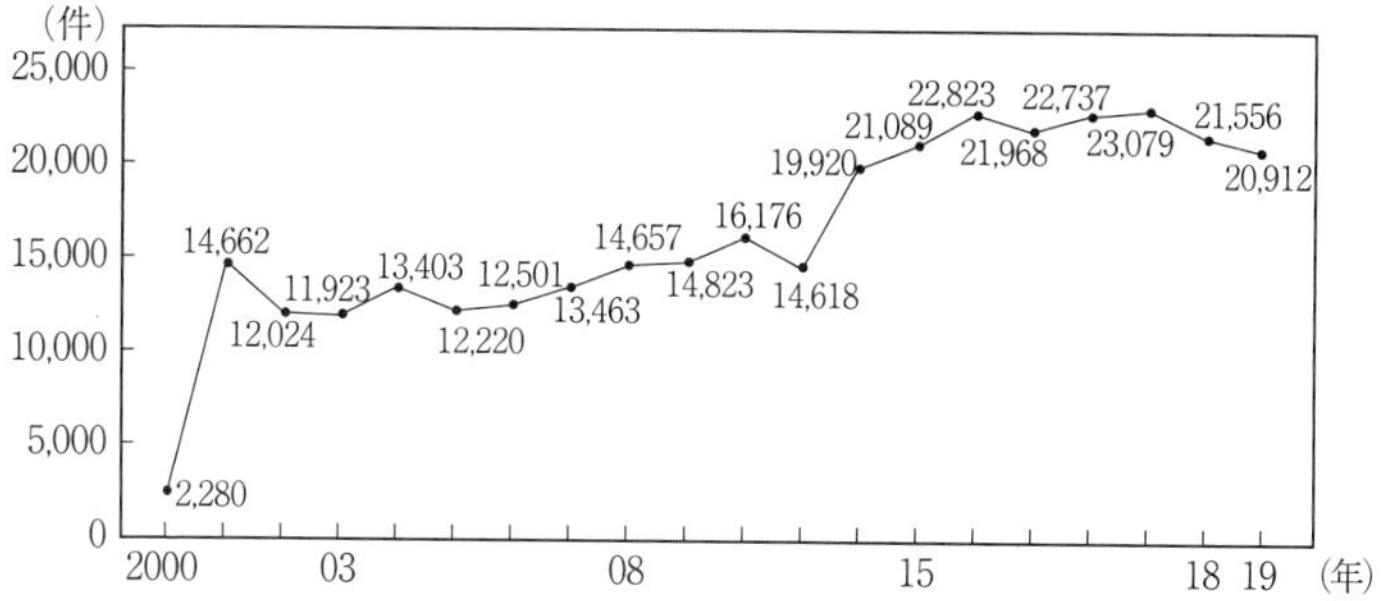

図1　ストーカー事案の相談等件数の推移

（注）2000 年は，ストーカー規制法の施行日（11 月 24 日）以降の件数。

（出所）警察庁「令和元年におけるストーカー事案及び配偶者からの暴力事案等への対応状況について」令和２年３月より作成。

この警告に罰則はないが、悪質な場合はさらに公安委員会から「禁止命令」を出すことができ、それに違反してストーカー行為をした場合には二年以下の懲役又は二〇〇万円以下の罰金が科される。

ストーカー規制法施行後、ストーカー事案に関する警察への相談件数は図1の通りである。また、警察庁のまとめによると、二〇一九年の警告や禁止命令は約三四〇〇件で、二〇一六年の改正で禁止命令の手続きが簡単になったこともあり、禁止命令が出される数が大幅に増えている[3]。さらに、ストーカー規制法違反は、二〇一九年は八六四件となっており、うちストーカー行為罪は七四八件、禁止命令等違反は一一六件である。なお、二〇一九年では相談件数のうち約一割が男性からであった[4]。

ストーカー規制法の問題点　ストーカー規制法がこれまでに見たＤＶ防止法や児童虐待防止法と大きく異なる点は、「ストーカー行為」という新しい犯罪行為を規定している点である。ＤＶ防止法や児童虐待防止法も、「配偶者からの暴力」を犯罪と明記していたり、児童虐待を「身体的虐待」や「性的虐待」などと分類して明記したりしているが、法に触れるのは、裁判所の保護命令違反を除けば、基本的には暴行罪や脅迫罪など、従来の刑法や特別法に規定された犯罪をなした場合である。しかし、ストーカー規制法は、これらの犯罪に加えて、上記で見たつきまとい等の行為を反復した場合のストーカー行為を新たに犯罪行為と認めている。新たな犯罪が作られたと言ってもよい。

このストーカー行為については、動機を恋愛等の感情に限定しているため、それ以外の動機でのストーカー行為を禁止できないという問題がある。たしかに警察庁の統計では、恋愛とは無関係な怨恨感情のような動機からのストーカー事案の相談も一定数存在しており、動機の如何にかかわらず同一の行為は同一の危害をもたらすように思われる。ただ、動機を恋愛に限定しないと、たとえば労働運動や政治運動なども規制対象になりうるという問題も指摘されているため、どのような定義が望ましいかは慎重な議論が必要であろう(5)。

これと関連して、公安委員会による禁止命令の濫用可能性の危険も指摘されている。すなわち、DV防止法の保護命令は裁判所が出すのに対し、ストーカー規制法の禁止命令は、警察行政と密接に関わる公安委員会が出すため、行政権力の濫用になりかねないという指摘である。憲法学者の長谷部恭男は、二〇〇〇年のストーカー規制法の成立直前に『朝日新聞』の論壇に投稿して、次のように述べた。「ここで問題となっているのは、一般私人の行動の自由を束縛するには、行政機関とは独立した裁判所の判断をまず仰ぐべきだという近代国家に共通する法原則の意味を、政治家やマスメディアをはじめ、日本社会の人々がどこまで理解しているかである」[6]。

予防の倫理学の観点から

法学者の葛野尋之は、ＤＶ防止法の裁判所による保護命令や、ストーカー規制法の公安委員会による禁止命令、およびそれらに違反した場合の刑事罰の組み合わせについて、「イギリスにおける民事的規制と刑事的規制とを結合させた規制方式についての呼称」に倣って「ハイブリッド型規制」と呼んでいる[7]。葛野によれば、このようなハイブリッド型規制は、犯罪を事後的ではなく事前に予防するために日本でも徐々に用いられるようになっている。つきまとい等の社会的迷惑行為が深刻な犯罪を生み出す前に対応しようとするこうしたハイブリッド型規制は、犯罪予防に大いに資すると考えられる。

だが、葛野が指摘するように、ストーカー規制法が用いている公安委員会による行政命令では、司法におけるような適正手続きが保障されないため、個人の権利が十分に尊重されない可能性がある。前述の長谷部の指摘は、犯罪予防の試みが権力濫用をもたらしてはならないという指摘であったのに対し、葛野の指摘は、犯罪予防が加害者とされる者の人権侵害につながってはならないという指摘だと言えよう。ストーカー被害者の訴えに迅速に対応することは重要であるが、権力の濫用や人権の侵害が生じない制度を作ることもまた重要である。

また、ストーカー規制法は警察業務の肥大化をもたらしうる点も指摘できる。年間二万件を超えるストーカー事案の相談件数がある中で、警察はその一件一件についてどこまで対応すれば合理的な努力をしたと言えるだろうか。先の桶川事件でも警察の怠慢が問題視され国家賠償責任訴訟が起こされたように、犯罪予防が重視されるようになると、犯罪を予防できなかった場合における責任が問題になりうる。予防責任の基準について、さらなる議論が必要であろう。

それと関連して、犯罪予測の問題もある。児童虐待と同様、ストーカー対策においても「危険性判断チェック票」が今日用いられるようになっている。これは、ストーカー事案の相談に来た者が加害者と被害者の性格や行動の特徴についての質問に答えることで、加害者の危険度を四段階で測定するものだ。このようなチェック票を用いることで、危険度が高いと判定された事案への対処を優先すれば、警察業務の肥大化が一定程度に抑えられる可能性もある。だが、予測が外れて優先度の低い事案で重大犯罪が起きた場合の責任はどうなるのか、といった問題もありうるであろう。

最後に、犯罪予防のためには、つきまとい等の行為をする者に警告や禁止命令を出すだけではなく、教育やカウンセリングなどを提供することも必要である。静岡県警の調査では、ストーカー規制法の禁止命令や警告を受けた加害者の四分の一が「自分がストーカー行為をしているとは思っていない」と考えていた(8)。また、警察庁の調べでは、全国の警察でストーカー加害者に治療やカウンセリングを勧めたところ、受診したのは四分の一で、治療は必要ないなどの理由から六割超が拒否したという(9)。ストーカー規制法でも調査研究の推進や知識の普及および啓発などが謳われているが、ストーカー行為の予防に向けて、様々な手法を検討するべきであろう。

注

（1）　より詳しくはストーカー規制法および「ストーカー行為等の規制等に関する法律等の解釈及び運用上の留意事項について」（二〇一七年五月二六日付警察庁通達）を参照のこと。

（2）　さらに、二〇二一年の法改正により、GPS機器を用いて相手の位置情報を無断で取得したりGPS機器を相手に無断で取り付けるなどの行為も規制の対象となった。詳しくは以下のサイトを参照のこと。警察庁「ストーカー規制法が改正されました！」（https://www.npa.go.jp/bureau/safetylife/stalker/R03kaisei/index.html　二〇二二年九月六日最終アクセス）。

（3）　二〇二一年は警告が二〇五五件、禁止命令等が一六七一件で約三七〇〇件となっている。詳しくは警察庁「ストーカー・DV等」を参照（https://www.npa.go.jp/publications/statistics/safetylife/dv.html　二〇二二年九月六日最終アクセス）。

（4）　二〇二一年ではストーカー規制法違反は九三七件で、うちストーカー行為罪が八一二件、禁止命令等違反が一二五件。被害者の性別については、一二・四％が男性となっている。警察庁「ストーカー・DV等」を参照。

（5）　岡田久美子「ストーカー行為等規制法」『法学セミナー』第四五巻第一〇号、二〇〇〇年、六一～六三頁、を参照した。

（6）　長谷部恭男「ストーカー規制論議は冷静に」『朝日新聞』二〇〇〇年五月一六日朝刊。

（7）　葛野尋之「社会的迷惑行為のハイブリッド型規制と適正手続」『立命館法学』第五・六号、二〇〇九年。

（8）「ストーカー　四人に一人自覚なし　加害者心理を初調査」『朝日新聞』二〇一八年一月二六日朝刊。

（9）「ストーカー加害者　六割超が治療拒否」『朝日新聞』二〇一七年三月四日夕刊。その後もストーカー加害者に治療を促す動きが全国的に盛んになっているが、実際に受診するのは一～二割程度に留まっているとされる。「ストーカー加害者へ、治療促す動き　警察・医療機関・ＮＰＯ連携、費用負担の例も」『朝日新聞』二〇二一年一〇月九日朝刊。

5 被害者の自己責任

予防医学における一次予防とは、病気にならないよう健康増進などの活動を行うことを指す。これは、病気を早期に発見して治療しようとする二次予防や、治療後のリハビリなどによる再発防止を目指す三次予防と対比されるものだ。今日、この一次予防の発想は、医療・公衆衛生分野だけでなく、犯罪予防の文脈においても用いられている。

一次予防と自己責任

だが、犯罪や疾病を未然に防ぐという一次予防の発想には、その努力を怠った結果として犯罪被害に遭った場合や、病気に罹った場合に責任を問うべきかという問題が付きまとう。この場合の責任の主体には、個々人だけでなく、保護者や国・地方自治体などもありうるが、とりわけ議論になるのは犯罪や病気の「被害」を受けた本人の責任である。これは今日、「自己責任」という言葉でしばしば問題になるものだ。そこで、犯罪や病気の被害者の自己責任について、いくつかの事例を取り上げながら考えることにしよう。

自己責任に関する言説

まず、いくつかの事例を見ることで、この問題の射程を確認しよう。

(1)病気の自己責任。二〇一三年、麻生太郎副総理兼財務相（当時）は、都内で開かれた会合で、医療費負担について「（生まれつき体が弱いとか、けがをしたとかは別として）食いたいだけ食って、飲みたいだけ飲んで、糖尿病になって病院に入っているやつの医療費はおれたちが払っている。公平ではない」と述べた。そして、医療費抑制策として、病院に通わず医療費がかからなかった高齢者に対して一〇万円を給付することで、医療費が下がるというアイディアを示した。[1]麻生の考え方を要約すると、健康に関して各人が責任感を持つように、予防の努力をした人には報奨を与え、予防の努力を怠った人には何らかのペナルティを与えることが公平であり、医療費抑制にもつながるということだろう。

また、二〇一六年九月には、元フジテレビアナウンサーの長谷川豊が、自身のブログにおいて、日本の健康保険制度および年金制度の現状を憂慮するという文脈で、人工透析患者に批判的に言及して問題になった。長谷川によれば、透析患者の多くは、医師からの注意を無視して自堕落な生活を送り続けた結果、透析を受けざるをえなくなった自業自得な患者であるため、全員実費負担にして、「無理だと泣くならそのまま殺」すのが適切である。[2]つまり、少なくとも一部の透析患者については、透析が必要になった責任は本人にあるため、医療費を全額自分で支払うことで自分の不注意の責任を取らせよ、という考えだと言える。

より最近の話題として、昨今の新型コロナウイルス感染症（COVID‐19）の罹患者に対する自己責任論が問題になっている。ある国際比較調査では、「感染する人は自業自得だと思うか」という問いに対して、肯定的な回答をしたのは、米国一％、英国一・四九％、イタリア二・五一％、中国四・八％だったのに対し、日本は一一・五％で最も高かった。反対に、「全く思わない」と答えた人は、他の四カ国は六〇～七〇％台だったが、日本は二九・二五％だったという[3]。研究を行った大阪大学の三浦麻子は、日本では犯罪の被害者が責められることも多く、こうした意識が感染者の非難や差別にもつながると指摘している[4]。

(2)性被害の自己責任。性暴力の被害者に対して、警察や家族・友人といった周囲の者が心ない言動を行うことで被害者がさらに傷つくことを「セカンドレイプ（二次被害）」と呼ぶ。このような言動の中には、「親の言うことを聞かないからこういうことになるんだ」とか「なぜ大声を上げて逃げなかったのか」といった被害者を責める発言が含まれる[5]。こうした被害者の気持ちを配慮しない言動に問題があることは論を俟たないが、それではなぜ被害者の責任を問う声が後を絶たないのだろうか。

被害者責任と公正世界仮説

「なぜ我々は被害者を責めるのか」という問いについて、社会心理学では、「公正世界仮説（just world hypothesis）」という興味深い理論がある。これは、「世界は正義にかなっているため、善い人には良いことが、悪い人には悪いことが起きる」という信念（公正世界信念と呼ばれる）を我々は大なり小なり持っており、被害者を責めるという行為は、この信念を守るための一種の防衛機制だという仮説だ。たとえば、ある女性が性的暴行を受けて死亡したというニュースを見た場合に、我々はその一見して理不尽な現象を説明するために、「その女性にも何か落ち度があったに違いない」と考えるかもしれない。そうすることで、悪いことをしていない自分には同じ災難は降りかからないはずだと考えて安心感を得ようとする。つまり、事件によってぐらついた公正世界信念を保持するために、被害者にも落ち度があったのだと帰責を行うということである[6]。

被害者に責任（の一端）を負わせようとする我々の心理についてのこのような説明は興味深い。地震などの天災による被災についても、震災は天罰だという意見が出ることがあるが、これも公正世界仮説の観点から解釈可能と思われる。だが、倫理学的には、このような心理的バイアスに留意しつつも、病気や犯罪の被害者について、本当に責任はないのか、もしないとしたらそれはなぜなのか、と問う必要がある。

自己責任と批判可能性

ここで、英国の倫理学者のブラウンらの「健康の道徳的責任化に抗して——自愛的責任と健康増進」[7]という論文を取り上げよう。ブラウンらによれば、自らの健康に対する責任には、他人のために健康であり続ける道徳的責任（moral responsibility）と、自分自身のために健康であり続ける自愛的責任（prudential responsibility）の二種類がある。そして、自分の健康に対する道徳的責任を問うことは基本的に難しいとしている。先に挙げた例を用いると、麻生のように糖尿病患者の責任を問題にするならば、他にも多くのリスキーな健康行動についても責任を問う必要が生じるだろう。たとえば糖尿病は相撲の力士の職業病とも言われるが、一般にスポーツ選手には怪我や病気が付きものであるため、スポーツを行う人々の責任も問題になりうるだろう。そこでブラウンらは、健康の道徳的責任は、罰則を伴うような健康増進政策を実施する強い根拠にはならないとしている。

その一方で、自分の健康に対する自愛的責任については、各人は自分の幸福追求の手段として健康であることが必要である限りで、健康を維持増進する理由を持つとしている。ただし、政府が健康を維持するよう各人の自愛的責任に訴える働きかけをすることは認められるが、道徳的責任と異なり、この責任を果たさないこと（たとえば健康になりたいと考えているのに禁煙をしないなど）は、他者からの道徳的批判にさらされるものではなく、せいぜい自己批判を正当化するだけだとされる。

ブラウンらの道徳的責任と自愛的責任の区別は、健康の問題だけでなく、犯罪被害に関する自己責任論の文脈にも当てはまる重要なものと言える。とはいえ、自愛的責任に関するブラウンらの説明はいささか不足気味である。とりわけ、なぜ自愛的責任の場合は、自己批判は認められても、他者からの批判は許されないのかが十分に説明されていない。

病気や犯罪の被害は、多くの場合、自分の行為が悪い結果をもたらすことを予見できないか、または予見できたとしても回避できないため、被害者に責任はないと言えそうである。しかし、場合によっては明らかに責任があると思われる場合もある。たとえば、真偽は定かでないが、米国では新型コロナウイルスに意図的に感染するためのパーティーが若者の間で開催されているという報道があった(8)。このようなパーティーに出席して感染した人がいた場合、仮にその人がそれ以上他の人に感染させないとしても、我々は自愛の思慮の足りない無責任な行動だとして批判するのではないだろうか。

また、我々は一般に、防犯や健康に適度に気を使っている人を自愛の思慮がある人として褒めるだろう。しかし、ある人が自愛的責任を果たさなかった場合に、他者がその人を批判することが許されないとすると、逆に、責任を果たした場合に他人が賞讃することも許されないことにならないだろうか。仮にここに非対称性があるとすると、それがなぜなのかを説明できる必要があるだろう。

筆者の考えでは、犯罪被害者や病気になった人を批判しない理由は、主に次の二つである。一つは、先ほど述べたように、多くの場合、ある程度の注意をしていても傷病や犯罪の被害に遭うことは避けられないと考えられるため、本人に責任はなく、したがって本人を批判するのは不適切である。もう一つは、感染症パーティーのように、明らかに本人に責任があると考えられる場合もあるが、こうした場合でも、本人はすでに悪い結果による被害を被っているため、その人をさらに責めたり罰則を与えたりしても、本人にとっても周囲の人にとっても利益にならないからである。逆に、そのように責めることは、すでに被害を被っている本人を「罰しすぎる」ことになるため、本人にとっても社会にとっても望ましくない場合がほとんどであろう。

責任という概念は複雑であり、さらなる考察が必要だが、健康増進や犯罪被害に関する自己責任について、責任の有無を論じるよりも、すでに不利益を被っている被害者に対してどのように対応するのが望ましいのか、また今後さらなる被害者を増やさないために社会にとって必要なことは何か、という視点から検討することが重要だと言える。

注

（1）「医療費で麻生氏　「暴飲暴食の負担　不公平」」『京都新聞』二〇一三年四月二五日朝刊。

（2）「長谷川豊氏、「人工透析」ブログの「真意」語る　全人協の謝罪要求は「断固拒否」」J－CASTニュース二〇一六年九月二五日（https://www.j-cast.com/2016/09/25278891.html?p=all　二〇二一年九月六日最終アクセス）。

（3）「「コロナ感染は本人が悪い」日本は一一%、米英の一〇倍……阪大教授など調査」読売新聞オンライン二〇二〇年六月二九日（https://www.yomiuri.co.jp/national/20200629-OYT1T50107/　二〇二二年九月六日最終アクセス）。

（4）同前。

（5）読売新聞大阪本社社会部『性犯罪報道』中公文庫、二〇一三年、四一頁。

（6）以上、山田一成他編著『よくわかる社会心理学』ミネルヴァ書房、二〇〇七年、一四～一七頁を参照した。

（7）Brown, Rebecca C.H, Hannah Maslen, and Julian Savulescu. 2019, 'Against Moral Responsibilisation of Health: Prudential Responsibility and Health Promotion,' *Public Health Ethics*, 12(2), 2019, 114-129.

（8）'Officials: Students in Alabama Threw COVID Contest Parties,' *U.S. News*, 2 July, 2020 (https://www.usnews.com/news/best-states/alabama/articles/2020-07-02/officials-students-in-alabama-threw-covid-contest-parties　二〇二二年九月六日最終アクセス). こうしたニュースの信憑性を批判する声もある。「ウイルスに挑む〝コロナパーティー〟は、本当に存在したのか？　怪しい情報が拡散したメカニズムとメディアの責任」WIRED.jp, 二〇二〇年七月一七日（https://wired.jp/2020/07/17/the-latest-covid-party-story-gets-a-twist/　二〇二二年九月六日最終アクセス）。ただし、その後により症状が軽いとされるオミクロン変異株が登場し、このようなパーティーが開かれる懸念が高まることもあった。'Hosting a COVID party for your kids? It's still a bad idea,' *Los Angeles Times*, 7 January, 2022 (https://www.latimes.com/science/story/2022-01-07/covid-party-for-your-kids-still-a-bad-idea　二〇二二年九月六日最終アクセス).

6 性犯罪予防

刑法上の性犯罪としては、長らく強姦罪とわいせつ罪が知られていたが、二〇一七年の刑法改正により、一九〇七年の刑法制定以来初の大規模改正がなされた。

性犯罪と刑法改正

その要点は以下の通りである。まず、強姦罪は強制性交等罪と名称が変更され、性交に加え口腔性交および肛門性交も対象となり、男性も被害者になりうることが認められた。また、一八歳未満の者を現に監護する者によるわいせつ行為や性交等を処罰する監護者わいせつ罪・監護者性交等罪が新設された。さらに、これらの性犯罪は被害者の告訴がなくても検察が起訴できるようになった(非親告罪化)。最後に、強制性交等罪の法定刑の下限も従来の懲役三年から懲役五年に引き上げられた(厳罰化)。

本節では、この改正の詳細や経緯について詳しく見ることはせずに、性犯罪予防に関する今日の取り組みに関して、予防の倫理学の観点からの検討を加えたい。

性犯罪の現状

まず、性犯罪の現状について確認する。令和元(二〇一九)年版の法務省の『犯罪白書』によれば、一九八九年以降の強制性交等の認知件数、検挙件数および検挙率の推移は図1の通りである[1]。認知件数(警察が被害届や告訴・告発を正式に受理した件数。相談件数ではない)

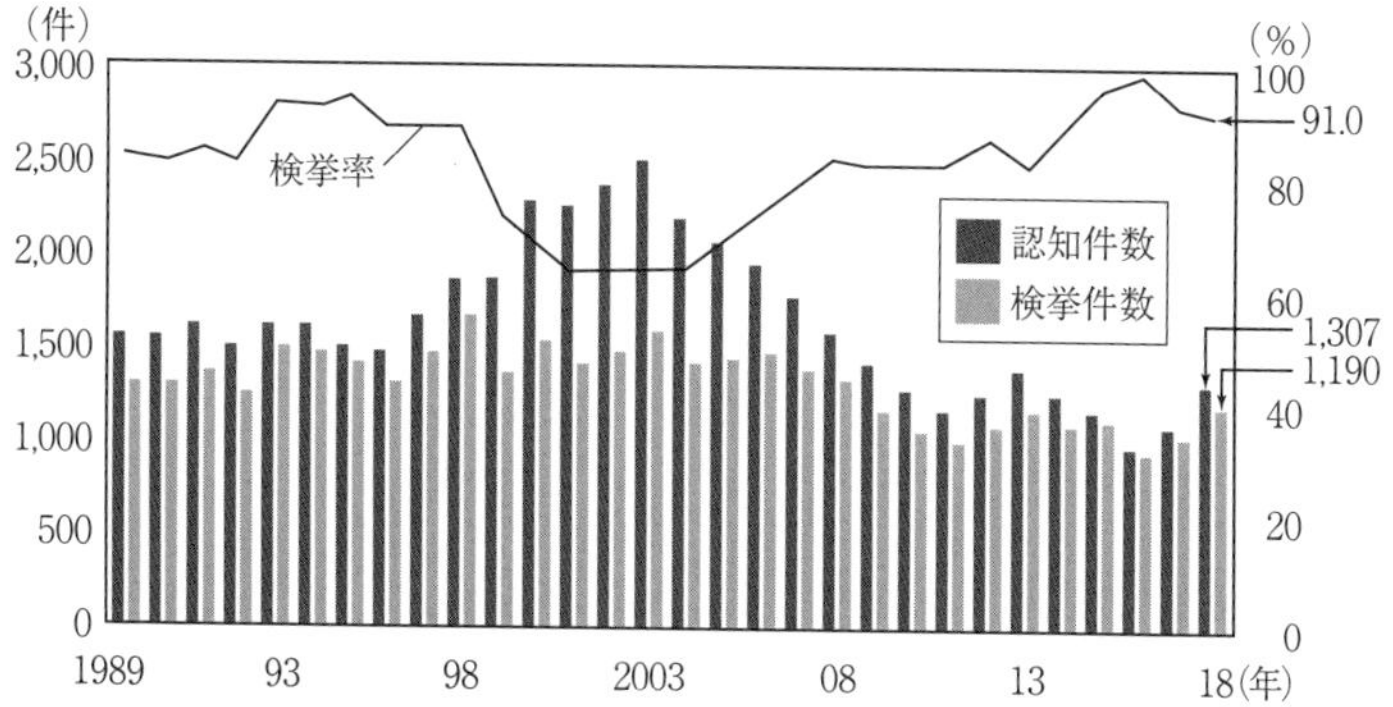

図1　強制性交等 認知件数・検挙件数・検挙率の推移（1989年～2018年）

（注）1．警察庁の統計による。

2．「強制性交等」は，2016年以前は平成29年法律第72号による刑法改正前の強姦をいい，2017年以降は強制性交等および同改正前の強姦をいう。

（出所）法務省『犯罪白書』（令和元年版）。

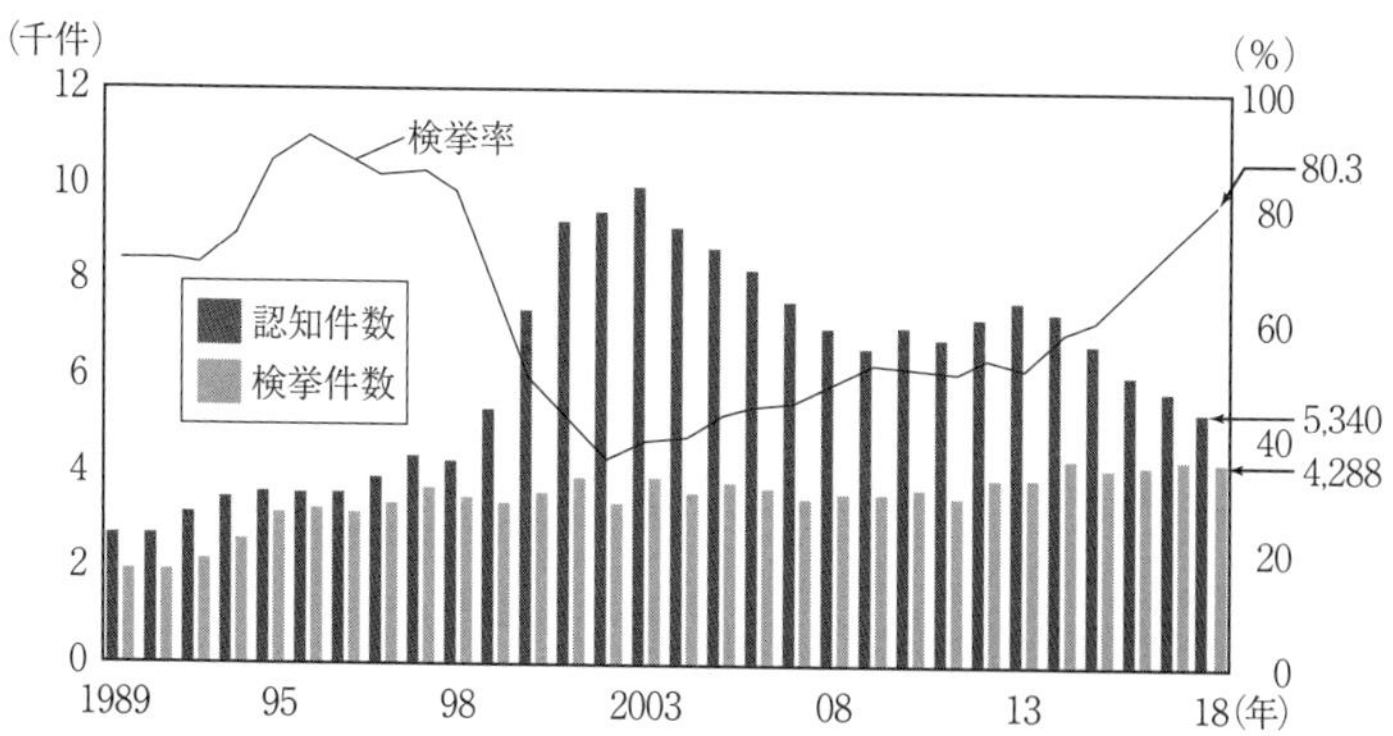

図2　強制わいせつ 認知件数・検挙件数・検挙率の推移（1989年～2018年）

（注）警察庁の統計による。

（出所）法務省『犯罪白書』（令和元年版）。

と検挙件数は二〇〇三年にピークを迎えたのちに減少傾向にあったが、他の犯罪に比べると減少傾向が緩やかであり、二〇一七年の法改正以降は犯罪の対象が拡大したこともあり増加している。強制わいせつについても同じような傾向を示している（図2）。なお、この法改正により、口腔性交および肛門性交が強制性交等の対象となったことから、強制わいせつについては犯罪の対象がその分縮小している点にも留意する必要がある（ただし、監護者わいせつが新設されたので一部拡大している）。

また、性犯罪の被害者と被疑者の関係については、近年、検挙件数に占める親族や面識のある者による犯罪割合が増えている。この傾向はとくに強制性交等罪において顕著となっている。[(2)] 詳しい分析はまだ目にしていないが、非親告罪化により、被害者本人による告訴が不要になったことが影響している可能性も考えられるだろう。

なお、本節ではいわゆる痴漢については扱わないが、痴漢に関する犯罪統計上の問題などは牧野雅子『痴漢とはなにか』（エトセトラブックス、二〇一九年）に詳しい。

性犯罪の対策について——潜在的被害者への働きかけ

次に、性犯罪予防の取り組みについて予防の倫理学の観点から検討を行う。本章1節で、状況的犯罪予防の一種として、コーエンらの日常活動理論を紹介した。その理論によれば、犯罪者の存在と、犯罪対象の存在、および犯罪対象の守り手の不在がある一時点で生じることにより、暴行や窃盗などの犯罪が起こる可能性が高まる。したがって、この三つの要素が同時に現出するのを避けることで犯罪機会を減らすことができる。

そこで以下では、日常活動理論の発想の中心にある、潜在的被害者、潜在的加害者、および犯罪が起こる場所という三つの要素のそれぞれへの働きかけを区別して考えることにする。

最初に、性犯罪の予防目的での潜在的被害者への働きかけについて考えてみよう。主に女性である潜在的被害者に対して予防の働きかけを行うことは、前節で取り上げた被害者の自己責任論と結び付けられやすい。

たとえば、二〇二〇年二月に福岡県警の警官らがＪＲ博多駅前でチラシやティッシュなどを配り、「暗い夜道は避け、防犯ブザーを持ち歩くことや一人で歩く際に注意すること、就寝時に玄関や窓の鍵をかけることなど」を女性や子どもらに呼びかけた。これがニュースで報道されたところ、ネット上に「女性に自衛の努力を強いるのか」とか「女性に落ち度があるかのよう」といったコメントが相次いだという。また、その一方で、「被害者側でも予防できることがあるのではという啓発に何の問題が?」「一人でも自衛する人が増えて、被害に遭わないようになれば良いこと」などの感想も出たという。(3) このような反応についてどのように考えるべきだろうか。

前節でも論じたように、筆者の考えでは、被害に遭わないように対策を取ることを潜在的被害者に対して推奨したからといって、対策を取らずに被害者を非難したり責任を問うたりする必要があるとか、そうした方がよいということにはならない。たとえ対策を取らなかったことと被害に遭ったこととの間に明らかな因果関係があるとしても、当人が悪い結果をすでに被っているのであれば、さらに他人が非難して傷口に塩を塗り込むことに良い効果があるとは思われないからだ。

また、「暗い夜道は避け、防犯ブザーを持ち歩くことや一人で歩く際に注意すること、就寝時に玄関や窓の鍵をかけることなど」を潜在的被害者に呼びかけることとは、女性であれば問題になるが、たとえば子どもに対しては問題にならないのはなぜだろうか。一例を挙げると、新潟市の小学二年の女児が近所の男性に殺害された事件を受けて、『京都新聞』の社説では、警察庁がホームページで人気漫画「名探偵コナン」を使って事件を防ぐ合言葉「つみきおに」（ついていかない、みんなといっしょ、きちんと知らせる、おおごえで助けを呼ぶ、にげる）という言葉を紹介している。[4] 他にも、「いかのおすし」（いかない、車にのらない、おおきなこえをだす、すぐにげる、しらせる）というのもよく知られている。だが、こうした教育や、保護者や住民による見守り活動が「子どもや保護者に自衛の努力を強いるのか」などと非難されることはない。

ここから考えられるのは、潜在的被害者への働きかけが含む倫理的問題は、自己責任の問題だけではないということだ。すなわち、ここには、防犯のために女性だけが過剰な負担を強いられるのは不公平だ、という公平性の問題が伏在していると考えられる。

自由と公平の問題

まず極端な例を考えてみよう。たとえば以前、学生の多い京都では性犯罪被害の一七％が女子大学生であり、全国平均を六％ほど上回っているという調査があった。[5] そこでもし京都府警が、「性犯罪に遭わないために、京都で女子大学生になるのをやめましょう」という勧告を出したとすると、人々はどう思うだろうか。おそらく、そのような勧告は、犯罪予防のためとはいえ、女性の自由の大幅な制約を容認するものであり不当だと批判されるだろう。

同様に、夜間の女性の一人歩きが危ないからという理由でタクシーの利用を推奨したり、あるいは女性の歩きスマホやイヤホンは犯罪被害に遭いやすいという理由からそれらの使用を避けることを推奨したりすることは、女性に過度の金銭的負担や行動の自由の制約を強いることになりうる。また、多くの男性が負わなくてよい負担を女性だけが負うことになるため、不公平とも考えられる。

このような観点からすれば、夜間に帰宅する学生のタクシー代を割引するなどの試みは、こうした過度の負担を軽減するのに役立つと思われる。(6) また、歩きスマホやイヤホンの利用についても、その利用の制限を最小限にすることが望ましい。たとえば京都府警は、イヤホンをしていたために帰宅時に背後から人が室内に入り込んだことに気付かなかったという事例を挙げて、夜間外出時にイヤホンを使わないことを勧めている。(7) だが、たとえば自宅に戻る直前など危険が高い時点だけイヤホンを外すよう勧奨することで、自由の制限を最小限にできるだろう。

さらに、男女の公平性という観点からは、夜間に飲酒したり繁華街に出かけたりすることは、男性にとっても暴力的事案の被害に遭うハイリスクな行動であることを踏まえ、女性だけに「行動の範囲や時間帯を狭めるような推奨」をすることは避け、男性に対しても同様な推奨を行うことで、防犯行動に関する男女間の不公平という問題を緩和することができるだろう。(8) また、たとえば京都府警や愛知県警などが行っているように、学校で実施される性犯罪防止のプログラムを、女子だけでなく男子も受けられるようにすることも望ましいと言える。(9) こうしたプログラムは、男子に教育をすると、痴漢や性犯罪を見て見ぬふりをしないことに役立つという名目で行われているとのことだが、もっぱら潜在的な被害者である女子だけが追加の授業を受けなければならないという不公平さを軽減するのにも役立つと考えられる。

このように、予防に伴う自由の制限は必要最小限であることが望ましく、しかも、公平であることが求められる。

エックの日常活動の三角形

上で見たように、犯罪予防に関する日常活動理論では、犯罪の機会が生まれるのは、日常生活において、加害者、犯罪対象（被害者）、守り手の不在という三つの要素がある一時点（正確には時空間のある一点）で生じる場合である。つまり、これらの要素が揃うことが、窃盗や性犯罪といった犯罪の必要条件になる。

また、日常活動理論を踏まえて展開されているエックの「犯罪の三角形」によれば、犯罪が生じるためには、①加害者、②犯罪対象（被害者）、③犯罪が行われる場所の三つの要素が揃っていなければならない。加えて、日常活動理論の元々の定式化にあった「守り手の不在」に関しては、潜在的加害者、潜在的被害者、犯罪が行われる潜在的な場所のそれぞれに対して予防的影響を及ぼす守り手が考えられるという（図3）。そこで、いかにしてこの犯罪の三角形を完成させないようにするかが、犯罪予防の目的

図3　エックの犯罪の三角形

（出所）Lab, S. P., *Crime Prevention: Approaches, Practices, and Evaluations*, 10th ed., London, 2019, p. 94 より筆者作成。

表1　性犯罪予防のマトリクス

予防のレベル／対象	一次予防	二次予防	三次予防
加害者	発達的予防 一般予防	発達的予防 ヘルプライン	特殊予防 治療・リスク管理対応
被害者	防衛行動プログラム 責任ある傍観者プログラム	脆弱な子どもの囲い込み 脆弱な若者のリスク認知教育	ハーム・リダクション 再被害予防
場　所	親の教育 「子どもにとって安全な」組織デザイン	高リスクな場所への状況的介入 高リスクな家族の自宅における安全対策	既知のインターネット犯罪者のPCの監視 既知の性犯罪者の状況的リスク管理

（出所）Smallbone, S., and Rayment-McHugh, S., 'Sexual Crimes,' in N. Tilley & A. Sidebottom (eds.), *Handbook of Crime Prevention and Community Safety*, Routledge, 2017, p. 446より筆者作成。

となる。

ここまで、このような枠組みを参考にして、潜在的被害者に関する取り組みについて、予防の倫理学の観点から検討を行ってきた。次に性犯罪の潜在的加害者および場所への働きかけについて、同様の観点から検討を加える。

性犯罪予防のマトリクス　スモールボーンとレイモン＝マクヒューは、多様な性犯罪対策を整理して論じるために、エックの犯罪の三角形と予防の三段階の議論とを組み合わせて、表1のような分類を提案している。以下では、加害者および場所に関する取り組みの部分を中心に彼らの記述を紹介しよう(10)。

まず、加害者の一次予防と二次予防にある発達的予防とは、主に青少年に対する教育的介入のことを指す。一次予防の場合は青少年一般に対するアプローチ（いわゆるポピュレーションアプローチ）であり、二次予防の場合は、家族問題を抱えていたりするなどして、性犯罪を含む犯罪行動をするリスクの高いグループに対するアプローチ（いわゆるハイリスクアプローチ）である。また、一般予防は、性犯罪者の逮捕や有罪判決などを公表することにより、潜在的加害者の主観的なリスクを高めることによってなされる。

次に、二次予防のヘルプラインとは、性犯罪の潜在的加害者やその家族に対する情報提供や指導を行うものである。スモールボーンらによると、英国やオランダなどでは、児童への性犯罪に関するヘルプラインに電話連絡してくる者の約半数は自分自身の性的行動に不安を持つ者だとされる。

三次予防に目を移すと、特殊予防とは、一般に加害者は逮捕され起訴されることによって再犯を思い留まる効果が当人自身に生じるということである。また、繰り返し性犯罪を行う犯罪者に対しては、認知行動療法や性欲を抑える抗男性ホルモン薬を用いた治療の実施や、犯罪者の氏名公表や住居・職業の制限といったリスク管理がありうる。

続いて、犯罪が起こる場所への働きかけとして、子どもへの性的虐待の守り手になる親への教育や自宅訪問などが、一次予防、およびハイリスク群への二次予防として挙げられる。また、雇用時のスクリーニングや性犯罪対策に関するスタッフ教育なども一次予防の例になっている。さらに、近年のインターネットを通じた性犯罪の発生を受けて、児童ポルノなどの性犯罪を助長するサイトやキーワードのフィルタリング、インターネット使用のリスクについての教育などが一次予防と二次予防の例として挙げられている。その他に、公共空間における性犯罪のホットスポットに対する監視カメラの設置および照明の増加などによる対策や、学校や職場などにおいてスタッフの監視を容易にするようなレイアウト、また自宅における部屋のレイアウト変更やトイレ・風呂のロック設置といったように、物理的な環境デザインの変更による対策も示されている。

三次予防としては、インターネットを通じて性犯罪を行った者に対するPC利用の監視や、再犯の可能性のある性犯罪者に対する状況的リスク管理が挙げられている。

このスモールボーンらのマトリクスについては、最後に挙げた「再犯の可能性のある性犯罪者の状況的リスク管理」は加害者の項目にあってもよいのではないかなど、分類に若干疑問がある。また、本来は状況的犯罪予防（本章1節参照）の一種である日常活動理論に発達的犯罪予防の要素を持ち込んでいるため、理論的な一貫性についても検討の余地があると思われる。とはいえ、本人らも示唆しているように、性犯罪の総合的な対策を考える上では有用なものであろう。

予防の倫理学の観点からの検討

次に、日本国内での近年の動向も踏まえて、主に性犯罪の加害者対策に伴う倫理的問題を考察したい。

日本でも、性犯罪で有罪になった者は、受刑中の処遇プログラムの一環として、認知行動療法などの治療を受ける場合がある。これは、性犯罪の前科のある男性が二〇〇四年に奈良県で起こした女児誘拐事件をきっかけに、法務省が二〇〇六年に導入を始めたものだ（ただし薬物投与は行われていない）。しかし、二〇一六年の福岡県での小五女児殺害事件や、二〇一八年の岡山県での小三女児殺害事件など、処遇プログラムを受講後に出所した男性が再犯に及んだ事件が報道されると、プログラムの有効性を疑問視する声も出された[11]。

だが、このような個別の事例だけを見ていては全体像を見失う可能性がある。法務省はこうした処遇プログラムの効果の測定を行っており、最近の調査では、受講した受刑者の出所後三年間における性犯罪の再犯率は一五・〇％であり、受講しなかった者の場合の二二・五％に比べて七・五％低かったという[12]。この結果を見ると、処遇プログラムに一定の有効性はあると考えられるが、再犯率が一五％というのは、まだかなり高いと考える読者も多いだろう。近年、性犯罪者に対するさらなる規制の要求が強まっているのも、こうした再犯率の高さが問題になっているからだと思われる。

大阪府や福岡県では、一八歳未満の者への性犯罪で服役した元受刑者に対して、知事に住所届出を義務付ける条例を制定している。これにより知事は、元受刑者に対して再犯防止の指導プログラムや治療を受けるよう勧めることができる。ただし、二〇一二年に全国に先駆けてそのような条例（子どもを性犯罪から守る条例）を策定した大阪府でも、届出をしなかった場合に罰則があるものの（五万円以下の過料）、届出率は六割ぐらいと考えられており、またそのうち支援を受けた者は四割程度だと見られている[13]。このようにその実効性が問題になるだけでなく、条例にも「社会復帰支援を行うに当たっては、社会復帰支援対象者の意に反して、その家族、近隣住民その他の関係者にその事情を知られないよう十分配慮しなければならない」（第一三条第二項）とあるように、刑期を終えて届出をした者の個人情報をどのように利用するかについて、元受刑者に対する差別防止やプライバシーの観点から慎重な対応が必要だろう。仮釈放中および執行猶予中の性犯罪者に対するＧＰＳ装着義務化の検討も行

われているが、同様の議論が当てはまると考えられる。(14)

さらに近年、教員やベビーシッターによるわいせつ行為が社会的な問題になり、犯罪歴や懲戒処分歴のデータベース整備の必要性が言われるようになっている。しかし、この場合の情報共有の目的は、社会復帰支援ではなく、犯罪歴のある者の雇用を見合わせるということになり、犯罪を行った者に対する職業選択の自由を大きく制限するものとなる。また、わいせつ行為などで教員が懲戒免職になった場合でも、教員免許法では三年後には都道府県教務委員会に申請することで再取得が可能である(保育士は二年後)ことから、再交付の禁止を求める保護者らの声もある。(15)だが、未成年に対する性犯罪者の再犯率が高いとしても、それを理由に一律に就業を認めないのは、個人の自由の制約としては相当大きいだけでなく、刑期を終えた性犯罪者に対する偏見を助長するという問題もあると思われる。「魂の殺人」と言われる性犯罪に対しては、十分な対策が行われる必要がある。だが、予防の倫理学の観点からすると、個人の自由の制約は必要最小限であることが望ましく、また、仮に性犯罪の前歴がある人にこうした就業の制約が課されるのであれば、一貫性の観点からは、殺人や他の犯罪についても同様に対応する必要が生じる可能性があるだろう。

性犯罪予防という目的の正しさについて異論の余地はないが、それを達成するための手段については、その有効性と倫理性の双方からの評価が不可欠である。スモールボーンらのマトリクスも参考にしながら、より自由の制約が小さく、かつ一貫性のある対策を考える必要があると言える。

犯罪予防と犯罪予測

一般に、予防活動の費用対効果を高めるには、正確な予測が必要である。いつどこで悪いことが起こるかわからなければ、予防のために相当な労力を注がなければならなくなる。犯罪予防についてもこれが当てはまる。犯罪がいつどこで起こるかが正確に予測できれば、より効果的な犯罪対策を実行できるだろう。現在、このような観点から、犯罪予測の技術が進みつつある。

ここまでの議論を小括すると、犯罪予防に関する日常活動理論では、加害者、犯罪対象（被害者）、守り手の不在という三要素が一時点に揃うことで犯罪の生じる可能性が高まる。そこで、三要素の集合を回避することが重要になる。ここまで性犯罪について、主に被害者対策と加害者対策の側面の論理性を検討してきた。最後に、主に犯罪予測に基づく予防という観点から、場所への働きかけについて詳しく見ることにしたい。

犯罪のホットスポットと犯罪発生マップ

「犯罪のホットスポットを特定して、そこに守り手を置く」というのが、犯罪予防における場所への働きかけの主要な考え方である。ホットスポット（犯罪多発地区）とは、「犯罪の発生が非常に頻繁で、少なくとも一年間についてかなり予測可能な狭い場所」などと定義される(16)。環境地理学者の中谷友樹によれば、性犯罪については、ホットスポットの存在と、近接反復被害（一度犯罪が起きると、その近辺で再度犯罪が生じるリスクが高まること）の傾向が明瞭である。そこで、性犯罪の「多発時間帯・多発地区」に着目して対策を取るとともに、性犯罪が発生した場合には、近接反復を前提として、とくに発生地区周辺一キロメートル圏内まで警戒する

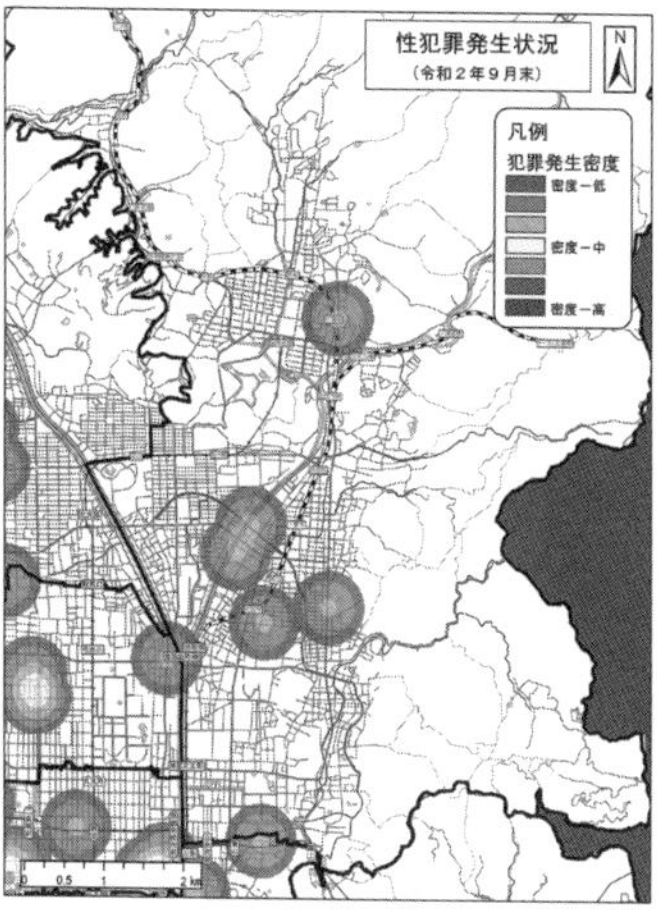

図４　左京区の犯罪発生マップ（性犯罪等）

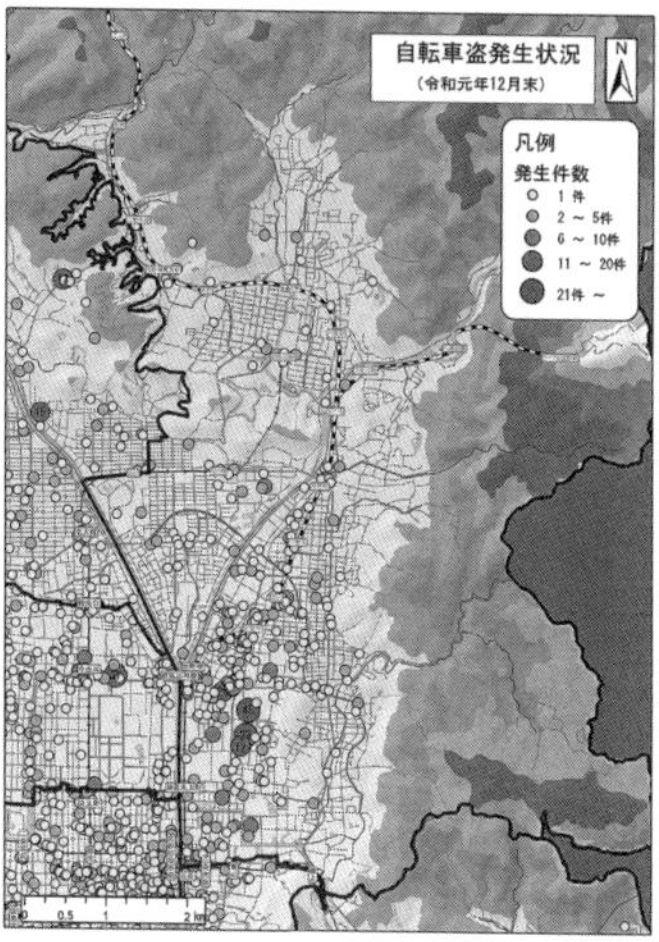

図５　左京区の犯罪発生マップ（自転車盗）

図６　交通事故発生マップ（左京区）

（出所）図４～６とも京都府警察ホームページ。

という対策を長期にわたって行うことが重要だとしている。[17]

このような性犯罪のホットスポットを特定するのに役立つのが、犯罪発生マップである。犯罪発生マップとは、警察庁や都道府県警察が有する犯罪情報を用いて、過去に犯罪事件が発生したスポットを地図上にマッピングしたものである。このようなマップは以前から存在したが、近年、ビッグデータを用いた地理情報システム（GIS）の活用により、その精度が飛躍的に向上している。そこで、これを利用して犯罪予防に役立てようという動きが顕著になっている。

犯罪発生マップの二つの利用法

犯罪発生マップの利用法には、大きく分けて二通りある。一つは、警察がホットスポットを特定して犯罪予測に用いる場合であり、もう一つは、市民にも利用可能にすることで防犯行動に役立てる場合である。順に説明しよう。

中谷が指摘するように、性犯罪の近接反復被害を前提にすれば、犯罪発生マップは犯罪予測マップとして解釈することが可能である。[18] 実際に、京都府警では、府内で過去に発生した一〇万件を超える犯罪の発生情報を入力した「予測型犯罪防御システム」が二〇一六年一〇月から府内の全域で活用されており、犯罪の発生する可能性の高いエリアを重点的にパトロールするなどの対策が取られている。[19]

また、犯罪発生マップは現在、各都道府県警察のウェブサイトで市民が自由に閲覧することが可能である。だが、犯罪発生マップの市民の利用にはいくつかの問題点がある。第一に、警察内部での利用とは異なり、一般市民に利用可能にする場合には、被害者のプライバシーの考慮が大きな課題となる。試しに京都市左京区の性犯罪等の犯罪発生マップを見ると、性犯罪が発生した場所の特定ができないように、大まかな場所しかわからないようになっている（図4）。自転車盗の犯罪発生マップや、交通事故発生マップと比べると、その違いが顕著にわかるだろう（図5、6）[20]。

第二に、性犯罪の発生マップには、「強制性交等及び強制わいせつについては、二次被害防止等を考慮し、表示しておりません」と注記されており、一般市民に利用可能なデータは公然わいせつと痴漢のみに制限されていることがわかる。

第三に、性犯罪に限らないが、犯罪発生マップの作成は各都道府県警察に任されているため、その利便性はまちまちとなっている。もっとも、このデータはオープンソースのため、独自のサイトやアプリの開発など、民間にも利用可能になっている[21]。ただし、現在のデータ更新頻度は一カ月ごとであり、防犯活動に役立てるにはより頻度の高い更新が望まれるであろう。実際、現状の性犯罪の発生マップを用いて市民が予防行動を取ることはほぼ不可能と思われる。

ここで、参考までに英国の状況を見てみると、英国ではPolice.ukというサイトでスコットランドを除く全域の犯罪発生マップを見ることができる。性犯罪は暴力犯罪と同じカテゴリーで地図上にマッピングされており、場所の匿名化も行われているが、基本的には八つの番地が最小単位となっているため、犯罪発生状況を比較的細かく知ることができる。ただし、データの更新頻度は日本と同様に一カ月ごとであり、より更新頻度を高くするとともに、日中の犯罪と夜の犯罪を分けることが市民に有用だとする指摘もある[22]。

なお、日本では、性犯罪の「前兆事案」も市民に向けて積極的に発信されている。前兆事案とは、性犯罪の前兆と見られる声かけやつきまとい等を指し、こうした前兆事案が生じるとその近辺の地域でより深刻な性犯罪が生じるリスクが高くなるとされる（これを「近接発展被害」という）。そのため、こうした前兆事案を用いて、①一時的警戒強化型の防犯活動のシグナルとして、②防犯まちづくりのきっかけとして、③潜在的被害者への注意喚起として活用することができる。[23]

犯罪発生マップの倫理的問題点

ここまで、犯罪発生マップを用いた性犯罪予防について述べてきたが、予防の倫理学の観点から見た最大の問題は、被害者のプライバシーをどれだけ重視するかであろう。仮に、将来の性犯罪被害を防ぐことが最も重要な目的であれば、強制性交等の重大な性犯罪も含め、発生した時間や場所について正確に市民に情報提供することが望ましいだろう。そうすることで、防犯行動を促し、性犯罪の発生件数を減らすことができる可能性が高くなるからだ。しかし、現在は被害者のプライバシーないし二次被害防止の観点からそれができないため、市民への情報提供が大幅に制約されている。だが、重大な性犯罪の発生について情報提供がなされなければ、市民は、自分の住んでいる近辺では性犯罪があまり起きていないと誤って安心してしまう可能性もあるだろう。先に英国の状況も紹介したが、英国でも犯罪発生マップの信頼度と被害者のプライバシーの配慮のバランスを考慮した結果、現在のような情報発信になっているという。日本でも、どこまでのデータを市民に公開するか、さらなる議論が必要と思われる。

また、ビッグデータを用いた警察の犯罪予測に関しては、データのバイアスの問題（認知・検挙されていない犯罪はデータに含まれない）や、アルゴリズムの精度の問題、さらにはこれまで警察官が経験に基づいて行ってきた防犯活動に比べてどれだけ優れているかという費用対効果の問題もあるだろう。実務家と研究者を含めたさらなる理論的・実証的研究が望まれるところである。

ここまで、予防の倫理学の観点から性犯罪予防について考えてきた。潜在的被害者、潜在的加害者、場所のいずれかの要素が揃わなければ犯罪が起きないという考え方は重要だが、どの要素に働きかけるにしても、個人の自由やプライバシーの制限、あるいは犯罪が生じたことに対する責任といった倫理的問題を考慮する必要がある。本節では言及しなかったが、犯罪予防のためにホットスポットに防犯カメラを設置するかどうかという論点をめぐっても、同様の議論がありうるだろう（次節参照）。近年、性犯罪のさらなる予防のためには個人の自由やプライバシーの制約もやむなしという機運が強いように思われるが、誰の自由をどれだけ制約するのか、また自由の制約がより少ない予防手段はないのかなどの問いを立て、政策立案者だけでなく市民の間でも十分に議論を行う必要があるだろう。

注

（1）最新のデータについては、法務省の令和三年版『犯罪白書』の「第一編　犯罪の動向」を参照せよ（https://www.moj.go.jp/housouken/housouken03_00049.html　二〇二二年九月六日最終アクセス）。
（2）二〇二〇年のデータでは、強制性交等で有罪となった事案のうち、親族によるものが一五・四％、面識ありが五三・五％、面識なしが三一・一％になっている。注（1）の令和三年版『犯罪白書』二六七頁参照。
（3）「性犯罪、自衛しないとだめ？　福岡県警の防犯ＰＲに波紋【西部】」『朝日新聞』二〇二〇年二月一二日朝刊。

（4）「新潟女児殺害　通学路の「死角」なくせ」『京都新聞』二〇一八年五月一六日朝刊。
（5）「性犯罪被害　二割が大学生　府警まとめ」『京都新聞』二〇一四年七月二四日夕刊。
（6）「性犯罪被害減へ学生割引　夜間一人歩き回避」『京都新聞』二〇一五年九月一六日朝刊。
（7）「性犯罪　遭遇時の女性　スマホ・イヤホン二割　府警外出時利用　注意訴え」『京都新聞』二〇一四年六月二三日夕刊。
（8）齊藤知範・山根由子「若年者の被害に対する機会構造／選択モデルの適用可能性の検証――日常活動に焦点を当てた犯罪予防は有効か？」『安全教育学研究』第一七巻第二号、二〇一八年、三一～二四頁。
（9）「男女で学ぶ性犯罪　府警、中学生以上対象のプログラム／京都府」『朝日新聞』二〇一七年六月一〇日朝刊。
（10）Smallbone, Stephen, and Susan Rayment-McHugh, 'Sexual Crimes,' in *Handbook of Crime Prevention and Community Safety*, eds. by N. Tilley and A. Sidebottom, Vol. 1. Routledge, 2017, pp. 439-453.
（11）「福岡小五殺害、更生教育の実効性に疑問　出所後、所在確認も難しく」『西日本新聞』二〇一六年一〇月五日朝刊、「津山・小三女児殺害　容疑者も受講歴」『朝日新聞』二〇一八年五月三一日朝刊。
（12）「処遇プログラム　再犯防止に効果」『産経新聞』二〇二〇年三月二八日朝刊。
（13）「性犯罪　再犯断てるか」『朝日新聞』二〇一九年二月二二日朝刊。
（14）「性犯罪仮釈放中にGPS　政府方針案　装着義務化を検討」『産経新聞』二〇二〇年六月一一日朝刊。
（15）「教員わいせつ行為　難しい対策」『朝日新聞』二〇二〇年九月二九日朝刊。
（16）スティーブン・P・ラブ著、渡辺昭一・島田貴仁・齊藤知範訳『犯罪予防――方法、実践、評価』社会安全研究財団、二〇〇六年、一四五頁。
（17）中谷友樹「予防医学の考えに基づく犯罪予防」『警視庁子ども・女性の安全対策に関する有識者研究会　提言

書』二〇一七年（以下、『提言書』）、第五章第二節。

（18）同前書、九四頁。

（19）NHKニュース「未来の犯罪を予測せよ」二〇一七年三月二二日。

（20）いずれも二〇二〇年一〇月時点のもの。なお、京都府警の犯罪情勢マップは、二〇二一年一〇月に交通事故発生マップと統合されて「犯罪・交通事故情報マップ」となった。犯罪の発生した時間帯が六時間ごとに区切って示されるなど、改善が見られる。

（21）たとえば「大東京防犯ネットワーク」のサイトを参照（https://www.bouhan.metro.tokyo.lg.jp/　二〇二二年九月六日最終アクセス）。

（22）Smith, Amanda, and Tom Heath, 'Police.Uk and Data.Police.Uk: Developing Open Crime and Justice Data for the UK,' *JeDEM - EJournal of EDemocracy and Open Government*, 6(1), 2014, 87-96.

（23）雨宮護「前兆事案に焦点をあてた対策の可能性と課題」『提言書』第五章第三節、一〇七頁。

7 防犯カメラ

防犯カメラの増加と監視社会論

もう二〇年以上前になるが、二〇〇一年六月に大阪教育大学附属池田小学校で包丁を持った男が多数の児童を殺傷するという衝撃的な事件があった。その翌年には国内の刑法犯の認知件数が戦後最高となり、体感治安の悪化が社会問題化した。この頃を境に学校をはじめ繁華街や公共施設などで防犯カメラを設置する動きが加速し、監視社会論が盛んになった。世界的にも、二〇〇一年九月に米国で同時多発テロ事件が起き、テロ対策として空港での出入国管理が強化されるなど、犯罪の未然予防のための監視が強化されるようになった(1)。

本節では犯罪予防を目的とした防犯カメラの利用について考察する。まず、国内における防犯カメラの設置状況とその有効性に関する研究を瞥見し、その後、予防の倫理学の観点から防犯カメラの問題点を指摘する。

防犯カメラの現状

現在、日本に防犯カメラが何台あるかは正確にはわからない。警察庁によれば警察が設置した街頭防犯カメラは二〇一八年末に全国で一九一二台あるとされるが、自治体や商店街などが設置したカメラはそれよりもはるかに多く、数百万台に上ると見られている。このような防犯カメラの画像は、二〇一九年の実績では、ひったくりの三三%、すりの二一%、侵入強盗の二〇％、強制わいせつの一七％、強盗の一五％、殺人の四％など、年間の全検挙数の約一割において容疑者特定につながったとされる。(2)

自治体や民間の防犯カメラのように、設置主体が警察でない場合であっても、犯罪捜査に使われることがある。たとえば大阪府の箕面市（人口約一三万人）では、二〇一四年度に一億五〇〇〇万円をかけて小学校の通学路に七五〇台のカメラを設置した。これは一校区当たり五〇台の計算になるという。(3) 二〇一五年五月、女性が押して歩いていた自転車の前かごに入ったバッグを、スクーターに乗った男が盗んだ事件が発生すると、市の同意を得て警察が現場周辺のカメラを分析し、映像から容疑者を特定して逮捕したという。(4) また大阪府警は、府内の自治体が設置するか補助金を出した防犯カメラに関して、夜間や休日でも緊急時には事後報告のみでアクセスすることができるように府内の自治体と協定を結んでいる。(5)

さらに、公用車のドライブレコーダーについても、警察からの法令に基づく依頼があった場合に映像を提供する協定が各地の自治体で結ばれているほか、一般市民が用いているドライブレコーダーを「走る防犯カメラ」として交通事故や犯罪捜査の早期解決に使う動きも出てきている。このように、潜在的には全国の何百万という防犯カメラが犯罪捜査に用いられる可能性がある。

防犯カメラの有効性と費用対効果

メディアでは、防犯カメラが事後的な犯罪捜査に役立った事例がしばしば報道されるが、防犯カメラは犯罪抑止、つまり犯罪の未然の防止に役立っているのだろうか。理念的に言えば、潜在的犯罪者が「防犯カメラに見張られているからつかまる可能性が高い」と考え、犯罪を思い留まるという発想があると考えられる。だが、このような効果が実際にあるのかについては、日本ではほとんど実証的な研究が存在しない。また、諸外国の研究においても、「出入口が制限された駐車場における自動車関連犯罪などの特定の場合を除いて、その犯罪抑止効果は限定的であるとされるのが一般的」であり、「とくに、一般の人々が想定しがちな粗暴犯に対しては、効果はほとんど見られないことが知られている」という。[6] さらに、博多の繁華街の防犯カメラの効果を検証した雨宮護らの最近の研究でも、「粗暴犯には効果が見込めず窃盗犯系の罪種に効果が見込める」という結論が述べられているが、雨宮らは、犯罪抑止効果を望むのであれば、事前に犯罪の地理的分析に基づいて防犯カメラを設置する必要があると強調している。[7]

このように、防犯カメラが犯罪抑止に効果的か、またそうだとすればどのような犯罪類型に有効かという問いは、さらなる実証研究を必要としている。また、仮に有効だとしても、費用がそれに見合っているかという問題もある。先ほどの箕面市の例に戻るならば、初期費用は一億五〇〇〇万円だが、毎年維持管理費を予算に計上する必要があり（年間四五〇〇万円程度）、費用対効果の検証も必要だろう。商店街などが防犯カメラを設置する際の補助費用を地方自治体が出している地域も多いが、税金を使うのであれば、費用対効果の検証はとくに重要である。

防犯カメラと予防の倫理学

以下では、本書のこれまでの議論も踏まえて、防犯カメラの倫理的問題について三つの論点を指摘しておきたい。

第一に、防犯カメラの目的の多義性という問題がある。しばしば「防犯カメラ」という呼称自体が問題だという指摘があるが、これは、防犯カメラが防犯以外の目的も持ちうるという性質に起因している。社会学者の朝田佳尚はいくつかの商店街において防犯カメラが設置された経緯をインタビューによって調べているが、「犯罪以外の理由による設置事例」の一つとして、もともとは商店街を利用する通行客の調査が目的であり、防犯の目的は後付け的であるという回答を取り上げている(8)。これはやや瑣末な例と考えられるかもしれないが、画像を記録(場合によっては音声も記録)するカメラは、防犯以外の様々な用途に使いうる点に留意し、目的外利用を避けるために目的を明確化する必要がある。

第二に、個人の自由やプライバシーとの衝突である。日本弁護士連合会(日弁連)は、二〇一二年に公表した「監視カメラに対する法的規制に関する意見書」において、公道のような公共空間における防犯カメラは、①肖像権・プライバシー権、②移動の自由、③表現の自由、思想・良心の自由のそれぞれを侵害する可能性があると論じている(9)。①については、「公道における人の様子であっても、公権力の行使としての写真撮影について、個人の私生活上の自由の一つとして、何人も、その承諾なしに、みだりにその容ぼう・姿態を撮影されない自由(プライバシー権の一種である肖像権)が保障されている(最判昭和四四年一二月二四日、京都府学連事件判決)。私人による撮影・公表についても不法行為の成否が問題となるのは当然であり、裁判例においても、公道においても守られるべき肖像権・プライバシー権が存在することが確認されている」とし、防犯カメラによる常時撮影を問題視している。また、②については、顔認識データベースに登録された人物を防犯カメラで追跡することが容易になっているため、「監視カメラを管理する者によってだれもが自分の行動を常に監視されていると感じることになり、自由意思による移動を萎縮させる効果を生じる」としている。さらに、③についても、「単なる肖像記録であっても、特定の場所と特定人の行動の様子とを関連付けることで、特定人の趣味嗜好、思想等が推測でき、表現の自由や思想・良心の自由が侵害されるおそれがある」としている。それぞれの論点についてさらなる検討が必要であろう。

最後に、同意の問題がある。上記の肖像権やプライバシー権の問題は、犯罪予防のために自分がカメラに記録されることについて本人が同意をしていれば問題ないと言えるかもしれないが、実際にはそうではない。ほとんどの場合、一般市民は、誰が何の目的で記録しているのか、またどのぐらいの期間データが保存されるのか全くわからないまま、防犯カメラに日々記録されていると言える。警察が防犯カメラを設置する場合であれば、市民による「暗黙の同意」が成立していると言うことができるかもしれない。だが、商店街などが防犯カメラを設置して運用している場合、そこを訪れる客が防犯カメラの設置に同意したと主張することは難しいだろう。嫌なら別の商店街に行けばよいという議論もできるかもしれない。だが、たとえば、東海道・山陽新幹線の客室内や通路部分にも防犯カメラが設置されるようになったが、嫌なら新幹線に乗らなければよい、といった議論をすることは困難だろう[10]。

監視者の監視の必要性

こうした官民の防犯カメラの利用を、防犯という目的のみに限定し濫用が生じないようにするには、その設置や運用方法について法規制が必要だと思われる。二〇〇四年に杉並区が「防犯カメラの設置及び利用に関する条例」を制定して以降、地方自治体レベルでの条例やガイドラインが作成されているが、全国的な法規制は進んでいない。前述の日弁連の意見書でも、ドイツをはじめEU各国では公共の場での撮影が規制されているとして日本でも同様の対応を求めている。

しかし、こうした意見はまだ少数派である。実際、意見書のとりまとめに関わった弁護士は、日弁連の意見書の発表を当時取り上げたのが新聞一紙だけであったことを「世間の関心の低さの表れ」だとし、「テロや凶悪犯罪の発生で不安感があおられ、プライバシー権への意識が希薄になっている」と懸念している。[11] 意見書では「監視カメラが、プライバシー権を制約する必要性を超えたものではないか、画像の収集・利用の過程に違法・不当な点が存在しないか、情報主体の権利の制限に違法・不当な点が存在しないか等を監督する機関」として、「行政機関から独立した第三者機関」の設置を提言している。個人の自由の制約を最小限に抑えつつ、防犯カメラが犯罪予防という本来の目的のみを果たすことを保障するには、このような監視者を監視する機関の設置が不可欠だと思われる。

注

（1）こうした社会的変化を踏まえた監視社会論については、たとえば以下を参照せよ。デイヴィッド・ライアン著、河村一郎訳『監視社会』青土社、二〇〇二年。

（2）「カメラで容疑者の特定　検挙の一割　昨年」『朝日新聞』二〇二〇年二月一六日朝刊。

（3）「防犯対策　治安向上へ、高まる熱／大阪府」『朝日新聞』二〇一五年四月二七日朝刊。

（4）「決め手は防犯カメラ　ひったくり容疑者を逮捕　箕面市が四月から運用／大阪府」『朝日新聞』二〇一五年六月一〇日朝刊。

（5）「防犯カメラ、捜査の目に　大阪府警、自治体と異例の協定【大阪】」『朝日新聞』二〇一七年二月一六日夕刊。

（6）小俣謙二・島田貴仁編著『犯罪と市民の心理学――犯罪リスクに社会はどうかかわるか』北大路書房、二〇一一年、一七九頁。

（7）雨宮護・樋野公宏・柴田久「繁華街に設置された街頭防犯カメラの効果検証――福岡県警察犯罪予防研究アドバイザー制度に基づく分析」『都市計画報告集』一六、二〇一七年、一八～二三頁。

（8）朝田佳尚『監視カメラと閉鎖する共同体――敵対性と排除の社会学』慶應義塾大学出版会、二〇一九年、九五～九六頁。

（9）日本弁護士連合会「監視カメラに対する法的規制に関する意見書」二〇一二年一月一九日（https://www.nichibenren.or.jp/document/opinion/year/2012/120119_3.html　二〇二二年九月六日最終アクセス）。

（10）「新幹線の客室に防犯カメラ　東海道・山陽、来年度から三年で【大阪】」『朝日新聞』二〇一五年七月七日朝刊。また、二〇二一年に京王線や小田急線で相次いで乗客が襲われる事件が発生したことを受け、国土交通省は鉄道車両に防犯カメラの設置義務を課すことを検討している。「鉄道防犯カメラ義務化　三大都市圏、対象に　国交省検討」『朝日新聞』二〇二二年六月二五日朝刊。

（11）「二一五年の轍――二一　防犯装う監視の「目」」『朝日新聞』二〇一二年四月二九日朝刊。

8 いじめ対策

大津市いじめ自殺事件

二〇一一年一〇月、大津市の公立中学二年生の男子生徒が自宅マンションから飛び降りて自殺した。当初、学校側は少年に対するいじめがあったことを否定していたが、自殺した生徒の親からの要請により生徒たちにアンケートをとったところ、「自殺の練習をさせられていた」などの陰惨ないじめの実態が明るみに出た。事件が全国的な注目を集めると、大津市が第三者委員会を設置して検討を行った。最終報告書では、いじめと自殺の間に因果関係があると認められた。

この事件がきっかけとなって、二つの大きな動きがあった。一つは二〇一三年に議員立法によるいじめ防止対策推進法（以下、いじめ防止法）が制定されたことだ。もう一つは、当時の安倍晋三首相の先導により、いじめ防止に資するものとして道徳の教科化が進められたことである。

日本でいじめは一九八〇年代から社会問題になってきた。(1) ここではその歴史については詳述せず、予防の倫理学の観点から、すでに検討した自殺予防や犯罪予防の議論にも言及しつつ、日本のいじめ対策について検討を行う。

いじめ防止法

まず、現在のいじめ対策の基礎となっているいじめ防止法を詳しく見てみよう。(2) いじめ防止法の目的は、第一条にあるように、「いじめの防止等（いじめの防止、いじめの早期発見及びいじめへの対処をいう。以下同じ。）のための対策に関し、基本理念を定め、国及び地方公共団体等の責務を明らかにし、並びにいじめの防止等のための対策に関する基本的な方針の策定について定めるとともに、いじめの防止等のための対策の基本となる事項を定めることにより、いじめの防止等のための対策を総合的かつ効果的に推進すること」である。

この目的に資するために、国、地方公共団体、および学校は「いじめ防止基本方針」を策定することが求められている（第二章）。また、基本的施策として、いじめ防止のための児童の道徳教育、早期発見のための児童等に対する定期的な調査の実施、いじめ防止対策に資する人材確保やいわゆるネットいじめに対する対策、また調査研究の推進などが謳われている（第三章）。

そして、児童や保護者からのいじめの相談により実際にいじめが発生したと考えられる場合には、学校はいじめをやめさせて再発防止策を講じる必要がある。また、いじめが犯罪行為として取り扱われるべきものと認められた場合には、警察署と連携して対処することが求められる他、いじめを行っている児童に対し校長および教員が学校教育法の規定に基づく懲戒を加えたり、教育委員会が同法に基づく出席停止を命じたりすることもできる（第四章）。

さらに、いじめを受けている生徒の生命、心身又は財産に重大な被害が生じた疑いがあるか、相当の期間学校を欠席することを余儀なくされている疑いがある場合には、学校の設置者（公立校の場合は教育委員会）又はその設置する学校は、これを「重大事態」として速やかに調査委員会を立ち上げて事実関係を明確にし、いじめを受けた児童および保護者にその結果を報告することが義務付けられている（第五章）。

このようにいじめ防止法は、いじめの防止に向けた総合的な対策を講じることを国や学校などの関係諸機関に求めるものとなっているが、本書でこれまでに検討した議論を踏まえると、いくつか気になる点がある。

予防の構造

まず、すでに何度か言及した予防の三段階の観点からすると、いじめ防止法は「いじめの防止」として一次予防に言及し、「いじめの早期発見」で二次予防を問題にしていると考えられる。だが、「いじめへの対処」が二次予防なのか三次予防なのかはっきりしない。予防医学における三次予防は、病気の診断・治療後にその進行（たとえば合併症の発症や再発）を止め、患者の社会復帰に資する活動を指すが、いじめ防止法は、この三次予防の観点が希薄である。

もっとも、いじめ防止法の中にも「いじめの再発の防止」という言葉が見られる。そこで、好意的に解釈すればこれを三次予防と見ることもできよう。しかし、法律の第四章と第五章では、発見されたいじめ事案の解決のための取り組みと、当事者または当該の学級や学校などで同様のいじめ事案が再度起きないようにする取り組みが並行して論じられており、やはり対策の大枠が判然としない印象を受ける。

いじめ防止法が予防の三段階を前提にしていないことは、法制定後に出た文献で、この三段階を用いていじめ対策を分析するのが有益だとしているものが複数あることからも窺い知ることができる。[3]この点は、予防の三段階を明確に前提にして対策を求めている自殺対策基本法とは大きく異なる点だと言える。総合的な対策を謳うのであれば、対策の構造を明確にすることで、漏れ落ちのない取り組みにすることが必要であろう。

いじめの定義の問題

第二に、いじめの定義の問題がある。自殺の場合（第Ⅱ章8節）とは異なり、いじめはすべての場合において望ましくなく、また可能な限り防止すべきものだと言える。だが、いじめ防止の対策をとる際には、いじめ以外の行為まで制限しないよう注意する必要がある。これは、ストーカー行為を規制する際に、それ以外の恋愛に伴う活動を制限しないように注意する必要があるのと同様である。そのためには、いじめを適切に定義することで、いじめがそれ以外の他の行為とは十分に区別されなければならない。

さて、いじめ防止法では、いじめは次のように定義されている。いじめとは、「児童等に対して、当該児童等が在籍する学校に在籍している等当該児童等と一定の人的関係にある他の児童等が行う心理的又は物理的な影響を与える行為（インターネットを通じて行われるものを含む。）であって、当該行為の対象となった児童等が心身の苦痛を感じているものをいう」（第二条）。

この定義は一読しただけではわかりにくいが、文部科学省（以下、文科省）が一九八〇年代半ばから毎年実施している問題行動等調査で、二〇〇六年度から用いている定義（当該児童生徒が、一定の人間関係のある者から、心理的、物理的な攻撃を受けたことにより、精神的な苦痛を感じているもの）を下敷きにしたものだ。法律の定義では、いじめは児童間で生じるものに限定されており、成人間でのいじめや、大人と子どもの間でのいじめは排除されている。また、一定の行為の対象となった児童が心身の苦痛を感じる場合に、いじめが生じるとされている。そうした行為には、悪口や脅し文句、暴力、仲間外れや無視といったものがある（これらは、前述の問題行動等調査の項目に含まれているものである）。

現行の定義は、いじめられた児童の主観が大きく反映されるものになっている。文科省は、二〇〇六年度以前はより客観的な定義を用いていた。すなわち、いじめとは「(1)自分より弱い者に対して一方的に、(2)身体的・心理的な攻撃を継続的に加え、(3)相手が深刻な苦痛を感じているもの」だとする定義である。ここには、いじめが弱者に対して、継続的に行われるものであり、深刻な苦痛を与えるものである、という三つの基準が示されている。だが、森田洋司によれば、「この三つの要素の一つでも欠けていればいじめではない」と現場で理解される傾向があったため、現行の基準に変更された(4)。

ところが、従来の基準への反省から、現行の基準が大きく主観的なものに振れたために、今度はいじめを受けたと感じた本人が申立てをすれば、何でもいじめになってしまうという懸念も示されている。松永邦裕が挙げている例を借用すると、「クラスで子どもたち同士が話し合いをしている際に、ある子どもの意見が反対され、その子どもが自分の意見が受け入れられなかったことに納得せず、不満を募らせ、それを「心身の苦痛」を受けたと訴えてきた場合」、教師はこれをいじめと判断すべきだろうか(5)。

こうした問題があるため、地域によっては、いじめの認知の判断基準について、独自に継続性、集

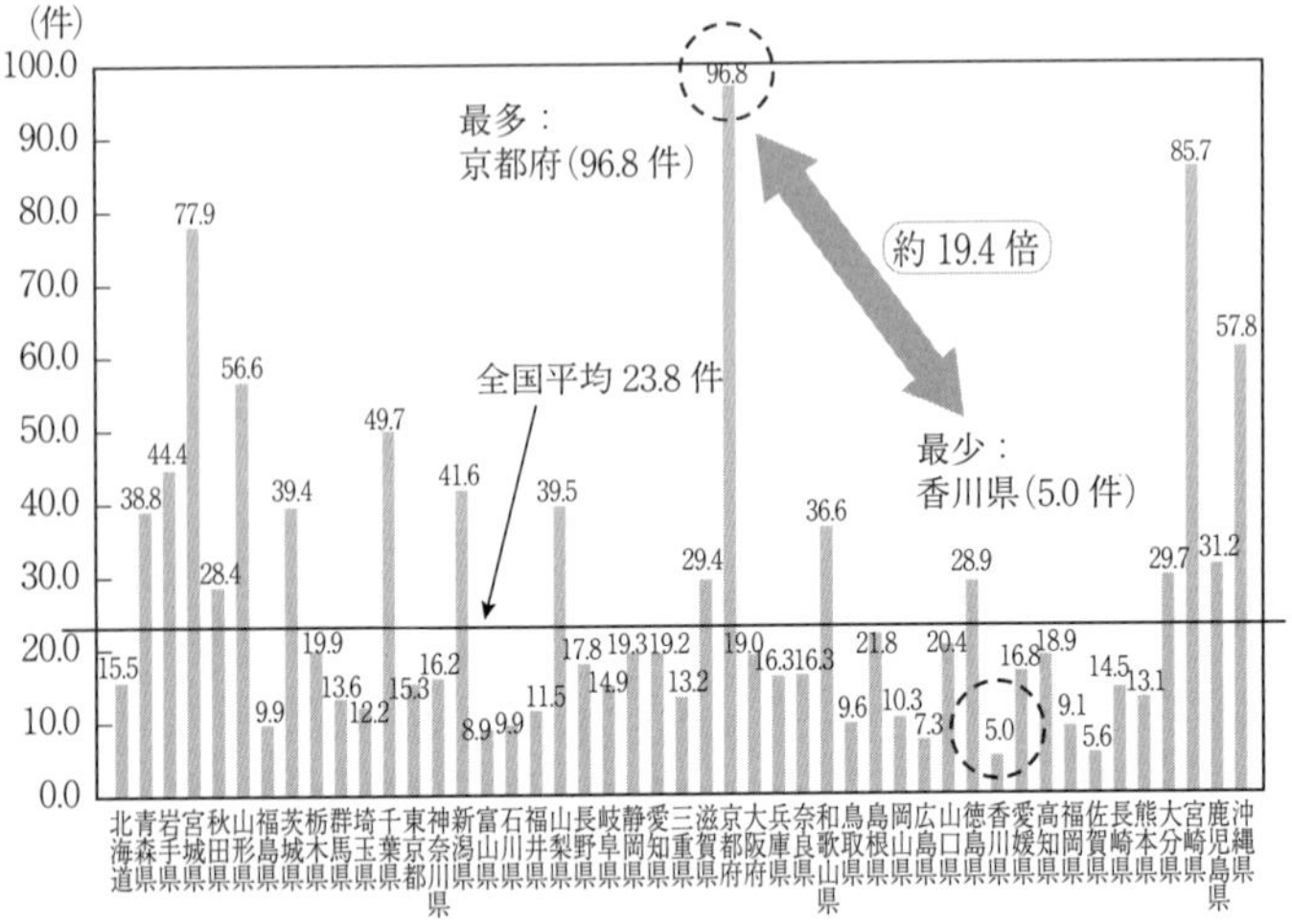

図1　国公私立小・中・高等学校におけるいじめの1000人当たりの認知件数（2016年度）［都道府県比較］

（出所）総務省行政評価局「いじめ防止対策の推進に関する調査結果報告書」2018年，15頁より。

団性などの要素を採用し、より限定して解釈するところがあることが、二〇一八年の総務省の調査で判明した(6)。これが、各都道府県でいじめの認知件数の把握数が大きく異なることの一因となっていることが指摘されている（図1）。その後、この格差はより小さくなっているものの、いじめの認知について信頼できる基準を確立しなければ、そもそも統計を取る意味が薄れてしまうと考えられよう(7)。また、予防の倫理学の観点から言えば、予防すべき望ましくない行為と、必ずしも予防すべきとは言えない行為が同時に予防の対象となってしまうのは、現場の教育者の負担を増すだけでなく、生徒間の人間関係にも萎縮効果をもたらすおそれがある。いじめの定義を明確にすることで、やってよいことと、やってはいけないことを明確に区別することが重要だと言える。

犯罪予防といじめ対策

学校でのいじめはどうすれば減らすことができるのだろうか。ここまで、いじめ防止法の内容を中心に、予防の三段階を用いた分析や、定義の問題を取り上げた。以下では、いじめ対策について、主に犯罪予防の知見を用いて検討する。

被害者と加害者が存在するいじめ対策は、一見すると疾病予防よりも犯罪予防の方が親和性が高く、それゆえに犯罪学の知見が多く用いられているのではないかと推察される。だが実際には、犯罪予防の知見を用いたいじめ対策は実践としても研究としてもほとんど進んでいない。この点に関しては海外でもさほど状況は変わらず、たとえば近年『犯罪学によって学校のいじめを説明する』という著作が出ているが、その中には「犯罪理論を学校のいじめの問題に応用する研究は比較的近年の（二〇〇八年か二〇〇九年頃に増加しだした）展開である」と述べられている。[8] そこで以下では、本書でこれまでに扱ってきた内容を敷衍する形で、犯罪予防の知見をいじめ対策に当てはめるとどのようなことが考えられるかについて論じる。

犯罪機会論といじめ対策

いじめ研究の第一人者であり、少年非行の研究者でもある社会学者の森田洋司は、いじめの被害者と加害者に加えて、いじめをはやしたてる観衆と知らんぷりを決めこむ傍観者からなる「いじめ集団の四層構造モデル」を一九八〇年代に提唱した（図2）。重要なポイントは、いじめが被害者と加害者の間だけで生じるのではなく観衆や傍観者も一定の役割を果たしていること、また観衆や傍観者も容易に加害者あるいは被害者に転じうるという流動性が見られることである。
森田の議論は、犯罪機会論、とくに犯罪が生じるのは日常生活において加害者、犯罪対象（被害者）および守り手の不在という三要素がある一時点で揃う場合だとする日常活動理論を想起させるものである。そこで犯罪機会論的な観点から学校におけるいじめという現象を見ると、いじめの被害者は常に加害者と一緒にいて被害に遭いやすい状況にあり、また守り手となるべき周りの者は自分自身が被害者になることを恐れて見て見ぬふりをしやすいなど、加害が生じやすい条件が揃っていると言える。こうした条件に加えて、被害者は報復を恐れて親や先生に被害を言い出しにくいとか、学校は不祥事を大事にしたくないといった事情も揃えば、パーフェクトストーム、すなわち複数の不利な条件が重なって「重大事態」が引き起こされる可能性が高くなる。

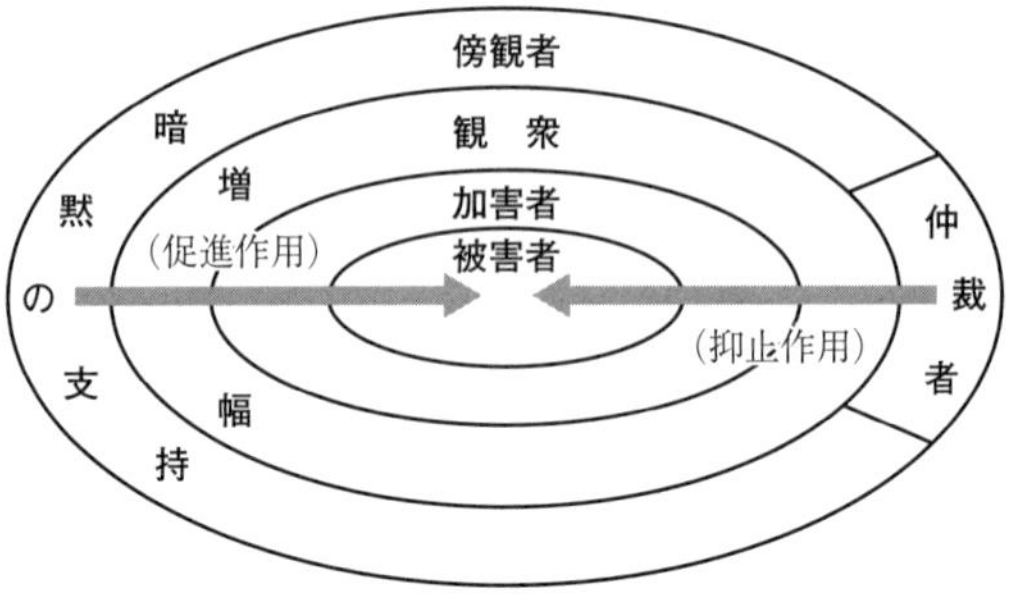

図2　いじめ集団の四層構造モデル
（出所）森田洋司『いじめとは何か』中公新書，2010年，第4章より。

このような観点からすれば、上記の三要素が一時点に揃わないようにする対策が重要だと考えられる。一つには、いじめが一度発生した場合、被害者が加害者と同じ場所にいなくて済むような対策の拡充が必要であろう。これはＤＶ対策におけるシェルター的な発想と言えるが、被害者あるいは加害者が一時的にであれ別のところで教育を受けられるような制度があれば、被害者は報復を恐れることなくいじめ被害を申し出ることができるだろう。

この点に関しては、文科省による「いじめ防止等のための基本的な方針」においても、「必要に応じていじめた児童生徒を別室において指導することとしたり、状況に応じて出席停止制度を活用したりして、いじめられた児童生徒が落ち着いて教育を受けられる環境の確保を図る」と記述されているが、いじめられた生徒側が転校や不登校などの、学業および生活上の大きな不利益を伴う選択を取らなくても済むように、選択肢を拡充することが望まれる(9)。

もう一つは、守り手の不在を防ぐ対策、とりわけ傍観者の見て見ぬふりを減らすための対策が必要である。この点は、道徳教育との関連で項を改めて論じよう。

いじめ予防としての道徳教育

本節冒頭で言及したように、二〇一一年の大津市のいじめ自殺事件がきっかけとなり、いわゆる道徳の教科化が二〇一四年に決まり、二〇一八年度から実施されるようになった。教科化に伴い、児童の道徳性を教師が成績評価することになったため、メディアではこの点が大きな議論になったが、ここではその議論には立ち入らない。また、評論家の荻上チキは、そもそも大津市のいじめ自殺が起きた中学校が文科省の「道徳教育実践推進事業」の指定校であったことから、いじめ自殺の対策のために道徳教育を拡充すべきだという議論の倒錯を指摘している(10)。だが、ここではそうした経緯や現在の道徳教育が適切かどうかという論点にも立ち入らず、道徳教育がいじめ予防に役立つためにはどうあるべきかについて論じることにする。

まず指摘しておくべきことは、道徳教育がいじめの発生を防ぐための一次予防の役割と、いじめの早期発見・早期対応という二次予防の役割を持つという点である。一次予防としては、道徳教育を通じて、潜在的加害者がいじめを思い留まるということが期待される。また、二次予防としては、いじめが発生したときに、周囲の者が傍観者にならず、それを仲裁する役割を果たすようになることが望まれる。

二〇一五年に公表された文科省の中学校学習指導要領解説（特別の教科　道徳編）では、いじめと関連する事項として、「(9)相互理解、寛容」「(11)公正、公平、社会正義」「(19)生命の尊さ」「(22)よりよく生きる喜び」が挙げられているが、上の区別を適用すると、一次予防には(9)、(19)、(22)が関係する。そして二次予防、とくに守り手の不在を防ぐためには、(11)の「公正、公平、社会正義」の事項がとりわけ重要である。[11]

森田はいじめの仲裁者になるためには、「我関せず」という社会の私事化の流れを食い止め、社会的責任を果たす態度を育成するような市民性（シティズンシップ）教育が必要だと論じている。[12] 学習指導要領の項目(11)の「正義と公正さを重んじ、誰に対しても公平に接し、差別や偏見のない社会の実現に努めること」という事項は、森田の問題意識に呼応したものと言える。

だが、このような正義感はどうすれば育むことができるのだろうか。この点に関して興味深いのは水野君平らの指摘である。彼らによれば、いじめを見て見ぬふりをする児童たちは必ずしも他の人に比べて規範意識が低いわけではなく、「自分は良くないと思っているが、他のみんなはそうは思っていないだろう」とお互いに考えるという「多元的無知」の状態に陥っているとされる。[13] だとすれば、道徳教育において重要なのは、教師から児童への規範的知識の教授ではなく、「児童生徒間の相互理解やコミュニケーションを通して「他者はどう考え、感じるか」ということの活性化・可視化[14]」だということになる。和久田学も同様の論点を指摘し、海外の実践的な解決策を紹介している[15]。日本の実状や生徒の発達段階も考慮しながら、どうすれば傍観者を減らすような道徳教育ができるかを検討することが今後の課題となるだろう。

ハイリスク群と被害者責任　もう一つ、学習指導要領の項目で重要と思われるのは、「(9)相互理解、寛容」、すなわち「自分の考えや意見を相手に伝えるとともに、それぞれの個性や立場を尊重し、いろいろなものの見方や考え方があることを理解し、寛容の心をもって謙虚に他に学び、自らを高めていくこと」である。荻上はいじめの被害者になる可能性が高いハイリスク群として、LGBT等のセクシュアルマイノリティ、吃音児童、発達障害児、外国人児童などを挙げているが[16]、これらは多様性に対する無理解や不寛容に端を発するものと考えられる。学校は、こうしたハイリスク群がいじめに遭っていないかについてとくに注意するとともに、一次予防として、上記の相互理解と寛容の心を育む道徳教育を行うことが求められるだろう。

このような教育で重要と思われるのは、「いじめられる人にも原因がある」という児童らの考えにどう取り組むかである。たとえば二〇一六年に大津市の小中学生に対して行われたアンケートでは、「いじめは絶対にいけない」と答えた児童が九五％近くいた反面、「いじめられる人にも原因がある」と答えた児童も六割いたという[17]。だが、仮に被害者がいじめられる原因を持っていたとしても、いじめてよいことにはならないし、被害者に責任があるとも言えない。たとえば、前述のハイリスク群がいじめられる原因となる特徴を持っているのは確かであろうが、それらは自分で選択して選んだ特徴ではなく、個人の責任を問えるものではない。問題はむしろ、「みなと同じでなければ排除してよい」というような、同質性を肯定する規範である。森田は、こうした同質性を肯定し異質性を排除することが「正義」だとする規範からいじめが生じる可能性を指摘している。[18] 道徳教育がこうした誤った規範を強化することがないように、十分に注意する必要があるだろう。

今後のいじめ対策に求められること

ここまで、自殺予防、疾病予防、犯罪予防といった領域の知見を参照しながら、日本のいじめ対策について検討してきた。残念ながら、現在のいじめ対策の議論は、こうした他の領域での知見があまり参照されていない。また近年、いじめ対策に関して科学的根拠に基づくアプローチの重要性が言われはじめているが、まだ十分に浸透していない。さらに言えば、ユネスコが近年力を入れているように、いじめ対策は世界的にも重要課題になっているが、日本はその潮流から取り残されているように見える。[19] いじめ対策について、今後一層の国際的・学際的なアプローチが取られることを願う次第である。

本節ではいじめの実態の隠蔽という問題に踏み込むことができなかったが、次節ではそれに関連する話題として医療事故防止の取り組みについて論じたい。

注

（1）詳しくは森田洋司『いじめとは何か』中公新書、二〇一〇年を参照。

（2）e-Gov 法令検索「いじめ防止対策推進法」(https://elaws.e-gov.go.jp/document?lawid=425AC1000000071　二〇二二年九月六日最終アクセス)。

（3）たとえば、鈴木香織・上地勝「日本におけるいじめに関する研究の現状と課題」『茨城大学教育学部紀要』六三、二〇一四年、五〇九～五二六頁や、和久田学『学校を変える　いじめの科学』日本評論社、二〇一九年、第九章など。

（4）森田、前掲書、第三章。

（5）松永邦裕「いじめ防止対策推進法施行後の学校現場の新たな課題」『福岡大学研究部論集B』一一、二〇一九年、一八頁。

（6）総務省行政評価局「いじめ防止対策の推進に関する調査」(https://www.soumu.go.jp/menu_news/s-news/107317_0316.html　二〇二二年九月六日最終アクセス)。なお、本調査に基づく勧告を受けて法務省や文科省がどのように制度を改善したかについてのフォローアップの調査については下記を参照。「いじめ防止対策の推進に関する調査〈勧告に対する改善措置状況（二回目のフォローアップ）の概要〉」(https://www.soumu.go.jp/menu_news/s-news/01hyoka02_200309.html　二〇二二年九月六日最終アクセス)。

（7）最新のデータは、文部科学省「児童生徒の問題行動・不登校等生徒指導上の諸課題に関する調査」の「令和二年度児童生徒の問題行動・不登校等生徒指導上の諸課題に関する調査結果概要」を参照のこと(https://www.mext.go.jp/a_menu/shotou/seitoshidou/1302902.htm　二〇二二年九月六日最終アクセス)。

（8）Brooks, Robert Andrew, and Jeffrey W. Cohen, *Criminology Explains: School Bullying*, Oakland, 2020,

Introduction.
（9） 文部科学省「いじめの防止等のための基本的な方針」（平成二九年三月一四日改定）（https://www.mext.go.jp/a_menu/shotou/seitoshidou/__icsFiles/afieldfile/2018/01/04/1400142_001.pdf　二〇二二年九月六日最終アクセス）。
（10） 荻上チキ『いじめを生む教室』ＰＨＰ新書、二〇一八年。
（11） 文部科学省「中学校学習指導要領解説【特別の教科　道徳編】」（https://www.mext.go.jp/a_menu/shotou/new-cs/1387016.htm　二〇二二年九月六日最終アクセス）。
（12） 森田、前掲書、第五章。
（13） 水野君平・太田正義・加藤弘通「道徳教育による規範意識の涵養といじめ問題の関連」『心理科学』三九（二）、二〇一八年。
（14） 同前。
（15） 和久田学『学校を変える　いじめの科学』日本評論社、二〇一九年、第四章。
（16） 荻上、前掲書、第七章。
（17） 「いじめ〝被害者も原因〟六割　大津市小中学生アンケート」『京都新聞』二〇一六年一二月五日朝刊。
（18） 森田、前掲書、第四章。
（19） 下記の文献を参照。なお、ユネスコのいじめの定義は、文科省がかつて使っていた客観的定義に近いものであるため（本書二三三頁参照）、新しい主観的定義を用いたいじめの認知件数などに関する日本の統計データは他国との国際比較が難しい可能性がある。UNESCO, *School Violence and Bullying: Global Status Report*, 2017; UNESCO, *Behind the Numbers: Ending School Violence and Bullying*, 2019.

9 医療事故予防

「人は誰でも間違える」

一九九九年末、米国の医学研究所（ＩＯＭ）が重要な報告書を公表した。『人は誰でも間違える』と題されたこの報告書によれば、米国における医療事故による一九九七年の年間死亡数は、推計で四万四〇〇〇人から九万八〇〇〇人にも上り、これは低い方の数字で比べた場合でも、年間の交通事故死（四万三四五八人）、乳がんによる死亡（四万二二九七人）、あるいはエイズによる死亡（一万六五一六人）よりも多い人数であった。報告書は航空業界と比べ医療においては事故防止の対策が遅れているとし、死亡や重大な危害をもたらした医療事故の報告制度の整備をはじめとする安全な医療制度の構築を提言した(1)。

日本では同時期に、医療事故死に関連する民事・刑事訴訟が相次ぎ、医療機関に対する司法介入の是非が問題になっていた。代表的な事例を一つ挙げると、一九九九年二月に都立広尾病院に左手中指関節リウマチの手術のために入院した五八歳の女性が、看護師の確認ミスにより消毒薬を静脈に誤注入され急死した事件がある。翌年に病院関係者が起訴されたが、ミスを認めない都および病院側の不誠実な対応を受け、夫は都と病院を民事で訴えた。二〇〇〇年一二月には二人の看護師に対して業務上過失致死罪により執行猶予付きの禁錮刑が下され、二〇〇四年四月には警察への届出義務違反などで元院長を有罪とする最高裁判決（刑事）が、また同年九月には元院長の「事故隠し」の不法行為を認める東京高裁判決（民事）がそれぞれ出され、病院側の対応の問題が明るみに出た。[2]

この事件および同種の事件をきっかけに、日本でも医療事故の報告および調査制度の整備の必要性が議論されるようになり、その後一〇年にわたる長い議論を経て、二〇一五年一〇月から医療事故調査制度が正式に開始された。今回は、まずこの調査制度の概要と問題点を説明し、次に予防の倫理学の観点からの考察を加える。その際に、前節で扱ったいじめ防止に関する「重大事態」の調査との比較検討を通じて、こうした調査が共通して持つ問題について考える。

医療事故調査制度と問題点

日本の医療事故調査制度は、二〇一四年六月に成立した医療介護総合確保推進法（「地域における医療及び介護の総合的な確保を推進するための関係法律の整備に関する法律」）に基づく医療法改正によって、二〇一五年一〇月に開始された。これは全国に約一八万ある医療機関および助産所に適用されるものだが、調査の対象となるのは、検査や治療などに起因する（疑いも含む）「予期せぬ死亡と死産」のみである。医療機関の長が「予期せぬ死亡」が起きたと判断した場合、第三者機関の「医療事故調査・支援センター」に届け出た上で院内調査を行い、その結果を遺族とセンターに報告する。遺族らが納得できない場合は、センターに再調査を依頼することでセンターが独自に調査を行い、結果を遺族と医療機関に報告するという二段構えになっている[3]（図1）。

本調査制度について、その開始以前から問題になっているのは、この調査を行うかどうかを判断するのは死亡事故が発生した当該医療機関であり、また「予期せぬ死亡」かどうかについての判断も医療機関に委ねられている点である。遺族は、医療機関が調査を行った場合のうち、結果に不服を抱いた場合には医療事故調査・支援センターに再調査を依頼できるが、そもそも調査を行うかどうかについては決定権を一切持たない。また「予期せぬ死亡」については、厚労省の省令や通知により、①事前に患者に死亡のリスクを伝えていたと病院長が認めた場合、②事前に死亡のリスクをカルテなどに記載していたと病院長が認めた場合、③主治医や医療安全管理委員会などの意見聴取によって、事前に死亡のリスクが予期されていたと病院長が認めた場合、を除くすべての死亡とされている[4]。だが、とくに③に関しては病院側の裁量がかなり大きいと言える。本調査制度が医療者の性善説に依拠していると言われる所以である。

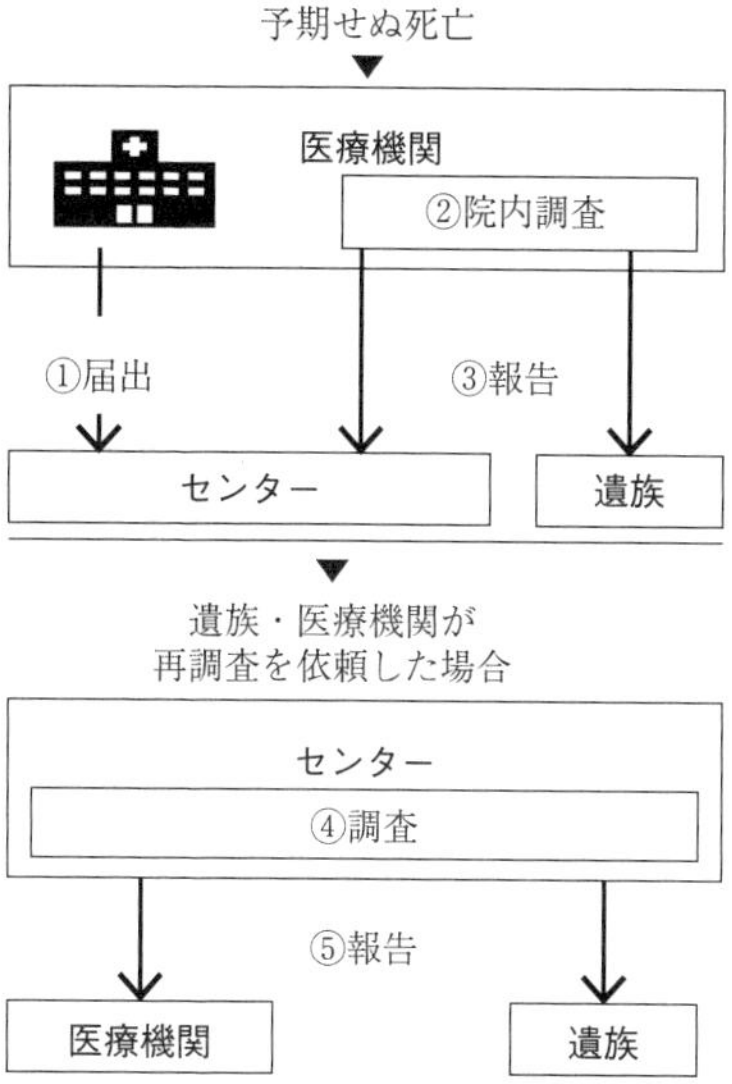

図1　医療事故調査の流れ
（出所）『朝日新聞』2016年9月29日より筆者作成。

本調査制度の開始時点では、センターへの年間の報告数は、過去の発生状況などから一三〇〇件から二〇〇〇件と推計されていたが、制度開始後五年間にわたり、年三〇〇件台で推移しており、推計が正しいなら少なめに見積もっても年間一〇〇〇件の「予期せぬ死亡」が調査・報告されていない計算になる。また、制度発足以来、センターへの報告実績ゼロの病院が、四〇〇床以上の大病院に限っても、六割近くに上っている。その背景には、本制度の目的が医療事故の真相究明とそれを通じた再発防止（医療安全の確保）にあるにもかかわらず、病院側は責任追及や訴訟のリスクを恐れて積極的に調査を行わない実態があると考えられている。(5)

いじめ防止対策との比較

ここで少し視点を変えて、二〇一三年に施行されたいじめ防止対策推進法に基づく「重大事態」に関する調査と比較してみよう。本調査は、児童生徒の自殺や長期の欠席などがいじめに起因するものと疑われる場合（重大事態）に、学校または教育委員会が事実関係を明確化するために行うものだ。調査後は、いじめを受けた児童生徒とその保護者に適切な説明をするとともに、地方公共団体の長等（首長）に報告を行う。遺族等が再調査を要望した場合には、首長の判断で再調査を実施し、その結果に基づき必要な措置を講じることになっている。

このようにいじめの重大事態に関する調査も二段構えになっているが、医療事故の場合と大きく異なるのは、全国規模の組織がなく、基本的に地方自治体単位で調査が完結している点である。前節で見たように、文科省は毎年学校や教育委員会を対象に実施している問題行動調査によって、重大事態を含めたいじめの件数を把握しているが、文科省が医療事故の場合のように直接報告を受けたり調査を行ったりするわけではない。学校や教育委員会による調査は公平性に欠け、首長が再調査のために設置する委員会は専門性に欠けることもあることから、全国規模の第三者機関の創設を望む声もある。(6)

このように、いじめと医療事故では調査機関や件数把握の仕方について違いがあるものの、いずれの場合にも過少申告とも言える状態が続いており、またその理由の一つとして、いじめの定義や「予期せぬ死亡」の定義が問題になっていることが見てとれる（前節も参照）。しかし、定義の問題もさることながら、より大きな問題は、教育や医療現場の隠蔽体質にどう取り組むかであろう。

原因究明と責任追及

いじめに関しては、自殺等の責任を教員や学校側が負わずに済むように、いじめの証拠となるようなメモを破棄するといった事例が近年相次いで報道されている。[7] 同様に、医療事故についても、これまでの医療過誤訴訟でしばしば、医療者側によるカルテ改ざんや破棄などの証拠隠滅が問題にされてきた。[8]「医療機関、医療従事者は、医療事故が発覚すると信頼が失墜するとの思いが先行し、すぐに隠蔽工作に走ることが多い。医療従事者が誠意ある対応をせず、組織防衛を目的に「隠す」「かばう」「逃げる」「うそをつく」「ごまかす」などの対応をすることで、被害者、遺族と医療側の間で最初から「対話」の機会がなくなってしまうのだ[9]」。これは医療事故の被害者遺族による指摘であるが、いじめ自殺などに対する学校側の対応にも等しく当てはまるものであろう。

今日、医療事故といじめは、いずれも「いつでも（誰にでも）起こりうるもの」として認識されており、今後の予防のためには、失敗から学ぶことが重要である。そのため、いずれの調査も真相究明と再発防止に力点が置かれており、とりわけ医療事故調査の場合は、この制度の目的が医療安全の確保であり、個人の責任を追及するためのものではないことが明示的に述べられている。一方、いじめの調査の場合は、いじめ防止対策推進法には懲戒規定はないものの、調査結果に基づき教職員に重大な過失等が認められる場合は、地方公務員法等により減給や戒告といった懲戒処分がなされる可能性がある。しかし、明示的な懲戒があるにせよないにせよ、いずれの場合も臭いものに蓋をしようとする力が強く働いている。医療事故に関しては、「責任追及文化から医療安全文化へ」というように、個人の責任を問わない制度設計の重要性が強調されているが、はたして再発防止のための原因究明を責任追及から切り離すことが概念的および心理的にどこまで可能なのか。将来起こりうる事故の予防のためには過去から学ぶ必要があるが、その過程で個人や組織に対する責任追及の可能性が生じる。ここでもまた、予防と責任の関係が問われている。

事故対策が比較的進んでいる航空業界や鉄道業界では、重大な事故につながらなかった軽微なミスを処分対象から外すなどして、ミスの報告をしやすくするようにするといった工夫が見られる[10]。医療事故対策は、こうした業界での取り組みを参考に作成されてきた経緯があるが、重大な事故が発生した場合の隠蔽のしやすさが異なるため、正確な実態把握のためにはより一層の工夫が必要であろう。

適切な予防のためには過去の事例から学ぶ必要があり、そのためにはなるべく暗数の少ない実態把握が重要である。どうすれば正確な実態把握ができるかも医療事故対策の重要な課題である。

注

(1) L・コーン他編、医学ジャーナリスト協会訳『人は誰でも間違える――より安全な医療システムを目指して』日本評論社、二〇〇〇年。
(2) 永井裕之『断罪された「医療事故隠し」』あけび書房、二〇〇七年。

（3）「教えて！　医療事故調査制度⑴」『朝日新聞』二〇一五年一〇月二八日を参照した。
（4）厚生労働省医政局長通知「地域における医療及び介護の総合的な確保を推進するための関係法律の整備等に関する法律の一部の施行医療事故調査制度について（平成二七年五月八日）」（https://www.mhlw.go.jp/content/10800000/000890263.pdf　二〇二二年九月六日最終アクセス）。
（5）「医療事故　大病院五七％報告ゼロ」『産経新聞』二〇二〇年一一月五日朝刊、「医療事故の教訓　生かせているか」『朝日新聞』二〇二〇年一一月二五日朝刊。
（6）「教育の窓──「知りたい」に応える調査を　いじめ第三者機関」『毎日新聞』二〇一八年九月一七日朝刊。
（7）「神戸市教委を文科省が指導　いじめメモ隠蔽【大阪】」『朝日新聞』二〇一八年六月六日朝刊、「いじめメモ　部活顧問ら破棄　兵庫・加古川　自殺の中二遺族提訴」『朝日新聞』二〇二一年一月四日朝刊など。
（8）毎日新聞医療問題取材班『医療事故がとまらない』集英社新書、二〇〇三年、第三章。
（9）永井、前掲書、一四八頁。
（10）「「ミスは処分」決別図る　ＪＲ宝塚線事故一五年」『朝日新聞』二〇二〇年四月二二日朝刊。

第Ⅳ章　災害の予防

1 災害と防災

災害大国としての日本

東日本大震災が起きてからもう一〇年以上になる。地震と津波等による死者・行方不明者数は約二万二三〇〇人を数え、自然災害としては戦後最大の巨大災害であった（図1）。災害大国と言われる日本では、その後も熊本地震（二〇一六年）や西日本豪雨（二〇一八年）で数百名単位の人命が失われている。

地震や台風などは今後も起きるだろう。地震については予知が困難だと言われる一方で、台風や豪雨は予測の精度が近年大きく向上している。政府や自治体レベルでの対策や訓練が行われるとともに、個人レベルでの備えの重要性も繰り返し強調されている。我々は災害予防のために何をなすべきだろうか。

そこで第Ⅳ章では、災害予防に関する議論を概観し、これまでに論じてきた傷病予防や犯罪予防の議論と比較しつつ、予防の倫理学の視点から検討を行う。本節では災害予防に関する概念整理を行う。

災害の定義

そもそも災害とは何だろうか。地震や台風といったいわゆる自然災害を想起する者が多いと思われるが、たとえば原発事故や地下鉄サリン事件といったテロも災害と呼ぶべきだろうか。また、戦災（戦争災害）や労災（労働災害）という言葉もある。日本で年間数千人の死

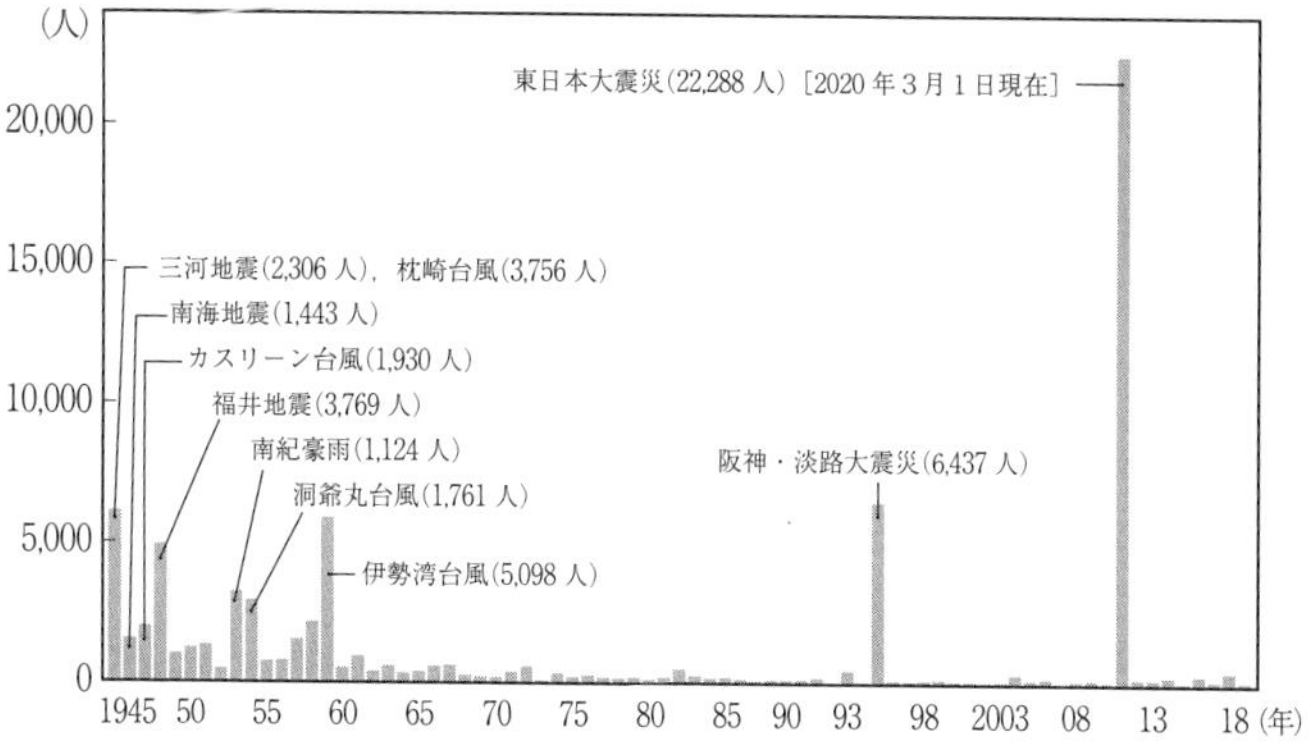

図 1　自然災害における死者・行方不明者数

（出所）内閣府編『防災白書』（令和 2 年版）2020 年より筆者作成。

者が出る交通事故や、年間二万人前後の死者を出す自殺問題などは、災害と呼ぶべきだろうか。金融危機はどうか。

現行の災害対策基本法によれば、災害は次のように定義される[1]。「暴風、竜巻、豪雨、豪雪、洪水、崖崩れ、土石流、高潮、地震、津波、噴火、地滑りその他の異常な自然現象又は大規模な火事若しくは爆発その他その及ぼす被害の程度においてこれらに類する政令で定める原因により生ずる被害」（第二条第一項）。この定義では、前述の戦災や労災は排除されているが、この法律に基づいて作成されている防災基本計画にあるように、地震や津波や風水害の他、航空・鉄道・道路災害や原子力災害などは災害に含まれている[2]。基本的には天災にせよ人災にせよ突発的な事象に伴う害悪が念頭にあるため、年間を通じて起こる自殺は災害とは考えられておらず、また昨今の感染症のパンデミック（世界的大流行）もここには含まれていない。さらに、生物兵器や化学兵器などを用いたテロは、二〇〇四年の国民保護法（「武力攻撃事態等における国民の保護のための措置に関する法律」）において規定されているため、これも日本の法制度上は災害とは見なされていない。

このように、災害という言葉が指し示す対象は様々であるが、議論が複雑になるのを避けるために、以下では主に地震や台風などの自然災害を念頭に議論を行う。なお、厳密に言えば、地震や台風といった自然現象そのものは災害ではなく、しばしばハザード（災害因）と呼ばれるそれらの自然現象が人間の生活にもたらす被害を指して災害と呼ぶ。逆に言えば、人間の生活に被害をもたらさない無人島の火山の噴火などは、それ自体では災害とは呼ばれないだろう。

防災の分類

次に、防災（本書では災害予防と同義とする）の定義について考えてみよう。先の災害対策基本法によれば、防災は「災害を未然に防止し、災害が発生した場合における被害の拡大を防ぎ、及び災害の復旧を図ること」（第二条第二項）である。ここには、災害の未然防止、災害発生時の被害拡大防止、そしてその後の復旧という三つの要素があることが見てとれる。

これは一見すると、予防の三段階（健康増進を軸とする一次予防、早期発見・早期治療の二次予防、リハビリによる三次予防）と似ている。しかし、大きく異なると思われるのは、第一の未然防止の部分である。病気や犯罪の一次予防においては、望ましくない事象が起きないように対策を取るのに対し、台風や地震については、同様な対策を取るとともに、「災害の発生を完全に防ぐことは不可能である(3)」という前提に立ち、災害が起きた場合の対応計画を策定することも重要な作業になる。そのため、今日の防災基本計画では、災害対策基本法の三つの要素は「災害予防・事前対策」と「災害応急対策」およ

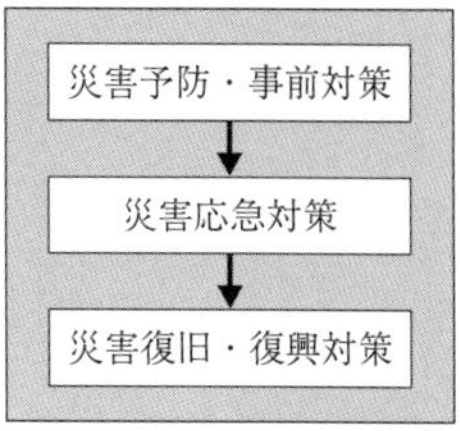

図2　防災の三段階
（出所）中央防災会議「防災基本計画」2020年，附属資料28を改変。

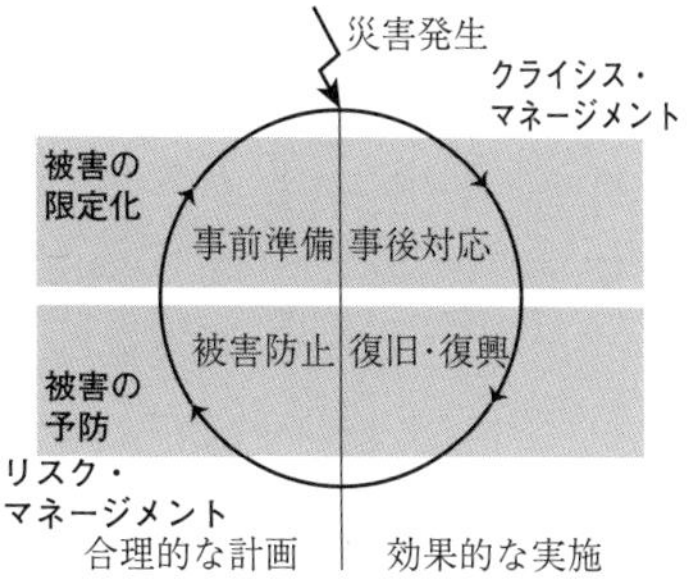

図3　災害管理の四つのフェーズ
（出所）林（1995）を改変。

び「災害復旧・復興対策」という表現に置き換えられている（図2）。したがって、防災基本計画では災害予防と事前対策が一まとめになっているものの、実際には四つの要素があると考えるべきである。

この点は、米国の連邦緊急事態管理庁（FEMA）が採用している「災害管理の四つのフェーズ」において、より明確である。この考え方によれば、災害発生前の対策として、建造物の耐震改修や津波対策の防波堤・防潮堤の増強といった被害防止（mitigation）と、被害発生を想定した計画策定や訓練実施などの事前準備（preparedness）の二つのフェーズがある。そして、災害発生後の対策にも、先の災害応急対策に当たる事後対応（response）と、復旧・復興（recovery）の二つのフェーズが存在する（図3）。

さらに、京都大学防災研究所の教授であった林春男によると、このうちの被害防止と復旧・復興は、将来の災害の危機回避を目的とするリスク・マネージメント（リスク管理）であるのに対し、事前準備および事後対応は実際に発生した危機に対する効果的な事態収拾を目的とするクライシス・マネージメント「危機管理」であり、両者を合わせてエマージェンシー・マネージメントと呼ぶ。(4) 図3にあるように、この四つのフェーズはサイクルとなっており、継続的な対策が必要であることがわかる。

予防の倫理学の観点から

先にも述べたように、病気や犯罪の予防と比較した場合、災害予防に特徴的なのは、災害を未然に防ぐという意味での被害防止だけでなく、災害発生時に備えて対策を練っておくという事前準備も明示されている点だ。先の林春男の論文は一九九五年に起きた阪神・淡路大震災を受けて書かれたものだが、それによると、それまでの日本の防災対策は耐震設計などの工学的な取り組みを中心とする被害防止策が重視されるあまり、「地震による甚大な被害の発生はありえないかの幻想も生まれる程であった」が、「阪神・淡路大震災の例は、被害の予防対策に過度の信頼をおいてきたわが国の防災体制が、それで防ぎ切れなかった未曾有の被害に接して、十分な対応を行うだけの備えがなかったことを明らかにした」と論じている。(5) つまり、災害の未然防止に重心が偏っており、大規模災害が実際に起きた場合を想定した事前対策および事後対応が十分でなかったという指摘である。

その後の日本では、大規模な停電や公共交通機関の麻痺が生じた東日本大震災以降、政府や地方自治体および民間企業で事業継続計画（Business Continuation Plan：BCP）が作られるようになっており、クライシス・マネージメントに関する意識も徐々に変化しつつある。しかし、今回の新型コロナウイルス感染症のパンデミック対応でも露呈したように、このクライシス・マネージメントの発想はまだ十分に根付いていないように思われる（第Ⅱ章11節参照）。

災害の発生リスクを削減するというリスク・マネージメントの考え方は、比較的受け入れられやすいが、災害が実際に起きた場合を想定して計画を立てるというクライシス・マネージメントの考え方は、とくに大規模災害が生じて平時とは異なる倫理基準が必要となる場合には、一般には受け入れられにくいものとなる。たとえば、人工呼吸器が足りない場合のトリアージのように、人命の選別を行わなければならない事態を想定して、事前に計画を作ることがこれに当たる。有事の倫理基準は、平時の倫理基準とどこまで異なることが許されるだろうか。予防の倫理学の観点からは、この点を論じる必要がある。

また、災害発生の予測精度が高くなるにつれて、災害時を想定した事前計画や訓練がますます重要になる。すると、計画を立てていなかったり、計画通りに対応を行わなかったりした場合の責任が、個人や集団に帰せられる可能性も高くなるだろう。こうした防災に伴う責任についても、予防の倫理学の観点からは重要である。

さらに、気候変動も含めた自然災害の予防の議論においてしばしば問題となる「自助・共助・公助」の議論と予防原則についても、理論的な検討が必要である。本節ではこれらの論点を指摘するに留め、次節以降で詳細に論じることにする。

注

（1）e-Gov 法令検索「災害対策基本法」（二〇二一年九月一日施行）（https://elaws.e-gov.go.jp/document?lawid=336AC0000000223　二〇二二年九月六日最終アクセス）。

（2）内閣府「防災基本計画」（https://www.bousai.go.jp/taisaku/keikaku/kihon.html　二〇二二年九月六日最終アクセス）。

（3）中央防災会議「防災基本計画」二〇二二年六月、第二章（六頁）（https://www.bousai.go.jp/taisaku/keikaku/pdf/kihon_basicplan.pdf　二〇二二年九月六日最終アクセス）。

（4）林春男「阪神・淡路大震災における災害対応――社会科学的検討課題」『実験社会心理学研究』第三五巻第二号、一九九五年、一九四〜二〇六頁。なお、林はエマージェンシー・マネージメントを「危機管理」と訳しているが、本書ではクライシス・マネージメントを「危機管理」と訳すことにする。

（5）同前。

2　予測・予報・予防

犯罪や病気の予防と異なり、災害予防では災害因の発生を完全に回避するのはしばしば困難である。たとえば、台風や地震の発生自体を防止することは、少なくとも現時点では不可能である。そこで、災害の原因となる自然現象の発生を予測し、その予測に基づき市民に予報を行い、個人や組織が事前に備えておくことにより、災害時に生じる損害の最小化を図ることが予防活動の中心となる。災害予防にとって予測や予報が決定的な重要性を持つのはこのためである。

予測・予報の重要性

より図式的に言えば、予測と予報に基づく予防行動は次の三つの段階に分けることができる（表1）。まず、専門家が観測や計算に基づき、台風や地震といった災害の予測を行う段階がある。次に、その予測を踏まえて、政府や企業などが市民に予報を行う段階がある。最後に、そうした予報に基づいて個人や組織が防災のための準備や避難行動を行う段階がある。これらそれぞれの段階に関して、「予測はどのぐらい正確か」「いつ、どのような予報を出すべきか」「予報に基づいてどのような予防行動を取るべきか」という問いが重要となる。これらは部分的には科学的な問いであるが、予防の責任が問われるという意味で、倫理的な問いも含まれている。

表1　災害予防の三つの段階と主な問い

	災害の予測	災害の予報	災害対策・避難行動
具体例	台風の進路予測 津波の発生予測	大雨洪水注意報・警報など 津波注意報・警報 など	鉄道の計画運休，臨時休校 ハザードマップの作成 防災グッズの購入 安全な場所への避難 など
主な問い	「予測は正確か」	「いつ，どのような予報を出すべきか」	「どのような予防行動を取るべきか」

（出所）筆者作成。

そこで本節では、災害の予測と予報に関して、予防の倫理学の観点から検討を行う。

予測の科学

台風や地震などの自然現象に関する予測は、それに基づく予報や予防行動にとって不可欠である。こうした自然現象の予測の現状について詳述することは筆者の手に余るが、関連文献を参考に、近年の動向について手短かに触れておこう。

まず、台風や大雨といった気象情報については、人工衛星による観測やスーパーコンピューターによるシミュレーションなどを用いることで、近年ますます詳細で正確な予測が可能になっている。さらに、より最近では、人工知能（AI）を用いて過去の台風の軌道やシミュレーションの結果などを学習させることにより、膨大なデータに基づく進路予測の研究も行われている(1)。

一方、地震については事情が異なり、現在の科学技術では正確な予測は困難だという共通了解が広まっている。一九七〇年代の終わりから、巨大地震の前触れとなる前兆現象を解明して地震の直前予知につなげるという研究が四〇年間にわたり行われていたが、地震の発生メカニズムはまだ十分に解明されておらず、また一九九五年の阪神・淡路大震災や二〇一一年の東日本大震災などの予知もできなかったとして、このような予測の試みは放棄され、二〇一七年には気象庁の地震予知情報課が廃止されるに至った。(2) なお、いわゆる緊急地震速報は、地震発生直後に各地での強い揺れの到達時刻や震度を予想して発表するものであり、ここで言う直前予知とは性質が異なるものである。

地震の直前予知とは別に、過去の地震の発生間隔や直近の地震からの経過年数などを用いて三〇年以内、五〇年以内といった長期的な地震リスクを予測する試み（長期評価）も行われている。だが、このような予測についても、地震の周期的な発生という仮説自体が成り立たないとして、その科学的根拠を批判する声もある。(3)

最後に、地震に伴う津波の発生予測や海岸への到達予測については、スーパーコンピューターによる膨大なシミュレーション結果のデータベースを用いることにより、地震発生直後に観測データを入力することで、直ちに到達予測を行うことが可能になっている。(4)

このように、自然現象の種類によって、かなり正確な予測が可能と思われているものと、そうでないものがあるが、科学技術の進歩により、予測の精度は今後も上がっていくものと考えられる。

予報の信頼性　気象庁は観測や計算に基づく予測を行い、それを踏まえた予報を市民に向けて提供している。こうした予報業務は一九九三年の気象業務法改正により部分的に自由化されたため、許可を受けた民間企業も行うことができるようになった。

前述のように、台風や大雨などの気象の予測は精度が上がりつつあるものの、やはり不確かさが付きまとう。そのため、いつ、どのような予報を市民に向けて提供するべきかという問題が生じる。通常の天気予報であれば外れても大過はないが、予報の一種である警報や二〇一三年から開始された特別警報の場合は、適時に発令されるかどうかが生死に関わる問題となる。

気象庁で長年予報官として働いていた永澤義嗣は、予報の難しさを次のように述べている。台風や大雨といった天候の予測については、予報を遅らせれば遅らせるほど、その確度は上がる。しかし、予報が遅くなればなるほど、予報が出たあとに防災対応を行う時間が短くなり、予報を出す意義が薄まる。(5)これを予報のジレンマと呼ぶことができるだろう。

永澤によれば、まだ予測の技術が未熟だった一九七〇年代は、気象庁の方針は「空振りをおそれず」、つまり警報を出して何もない場合の方が、警報を出さないで何か起きた場合よりもましだという姿勢で、大雨警報には原則的に洪水警報も連記する形で発令していた。その結果、防災に関わる中央官庁の役人でさえ「警報は風物詩」とうそぶく向きもあったという。

予報に対する信頼が失われると、オオカミ少年効果と呼ばれる問題が生じる。一九八二年七月二三日に起きた長崎水害では、それまでの約二週間に四度の大雨洪水警報が出ていたが、すべて空振りに終わっていた。そのため、五度目の警報が出た際には自治体も市民も適時に対策を取らずにいた。ところが実際には記録的な集中豪雨が起き、山崩れや崖崩れによって長崎だけで約三〇〇人が死亡・行方不明となった。(6)当たらない警報を連発することには、このような危険が伴いうる。

また、予報が外れた場合、通常は気象庁などの予報業務を行う組織が責任を取ることはないが、法的な責任を問われた例として、イタリアのラクイラ地震の事例がある。

予報と責任

二〇〇九年四月にイタリア中部のラクイラで地震が起き、三〇〇名余りの命が失われた。この地震の前には予兆らしき微震が半年余り続いていたが、政府の防災局が開催した委員会に出席していた地震学者たちは避難勧告を出さず、その委員会の前後には防災局の役人がテレビで事実上の安全宣言を出していた。

そのため、二〇一一年に被災者たちが地震学者や役人ら七名を過失致死罪で訴えた。二〇一二年に出された一審の判決では、七名全員に禁錮刑六年の有罪判決が出され、日本でも大きな話題になった。だが、二〇一四年の二審判決では、科学者たちは微震によって地震の可能性が増えたわけではないという見解を示しただけであり、専門家としての過失はないとして六名全員が無罪となり、メディアで安全宣言をした防災局の役人のみが有罪判決を受けた。そして、二〇一五年の最高裁判決でも二審の判決が維持された(7)。

このように、不正確な予報は、信頼の問題だけでなく責任の問題をも生み出しうる。地震については先述したように事前の予測が困難だということになっているが、台風や大雨などの気象情報については、予測の確度が高くなればなるほど、それに基づく予報の的確さに関する責任の問題が生じる可能性も高くなるだろう。

予報に基づいた予防行動

最後に、予報を受けた個人や組織がどのように行動すべきかという問題がある。

個人に関しては、台風や洪水、崖崩れなどに備えて避難所の確認や非常食などの防災グッズの準備、また近年の法整備により作成が進んでいるハザードマップを読んでおくことなどが求められていると言えるが、これらは実際には容易なことではない。自治体による避難勧告が出された場合でも、勧告を信じずに緊急事態であることを認識できなかった結果、逃げ遅れてしまうこともある。いわゆる正常性バイアスである(8)。この対策としては平時からの訓練が重要だとされるが、先に述べたように予報に対する信頼が維持されていることも重要であろう。

また近年、大型の台風の接近に備えて、計画運休する鉄道会社が増えているように、個人だけではなくインフラを担う企業も率先して災害の事前対策を取るようになっている。このような動きは、個人にも対策を促すものとして歓迎できる一方で、予報が外れて大した被害がなかった場合には、いたずらに帰宅困難者を増やしたとして批判を受けることもある(9)。

避難指示が出ている場合に個人が避難しないことで法的責任を問われる事例はまずないと考えられるが、組織の場合はその長の責任が問われる場合がある。たとえば東日本大震災の際に避難が遅れて大勢の子どもの命が津波によって失われた大川小学校の事例である。この事例について詳しく検討するために、次節では先にハザードマップの意義と課題について論じる。

注

（1）井田喜明『予測の科学はどう変わる？』岩波書店、二〇一九年。
（2）有本建男・佐藤靖・松尾敬子・吉川弘之『科学的助言』東京大学出版会、二〇一六年、第六章。
（3）たとえば、東大名誉教授（地震学）のロバート・ゲラーによる次の記事を参照。「（私の視点）地震の発生確率予測は無意味、現実を見よ」『朝日新聞』二〇一八年三月二日朝刊。
（4）井田、前掲書。
（5）永澤義嗣『気象予報と防災』中公新書、二〇一八年、第七章。
（6）広瀬弘忠『人はなぜ逃げおくれるのか』集英社新書、二〇〇四年、第三章。
（7）有本他、前掲書。また、以下の論文も参考になる。纐纈一起・大木聖子「ラクイラ地震裁判　災害科学の不定性と科学者の責任」『科学技術社会論研究』第一一号、二〇一五年、五〇～六六頁。
（8）広瀬、前掲書。
（9）「台風に先手、首都圏運休　日曜の夜、ＪＲ東踏み切る」『朝日新聞』二〇一八年一〇月二日朝刊。

3 ハザードマップの意義と課題

防災から減災へ

二〇一一年三月一一日に起きた東日本大震災を受け、東日本大震災復興構想会議が同年六月に出した「復興への提言」では、「減災」の理念が明確に打ち出された。提言は言う。「今回の津波は、これまでの災害に対する考え方を大きく変えた（中略）。それは、物理的に防御できない津波が存在することをわれわれに教えた。この規模の津波を防波堤・防潮堤を中心とする最前線のみで防御することは、もはやできないということが明らかとなった。今後の復興にあたっては、大自然災害を完全に封ずることができるとの思想ではなく、災害時の被害を最小化する「減災」の考え方が重要である」[1]。この考え方に基づき、本提言では、従来のハード対策（防波堤・防潮堤の整備等）だけでなく、ソフト対策（防災訓練、防災教育等）を重層的に組み合わせた対策を取ることの重要性が謳われた。

ハード対策だけに依存する従来の防災と比べて、ハードとソフトの両方を用いる減災は、予防の手段だけではなく予防の目的もまた異なっている。この点を理解するには、ＦＥＭＡの災害管理の四つのフェーズの区分にある、災害を未然に防ぐという「被害防止」と、被害発生を想定した行動計画を作成する「事前準備」の区別を想起する必要がある（本章1節参照）。すなわち、津波対策について言えば、防波堤や防潮堤によって津波災害の発生を完全に防ぎ切ろうという従来のゼロリスク的発想（「完全防災」と言われることもある）は放棄し、完全な未然防止は不可能だという前提で避難計画などの事前準備を進めておくことにより、津波発生時の害悪の最小化を図ろうという発想に転換したのである。

こうした事前準備の前提となるハザードマップ（災害予測図）は、このような発想の転換を象徴するものである。そこで本節では、ハザードマップの意義と課題について予防の倫理学の観点から論じる。

ハザードマップは、前述の「復興への提言」が出るよりも先に、洪水や高潮等による水害への対策を定めた水防法で規定された。防災教育などを専門にする片田

「川はあふれる」

敏孝が記しているように、一九九〇年代までの日本の河川行政は、堤防やダムなどの治水施設の整備事業を推進し、河川を氾濫させないことを目指して対策を立てる一方で、氾濫した場合の危機管理（クライシス・マネージメント）は十分に検討してこなかった。しかし、九〇年代以降、行政の想定を超えるような集中豪雨が各地に水害をもたらした。このような事態を受け、国土交通省の河川審議会は、二〇〇〇年の答申において、今後の治水対策は「川はあふれる」という前提に立ち、氾濫時における住民の生命の保全に主眼を置いたソフト対策を強化しなければならないと訴えた。これにより、水防法に危機管理の視点が導入されることになったという(2)。

そのソフト対策において中心的な役割を果たすのが洪水ハザードマップである。そのようなハザードマップはすでに一九九四年の建設省（現　国土交通省）河川局の通達に基づき市町村で作成が開始されていたが、「費用がかかる」「地価に影響する」「住民の不安をあおる」などの理由から当初は遅々と

して作成が進まなかった。そこで、二〇〇一年の水防法改正では市町村によるハザードマップの作成・周知が努力目標となり、さらに二〇〇五年の改正で義務化された。その後も改正が行われ、二〇一五年の改正では、河川氾濫（堤防内部の居住地域に浸水してくるため「外水氾濫」と呼ばれる）による洪水だけでなく、市街地の雨水処理能力を超える豪雨によって浸水が起こる内水氾濫や高潮のハザードマップの作成・周知も義務化された。

こうした義務に基づき、市町村はまず、浸水シミュレーション等によって作成された浸水想定区域図を国または都道府県から提供してもらい、次に、地域の水害特性（複数河川がある場合や過去の水害実績など）や社会特性（住民の年齢構成や地下街の有無など）を踏まえて、避難場所や避難経路等の検討や各水害の重要度に応じた表示方法の検討を行った上で、ハザードマップを作成する必要がある。(3)

上記の洪水ハザードマップ以外にも、今日では、土砂災害ハザードマップ（根拠法は土砂災害防止法）、津波ハザードマップ（根拠法は地震防災対策特別措置法および津波対策推進法）等について、市町村の作成・周知が義務化されている。

現在、これらのハザードマップは各市町村のウェブサイトで閲覧可能であるほか、国土交通省が運営する「ハザードマップポータルサイト」（https://disaportal.gsi.go.jp）でも、全国の市町村で作成されているハザードマップを閲覧することができる。(4)

ハザードマップの課題

ハザードマップ作成の目的は、洪水や津波などのハザード（災害因）発生時に、人的・経済的被害を最小限に抑えることである。そのためには、単にハザードマップを作成して終わりではなく、市民がこれを有効に利活用することで、災害対策に実際に役立てる必要がある。国土交通省の作成している「水害ハザードマップ作成の手引き」では、ハザードマップを用いて平時からしっかり勉強し、また緊急時にはどこに逃げるのかなどをマップで確認するという使用が想定されている[5]。

しかし、これは容易ではない。片田がハザードマップの問題点として一番に挙げているように、市町村で作成してもそれが使われないことが最大の問題である。片田は一九九八年八月末の福島県郡山市の集中豪雨（死者一一名）のあとに調査を行い、洪水ハザードマップを見ていた人はそうでない人よりも平均一時間早く避難勧告や指示に従ったことを見出した。片田はこの点や、行政もハザードマップ作成を通じて迅速な対応が可能になっていた点を評価する一方で、洪水当日にハザードマップを見ていた人は住民の三分の一に留まった点を問題視している。また、内閣府が二〇〇九年に実施した調査でも、ハザードマップで防災情報を確認したことがある人は約三割であった[6]。

さらに、二〇一八年七月には西日本を中心に記録的な豪雨が発生し、岡山県倉敷市真備町では複数河川の氾濫により最終的に五〇名以上の死者が出たが、倉敷市が事前に作成していた洪水ハザードマップでは、実際の被害と同じ浸水域が想定されていた[7]。これらの被害の生じた原因が、市民がハザードマップを確認していなかったからかどうかは不明であるが、市が作ったハザードマップがその目的を十分に達成していないことは明らかである。

片田が挙げている別の問題点として、ハザードマップの情報が誤解され、かえって避難が阻害されるということがある。片田は、前出の郡山市の調査で、ハザードマップで浸水がないと予測されている白色のエリアの市民だけでなく、浸水深五〇センチメートル未満の黄色のエリアの人も避難しなかったことが明らかになった点に触れ、ハザードマップを、災害リスクを知らせるマップではなく安全を保証する情報と理解している人々が一定数いることに懸念を示している。(8)

浸水深五〇センチメートル未満であれば床下浸水であるから、逃げるよりも念のため家財道具を二階などに移動させておいた方がよいと考える人々がいてもおかしくはないが、問題は、目下の災害がハザードマップ通りになるとは限らない点である。たとえば都市部で河川の氾濫だけでなく内水の氾濫も重なれば、ハザードマップを超える浸水が起こる可能性もある。そのため片田は以前から、「ハザードマップを信じてはいけない」と主張し、想定に囚われる危険性を訴えてきた。(9) つまり、ハザードマップの存在を知らないことも問題だが、ハザードマップの情報を鵜呑みにして行動することも問題なのだ。

今日、専門家や行政、市民などの関係者間における正確なリスク情報の共有を目指したリスクコミュニケーションの重要性が強調されているが、ハザードマップを本来の目的に適うように利活用するためには、かなり高度なリスクコミュニケーションが必要とされていると言えよう。

予防の倫理学の観点から

冒頭で見たように、今日の災害対策は、堤防などのハード対策による被害防止だけでなく、避難訓練などのソフト対策による事前準備ないし被害軽減も重視されるようになっている。だが、このような予防の枠組みの変更は、予防の責任主体の再考の必要性を伴っている点にも注意する必要がある。

それはこういうことだ。災害対策の中心がハード対策による被害防止であれば、洪水が起きて死傷者が出た場合、治水を徹底していなかった行政の責任を問うことができる。しかし、「川はあふれる」という前提に立ち、ソフト対策も重要だということになると、同じように洪水が起きて死傷者が出た場合、それは行政の責任なのか、ハザードマップに従って迅速に行動しなかった人々の責任なのか、にわかには判断がつかなくなる。

片田が日本人は「災害過保護」だと指摘するように、日本ではこれまで災害対策に関して住民が過度に行政依存体質であったことは否めない[10]。その意味では、住民の主体的行動を重視するソフト面も含めた対策こそが本来あるべき災害対策の姿だと考えられるが、問題は、この新しい災害対策の枠みにおいては誰が被害の責任を負うことになるのか、である。たとえば、不正確なハザードマップに基づいて住民が自主的に避難計画を作り、かえって被害が拡大したような場合に、それは行政側の責任なのか、あるいはハザードマップを信じた住民の自己責任なのか、それともいずれにも責任は問えないと考えるべきか。また、学校や病院などの施設の長がハザードマップに基づく適切な避難計画を立てるよりも前に災害が生じ、その結果、職員や生徒、患者らが被災した場合、施設の長は責任を問われるべきだろうか。このような問題が先鋭的に問われたのが、東日本大震災で多くの子どもの命が失われた大川小学校の事例だと言える。そこで次節ではこの事例について詳しく検討する。

注

（1）東日本大震災復興構想会議「復興への提言」二〇一一年、五頁（https://www.cas.go.jp/jp/fukkou/pdf/fukkouhenoteigen.pdf　二〇二二年九月八日最終アクセス）。

（2）片田敏孝『ハザードマップで防災まちづくり』東京法令出版、二〇二〇年、一二～一三頁。

（3）国土交通省水管理・国土保全局「水害ハザードマップ作成の手引き」二〇一六年（https://www.mlit.go.jp/river/basic_info/jigyo_keikaku/saigai/tisiki/hazardmap/suigai_hazardmap_tebiki_201604.pdf　二〇二二年九月八日最終アクセス）。なお、この手引きは二〇二一年一二月に一部改定された（https://www.mlit.go.jp/river/basic_info/jigyo_keikaku/saigai/tisiki/hazardmap/index.html　二〇二二年九月八日最終アクセス）。

（4）また、二〇二二年五月に、ＮＨＫが国土交通省や都道府県から提供を受けた「土砂災害警戒区域」「土砂災害特別警戒区域」のデータに基づき、「ＮＨＫ全国ハザードマップ」を作成している（https://www3.nhk.or.jp/news/special/saigai/select-news/20220527_01.html　二〇二二年九月八日最終アクセス）。

（5）同前、三〇頁。

（6）片田、前掲書、五三～五四頁。

（7）「氾濫、想定していたが浸水、ハザードマップ通り　倉敷・真備　西日本豪雨」『朝日新聞』二〇一八年七月一〇日朝刊。

（8）片田、前掲書、五五頁。

（9）片田、前掲書、七六頁。

（10）片田、前掲書、三九頁。

4　大川小学校の津波災害と責任

災害対策の失敗と責任

今日の自然災害の対策は、ダムや堤防などのハード対策を充実させることで災害発生のリスクを減らすという従来のリスク管理的発想から、ハード対策に加えて、災害発生時に適切な避難行動が取れるようにしておくことで被害を最小限にしようとするソフト対策も行うという危機管理的発想を組み合わせたものになっている。このような重層的な災害対策が有効に機能すれば、いずれか一方のみを行った場合よりも被害は少なくなると考えられるが、その一方で、そうした対策がうまく機能せずに被害が拡大したとき、責任の所在はどこにあるのかが問題となりうる。本節では、二〇一一年三月一一日の東日本大震災で大きな被害が生じた大川小学校の事例をもとに、災害予防の責任について検討する。

大川小学校の津波災害

大川小学校（以下、大川小）は宮城県石巻市の釜谷地区にあった公立の小学校である。校舎は二階建てで、北上川沿いに位置し、川と反対側には裏山があった。震災時の全校児童数は一〇八名であり、震災により児童七四名、教職員一〇名が犠牲となった。校舎は現在も残されているものの、震災により廃校となった(1)。

震災当日は以下の経過を辿った(2)。午後二時四六分、石巻市では震度六強の地震が発生し、児童らは机の下に隠れた（一次避難）。児童約一〇〇名と教職員一一名は三時頃までに校庭に避難した（二次避難）。釜谷地区の区長をはじめ周辺住民も集まってきて、区長や教員は裏山に逃げるべきかを相談した。しかし、余震の続く中で裏山は土砂崩れの危険があったのと、小学校自体が地震の際の避難場所に指定されていたため、なかなか意見がまとまらなかった。その間、校庭で待機していた児童のうちの二七名は保護者が引き取り、下校した。

午後三時半頃、小学校の近くを通過した市の広報車が、津波がすぐそばに迫ってきているので高台に逃げるようにと呼びかけた。そこで、三次避難場所として裏山、校舎二階などの意見も出たが、区長が北上川のそばにある三角地帯と呼ばれる高台がよいと判断した。三時三五分、児童と教職員がそこに向かって出発したが、その二分後に移動途中で津波に飲み込まれ、児童四名、教員一名を除いて全員死亡・行方不明となった。小学校も二階まで津波が押し寄せ、建物も甚大な被害を受けた。津波は裏山の麓までしか届かなかった。

結果的に、児童らは津波が来るまで五〇分ほど校庭で待機していたことになり、教職員が適切に判断して裏山に逃げていれば助かっていたはずだとして、児童二三名の遺族が市と県を相手に損害賠償を求める訴訟を起こした。

大川小学校国家賠償訴訟　この訴訟ではいくつかの争点があったが、予防の倫理学の観点からとくに重要なのは、事前準備（事前防災）に過失がなかったかという点と、事後対応に過失がなかったかという二点である。大雑把に言えば、一審の仙台地裁では事後対応に過失が認められ、二審の仙台高裁では事前準備に過失が認められるというように、判決の内容が大きく分かれた。

一審では、校長や教職員、および市の教育委員会には、学校保健安全法に基づく児童の安全確保義務があり、また午後三時半頃に広報車が津波の到来を告げた時点で危険は予見できたため、裏山ではなく三角地帯に避難しようとしたのは誤りであるとして、教員等の過失を認めた(3)。一方、震災当時の学校の危機管理マニュアルには津波が襲来した場合の三次避難の場所として裏山が指定されていなかったことについては、過失はなかったと判断した。これは主に、石巻市が二〇〇九年に作成した津波ハザードマップでは、津波の浸水予測範囲に大川小は含まれておらず、むしろ学校が避難場所に指定されていたためである。

続く二審では、市が作成した津波ハザードマップについて、学校がこれをよく検討することなく危機管理マニュアルを作ったのは誤りであると判断された(4)。その理由は、①津波ハザードマップが依拠しているのは宮城県が二〇〇四年に公表した地震被害想定調査結果であるが、これは県が地震防災対策に活用するための概略の想定結果であり、市町村が活用する場合には個別構造物についてより詳細な検討が必要であると記載されていたが、ハザードマップ作成に当たりそれを行った形跡がない、②詳細に検討すれば、地震によって北上川の堤防が破堤した場合には、大川小も浸水することが予見できたため、津波ハザードマップにおいて大川小が地震の際の避難場所に指定されていたのは誤りであることがわかったはずである、③当該ハザードマップには「浸水の着色の無い地域でも、状況によって浸水するおそれがありますので、注意してください」と記載されていた、などである。

そこで、学校児童に対する安全確保義務を有する校長等は、ハザードマップの想定の誤りに気づいて適切な危機管理マニュアルを作成すべきだったのであり、事前に学校から七〇〇メートルほど離れたところにある「バットの森」を三次避難場所に指定していれば、児童らの命は失われなかったはずだとして、大川小の校長や教頭など、およびマニュアルをチェックする立場にあった市教育委員会の過失を認め、遺族らに約一四億三六〇〇万円の支払いを命じた。

高裁判決を受け、宮城県と石巻市は学校現場に過大な義務を課しているとして上告したが、最高裁が上告を斥けたため、二〇一九年一〇月に県と市の敗訴が確定した。

高裁判決の評価

高裁判決の評釈をしている法学者の米村滋人によれば、津波災害に関して他者に賠償責任を問う裁判は東日本大震災以前にはなく、中でも事前防災に過失があったとして賠償を認めたのは本判決が初めてとされる[5]。

米村は、①過失認定につき事前防災に着目した点、および②事前防災に関して学校関係者の高度の義務を認めた点に関して検討を行っている。①については、地裁のように災害の事後対応に着目し、緊急状況下での人々の判断の適否を問題にすると、人々は法的責任を恐れて果敢な避難行動等を取りにくくなるという問題があり、また防災は事前準備がなければ災害発生後に適切な行動が取れないという理由から、高裁判決が事前防災を問題にしたのは適切だと評価している。

②については、判決においてはハザードマップの限界を踏まえた危機管理マニュアルの作成など、学校関係者に防災の専門的知識を要求するように読める部分があるものの、「校長等の学校関係者の

行為を独立に評価し過失認定したものではなく、防災担当者・市教委・校長・各教員等が相互の連絡調整を行いつつ一体的に児童の安全確保のための措置をなすべきであった」として、裁判所は「組織過失」を認めたのだと解釈している。すなわち、関係者間の密接な連携が必要な防災対策の性質を踏まえれば、個々の行為者のみに着目した過失認定ではなく組織過失の認定によって「全体としての防災対策の適否を評価判断することが妥当」であり、その意味で「本判決は学校関係者個人に高度の専門的知識を要求したわけではなく、各主体の密接な連携と相互協力により全体として適正な安全確保がされることを求めている」とした。高橋眞も「組織的過失」について同様に評価しており(6)、また三木千穂も、訴訟上の都合で校長らが名指しされているものの、安全確保義務の主体は「実質的には自治体である」と述べている(7)。

災害対策の責任の所在

米村が挙げている第一の論点について言えば、近年、事前防災が重視されるようになってきているため、事前対策についての責任を問う機運が生じるのは自然な流れだと考えられる。しかし、仮に米村の言うように事後対応の責任を問うことは不適切だとしても、だからといって事前対策の責任を問うことが適切になるとは限らない点に注意すべきである。

まず、米村は事後対応の責任を問うことは、過失を恐れて果敢な避難行動等を取れなくなる危険があるという望ましくない帰結を挙げているが、事前対策の責任を問うた場合でも、たとえばハザードマップや危機管理マニュアルが訴訟対策のためにどのようにも解釈できる内容になったり、あるいは実際に災害が発生した場合にマニュアルを逸脱した避難行動が行いにくくなりかえって被害が拡大したりするなど、弊害が生じる可能性がある。また、今回はソフト対策の責任が問われたが、そもそも地震時に堤防の破堤が予見されていたのであれば、ハード的な対策を強化すべきだったのであり、ソフト対策の失敗の責任のみを問うのはおかしい、という議論もありうるだろう。

したがって、災害対策について、事前対策の責任をどの程度問うべきなのか、また問うべきだとすれば、ハード対策とソフト対策のいずれに関してなのか、といった問いがさらに検討されなければならないだろう。

第二の点については、確かに今回の事例に関しては、大川小が公立校であることもあり、ハザードマップの誤りも、危機管理マニュアルの内容の不備も、まとめて市の責任として組織的過失を問題にすることができた。しかし、もしこれが私立校であったなら、ハザードマップの作成主体と、危機管理マニュアルの作成主体が異なるため、このようにまとめて責任を課すことはできなかったであろう。高裁判決では教師の調査義務が明確に述べられており、また私立校でも学校保健安全法に基づく安全確保義務が成り立つと考えられるため、米村の言うように「学校関係者個人に高度の専門的知識を要求したわけではなく」とは言い切れない可能性がある。

そこで、事前防災について責任を問うのであれば、組織的過失として責任主体を一つにまとめられない場合もありうるため、責任の所在についてより詳細な検討が必要になると思われる。

このように、大川小の事例は災害予防に伴う責任の問題について大きな問いを投げかけるものであったが、この事例がもう一つ提起しているのは、我々は事前対策においてどのくらい最悪の事態を想定する必要があるのか、という問題である。そこで次節ではこの問題を詳しく検討する。

注

（1）二〇二一年七月から震災遺構として公開されることになった。「石巻市震災遺構」(https://www.city.ishinomaki.lg.jp/ruins/index.html 二〇二二年九月八日最終アクセス)。
（2）以下、次項で見る二つの判決文を参照した。
（3）仙台地判平成二八年一〇月二六日判時二三八七号、八一頁（https://www.courts.go.jp/app/hanrei_jp/detail4?id=86266 二〇二二年九月八日最終アクセス）。
（4）仙台高判平成三〇年四月二六日判時二三八七号、三一頁（https://www.courts.go.jp/app/hanrei_jp/detail4?id=87735 二〇二二年九月八日最終アクセス）。
（5）米村滋人「小学校生徒の津波被害からの避難に際しての学校設置者の責任——大川小学校国賠訴訟控訴審判決」『私法判例リマークス』第五九号、下、二〇一九年。
（6）高橋眞「津波に対する事前の準備段階での安全確保義務懈怠による国家賠償責任」『新・判例解説Watch』第二四号、二〇一九年、七七〜八〇頁。
（7）三木千穂「大川小学校事件控訴審判決」『法と経営学研究所年報』第二号、二〇二〇年。

5 平時の倫理と有事の倫理

最悪の事態を想定すべきか

二〇一一年三月一一日に東日本で大地震が起きる前、岩手県宮古市の田老町《たろうちょう》には高さ約一〇メートル、全長約二・四キロの「万里の長城」と呼ばれる防潮堤があった。しかし、地震発生後に襲来した津波はその防潮堤の一部を破壊して内陸に侵入し、町民一八一名が犠牲となった。これを踏まえ、田老町では高さ一四・七メートルの防潮堤を建設した。これで、数十年から百数十年に一度の津波でも被害を防げるはずであった。

ところが、内閣府が二〇二〇年に公表した津波ハザードマップでは、この防潮堤をも超える大津波による被害が田老町に発生すると予測されていた。これは、内閣府が千年に一度の津波災害を前提し、宮古市に到来する津波の最大の高さを二九・七メートルと想定したためである。内閣府側はあえて防潮堤がすべて壊れるという最悪の事態を想定し、その前提で避難計画を立てるべきだと考えていた。だが、宮古市側は住民が混乱するとして、防潮堤がすべて壊れるという想定の変更を求めた。その後の住民説明会においても、「防潮堤を壊れないようにすることはできないのか」という市民の声が聞かれたという(1)。

防潮堤を強化して津波被害の発生を防ぐというのは、従来のリスク管理的な「防災」の発想である。

一方、津波が防潮堤を乗り越えてくる危機的状況を想定して被害の最小化を図るというのは、危機管理的な「減災」の発想である。今日の災害対策では両者を組み合わせて事前準備を行うことが重要だと考えられているが、内閣府と宮古市のやりとりに見られるように、どのくらいの最悪の事態を前提に備えをすべきかについては、いまだ十分な社会的合意がない。そこで本節ではこの問題について予防の倫理学の観点から検討を行う。

災害時のトリアージ

災害発生時の応急対策の一つとしてトリアージが知られている。これはもともとは野戦病院など戦傷医療の分野で生み出された考え方だが、今日では、被災現場や臨時の救護所などでの搬送や治療の優先順位を決める際のルールとしても用いられている。「現存する限られた医療スタッフや医薬品等の医療機能を最大限に活用して、可能な限り多数の傷病者の治療にあたる」ために、生命を救うのに直ちに処置を必要とする者には赤タグ、多少治療の時間が遅れても生命には危険がない者には黄タグ、それ以外の軽易な傷病でほとんど専門医の治療を必要としない者には緑タグ、そして気道を確保しても呼吸がない者やすでに死亡している者などには黒タグを付けて、赤から順に搬送や治療を優先することになっている。(2) 一九九五年の阪神・淡路大震災以降、日本でも整備が進み、二〇〇五年のＪＲ福知山線脱線事故や二〇一一年の東日本大震災などで、災害派遣医療チーム（ＤＭＡＴ）がトリアージを行ったことは記憶に新しい。

こうした災害時のトリアージが社会に受け入れられているのは、重症度の高い患者から治療するのが公平であり、またより多くの人が助かると考えられるからだろう。しかし、近時の新型コロナウイルス感染症（ＣＯＶＩＤ‐19）のパンデミックで問題となった人工呼吸器やＩＣＵのベッドのトリアージについては、国内外で論争が生じた。こうしたトリアージでは、重症度の高い人々の中でさらに選別を行う必要があり、その場合、より多くの人を助けるために、回復の見込みが低い高齢者や基礎疾患を持つ者が後回しになるからであった（第Ⅱ章11節）。

米国では災害の事前準備の一環として、「危機における医療水準」（Crisis Standard of Care、以下ＣＳＣ）の議論が二〇〇〇年代から進んでおり、今回のパンデミックでも、人工呼吸器のトリアージを含むガイドラインの作成や改定が行われた[3]。日本ではＣＳＣの議論はほとんど見られず、また医療機関では大規模災害発生時の事業継続計画（ＢＣＰ）の策定も遅れているとされる[4]。

昨今の災害の事前対策では、災害を未然に防ぐというリスク管理だけでなく、災害時に被害を最小化するという危機管理も求められているため、今後こうした状況は改善されると考えられる。しかし、次項で見るように、最悪の事態を想定した備えをすること自体の倫理的問題を指摘する声もある。

緊急事態の倫理

米国の哲学者ナオミ・ザックは、災害の事前準備や事後対応は、「平時において、私たちが習慣的に受け入れているのと同じ道徳指針にもとづき行われなければならない」と述べ、災害時と平時の道徳の同一性を説いている[5]。彼女によれば、平時の道徳原則として「人の命は本質的な価値がある」「すべての人の命は平等に価値がある」「すべての人には他の人に傷つけられない等しい権利がある」「すべての人は、人以外の力により傷つけられることから守られる権原を与えられている」などがあり、これらの直観的原則は災害時でも守られなければならない。そこでたとえば、災害時の希少な医療資源の配分において、「最大多数を救う」ために高齢者や障害者といった特定の集団が後回しにされることは許されず、事前準備を周到にしておくことで、「すべての人を救う」ことが目指されなければならない[6]。

災害時に道徳的ジレンマに陥らないように事前に資源を拡充しておけばよいとするザックの議論は、彼女自身も認めるように、楽観的に思われる[7]。確かに我々は、想定外の事態が発生しても困らないように、できるだけ多くのことを想定して事前に対策を立てておくべきである。しかし、それでも今回のパンデミックのように想定外のことは起きうる。ザックの言う「トリアージのトリアージ」、重症患者の中でさらに優先順位を付けなければならない事態が生じうるのであり、その際に事前準備の不備を嘆いても詮なく、その状況において倫理的に最善の選択を行うための指針が必要である。

だが、リチャード・ホルトンという英国の哲学者は、そのような「最悪の事態」を予め考えることは倫理的でないとしている[8]。彼によれば、英国では今回のパンデミックにおいて「誰が人工呼吸器への優先的アクセス権を持つか」について国が指針を示すことはなかったが、それは正しいことであった。たとえば、映画『ソフィーの選択』を観た夫婦が、ソフィーのようにナチスの強制収容所において二人の子どものいずれかしか助けられないという状況に直面したときに備えて、自分の子どもたちに優先順位を付けるという試みをしたと考えてみよう。ほとんどの人がこのような夫婦を非難するだろう。これはバーナード・ウィリアムズが「考えるのもおぞましいこと（the unthinkable）」と名付けたタブーの問題である。このような問題を考えることは、子どもたちに対する夫婦の態度に悪い影響をもたらし、またもし子どもたちもその議論に参加させるならば、子どもたちは両親に対する愛情や信頼を失うことだろう。

ホルトンの考えでは、子どもたちのいずれを優先的に助けるかを議論する夫婦の事例と同様、人工呼吸器を誰に優先提供するかという議論も、それを公に行えば、優先順位の低いグループは自分たちの生命は価値が低いと宣言されたものと受け取る可能性が高い。それはそうかもしれない。しかし、たとえばくじ引きや、治療しても生存可能性の低い者は後回しにするといった基準であれば、特定のグループの生命の価値が低いという宣言にはならないだろう。またホルトンは、呼吸器の優先提供のような「考えるのもおぞましいこと」については「絶対に必要になるまで決定を行うべきではない」と主張しているが、事前準備をしておかなければ適切な災害対応ができない可能性が高く、また困難な選択を公共の意思決定ではなく現場の個々の医療者に任せるという形で責任を押し付けることになりかねない。

平時の倫理と有事の倫理

一般に何かを予防するには、起こりうる悪い事態について「予め考える」という作業が必要であるが、ザックやホルトンは、この「予め考える」ことには危害が伴いうると指摘している。すなわち、災害時に備えて日常と異なる倫理を考えたり採用したりすることは我々の倫理観にとって望ましくなく、また心理的なダメージにもつながりかねないということだ。これは予防の倫理学を考える上では重要な指摘だと思われる一方で、有事においては平時と異なる行動指針が必要であり、そのために準備し訓練しておかなければ適切な予防行動を取れないとも考えられる。

たとえば、東日本大震災のときに釜石の小中学校の生徒が「津波てんでんこ」を実践したために大勢が津波被害に遭わなかったという話がある。ところが、「津波が来たときには、家族ら他人のことに構わずすぐに避難しろ」という行動指針は、「自分だけが助かればよい」という自己中心的で良くない発想だと考える人もいるとされる。(9) 日常的には人助けが奨励されているため、平時の感覚であればその通りであろう。しかし、津波到達までの時間が限られており、他人を助けたり家族を探したりしていると、共倒れになる可能性が高いという非常時に限定するならば、一人でも多くの命が助かるためにこのような行動指針は十分に正当化可能だと思われる。(10)

寝たきりの人など自力では避難できない人に関しては、ザックの言うように、事前の避難計画を立てることで、可能なかぎり犠牲者が少なくなるように準備すべきだろう。しかし、そのような対策を立てていても、実際に津波が来た場合には、「津波てんでんこ」のように平時の直観に反する指針が必要になることもあるだろう。その場合に、ザックのように平時と有事の倫理に関して同一性を説くなら、共倒れを生み出すことになる可能性が高い。逆に、平時と有事の倫理は非同一でありうると考えるなら、平時から見れば冷酷な行為が正当化される。災害時の行動指針については事前に議論しておくべきだと筆者は考えているが、ザックやホルトンが提起している「予め考えることの心理的危害」をどのように軽減するかについてもよく検討する必要があるだろう。

注

（1）以上、次の記事を参照した。「「津波二九・七メートル」まさか防潮堤が」『朝日新聞』二〇二一年二月二一日朝刊。

（2）東京都福祉保健局『トリアージ ハンドブック』二〇一三年（https://www.fukushihoken.metro.tokyo.lg.jp/iryo/kyuukyuu/saigai/triage.html 二〇二二年九月八日最終アクセス）。

（3）National Academies of Sciences, Engineering, and Medicine, *Rapid Expert Consultations on the COVID-19 Pandemic*, National Academies Press, 2020.

（4）「災害大国 命つなぐ 病院の備え」『朝日新聞』二〇一八年九月一四日朝刊、「九州豪雨 災害時、診療維持へ課題」『産経新聞』二〇二〇年八月二日朝刊。

（5）ナオミ・ザック著、髙橋隆雄監訳『災害の倫理』勁草書房、二〇二〇年、四三頁。

（6）同前書、第一章。

（7）同前書、三二頁。

（8）Holton, Richard, 'Not Thinking About the Worst', *The Philosophers' Magazine*, 90(3), 2020, 50-53.

（9）「津波てんでんこ――七割知らず「自己中」と勘違い 東洋大調査」『毎日新聞』二〇一六年一〇月二六日大阪夕刊。

（10）児玉聡『実践・倫理学』勁草書房、二〇二〇年、第九章参照。

6　風化の問題

「風化させてはならない」

二〇二一年は、米国の同時多発テロ事件と大阪教育大学附属池田小学校無差別殺傷事件が起きてから二〇年、また東日本大震災が起きてから一〇年に当たる。これらは日本や国際社会に大きな衝撃を与えた事件・災害だったこともあり、新聞やテレビでは当時を振り返る報道が多かった。こうした報道で決まり文句のように出てくるのが「風化させてはならない」という言葉である。風化の問題は、地震や台風といった自然災害のみに限らず、テロや戦争、また御巣鷹山の日航機墜落事故のような航空や船舶の事故についても語られるが、ここでは主に自然災害を例にとり、この問題について考えることにしよう。

風化の研究

風化にはいくつかの意味があるが、ここで問題になる風化は、石や岩などが風雨に長く晒されることによって徐々に崩壊していくという意味から転じて、災害や事件の鮮明な記憶が時を経るにつれ徐々に薄れ去っていくことである。つまり、記憶の風化である。

このような記憶の風化は、我々が日々経験することであるが、災害の記憶もまた風化する。その実態については、いくつかの研究方法がある。たとえば、東日本大震災が発生してから一〇年経った二〇二一年に、被災した岩手、宮城、福島三県の計四二市町村長に対して「震災や原発事故の記憶の風化を感じるか」と直接尋ねたアンケートでは、「とても感じる」「やや感じる」と回答した首長が約九割に上ったという[1]。これは風化の実感を直接尋ねたものであるが、その他にも、災害発生以降の新聞報道の量（記事の数や大きさ）を調べたり、被災者個人の語りを分析したりする手法もある[2]。新聞報道の記事数については、一九九五年の阪神・淡路大震災の場合のように、その二カ月後に地下鉄サリン事件が起きたことで報道数に大きな影響が生じた場合もあるが、一般には指数関数的に減っていくことが知られている[3]。

風化の予防

今日、災害の経験や記憶の風化を防ぐことは、台風や洪水の予測や予報と同様、災害予防にとって不可欠な要素だと考えられている。それにはもっともな理由がある。たとえば、大雨の正確な予測に基づいて避難勧告が出されたとしよう。災害経験の少ない人だと、自分は大丈夫だろうと高を括って、安全な場所に避難しようとしないかもしれない。反対に、もし過去に自分が同じような経験をしたことがあるか、あるいは以前、自分の住んでいる付近で同じような被害があったことを見聞きしていれば、早々に避難しようと動機付けられるかもしれない。そこで、災害の予測や予報だけでなく、過去の災害の記憶の風化を防ぐことが重要になるのだ。

しかし、言うは易しで、実際に風化を防ぐことは容易ではない。災害や事故が発生してからしばらくは、その原因の究明が行われ、再発防止の重要性が説かれるが、十数年あるいは数十年も経つと、人々は過去の苦い教訓を忘れてしまい、先人と同じ過ちを犯してしまう。そこで人々は、昔から災害の記憶を伝承するために工夫を凝らしてきた。

たとえば、大阪市を流れる木津川にかかっている大正橋のほとりには、一八五五年に建てられた石碑がある。その前年の一二月に安政南海大地震が起きた際、人々は家の下敷きになるのを恐れて船で水上に逃れたが、大阪湾から遡上してきた大津波に襲われて多くの者が犠牲になった。実は一七〇七年に起きた地震でも同様の被害があったのに、その教訓が子孫に伝わっていなかったのだ。そこで、今後同じ過ちを繰り返さないようにと、震災の記録と教訓を記した石碑が建立された。その石碑は、現在でも毎年八月の地蔵盆の際にきれいに洗われ、文字が読みやすいように墨入れが行われているという(4)。

また、東日本大震災で大きな被害を受けた大川小学校は、災害遺構として二〇二一年から一般公開されることになったが、こうした災害遺構の保存や石碑の建立、また節目の年の記念行事などが、風化予防の方法としてこれまで行われてきたものである(5)。

さらに、より近年では、新聞・テレビの報道や、市民の手による災害記録をデジタルアーカイブにして後世に残す試みが盛んになっている。たとえば、朝日放送が阪神淡路大震災の取材映像アーカイブを公開したり、NHKが東日本大震災を含めた自然災害の映像記録をウェブサイトで公開したりしている他、国立国会図書館では、東日本大震災に関連する様々なデジタルアーカイブの横断検索ができるポータルサイト(ひなぎく)を運営している(6)。

風化の二面性

このように今日、過去の災害経験の風化予防の取り組みが活発に行われている。だが、災害の記憶は、当然ながら愉快なものではなく、とりわけ家族や友人を失った当事者にとっては深い悲しみを伴うものである。我々は災害予防のために、そうした辛い記憶でさえ忘れてはならないのだろうか。

この点について、哲学者の加藤尚武が一九九五年の阪神・淡路大震災の発生から半年ほど後に書いた文章が示唆的である。加藤は自身の大学紛争や敗戦の日の記憶に言及し、必ずしも思い出したいわけではないこうした記憶について、「自分では風化させたつもりでも、記憶が風化を許してくれない」と述べたあと、次のように記している。

「「この思い出を風化させてはならない」という言葉を聞くたびに、私はそらぞらしい思いがする。風化する記憶をとどめることはできない。(中略)悲しみは早く風化して傷口を癒やしてくれた方がいい。どんなに表面が風化しても、どうしても風化してくれない思いの塊のようなつらさが、こころの奥底に残る。風化を恐れるよりも、悲しみの傷を癒やすことの方が大事なこともある。震災の傷を心にもつ人のために、時間の風よもっとはやく流れよと言いたい[7]」。

災害の辛い経験は、それが強烈であればあるほど、次の災害に備えようとする動機付けを与える。しかしその一方で、それを思い出す人々の心の内に怒りや悲しみの感情をもたらす。逆に言えば、記憶の風化により、災害の教訓は失われるかもしれないが、人々の辛い記憶も同時に和らいでいくことになる。風化の予防について考える際には、災害の記憶が持つこのような二面性を忘れてはならないだろう。その意味で、「風化させてはならない」という表現を使うことには慎重さが必要である。

風化の二面性という問題について、次のように考える人もいるだろう。すなわち、当事者に災害の辛い記憶を思い出させることなく、災害の経験から教訓だけを取り出すことはできないものだろうか、と。しかし、これは容易ではない。過去の災害から教訓を学ぶためには、一般的・抽象的な話よりも、被災した具体的な個人の話の方が記憶に残りやすいからだ。逆に、具体的で時に生々しい災害犠牲者の話を聞かなくても災害の教訓を十分に身に付けられるならば、研究者が一般的な防災の原則をまとめればよいのであり、個々人が被災者の個別的な経験を知る必要はないだろう。繰り返しになるが、災害の記憶を風化させないという発想の裏には、過去の災害の経験や記憶を将来の災害に備えるための手段として用いるという構造があり、少なくとも被災者やその関係者が存命している限りは負の側面を持ちうることを、十分に自覚しておく必要がある。

この点に関連して、今日、災害に関するデジタルアーカイブの進展に伴い、個人情報保護の問題が出てきている。たとえばNHKが東日本大震災で屋上へ避難した人が映った写真を番組で放送したところ、遺族から「肉親の最期の姿を見て大きな衝撃を受けた」として放送倫理・番組向上機構に申し立てがあったというように、肖像権や遺族の要望といった考慮が風化予防の試みと対立することがある。(8)

個人の名前の重み

同じような問題は、災害時に報道機関が死者や安否不明者の氏名や住所、年齢を公表してよいかという論争においても生じている。二〇一五年の個人情報保護法の改正に伴い、災害時に自治体が死者や安否不明者の名前を非公表にする流れが強まったことを受け、日本新聞協会は二〇二〇年三月に、被災者住民の個人情報を出さないことにより、安否確認ができず救援活動に不都合が生じているだけでなく、災害の教訓を掘り下げて伝える報道機関の役割が低下しているという声明を出した(9)。

日本でも海外でも、第二次世界大戦の戦没者に関連した記念碑には、しばしば数え切れないほどの死者の名前が刻まれている。二〇〇一年の同時多発テロ事件の記念碑にも、テロで犠牲となった三〇〇〇人弱の名前が記されており、毎年各人の誕生日には白いバラが捧げられるという。また、東日本大震災のときに岩手県はすべての死者の名前を公表し、その後、地方紙の岩手日報は、犠牲者を悼み教訓を残すために犠牲となった全員の名前と写真を新聞に掲載することを目指して、遺族から了承を受けて写真と一〇行ほどのプロフィールの掲載を現在も続けているという(10)。

個人の名前や具体的な情報には、死者数や行方不明者数などの数字では表せない重みがある。風化の二面性を考慮して、当事者の心情に十分配慮する必要があるが、その一方で、被災者の境遇に思いを馳せ災害の教訓を後世に伝えるために、災害の経験を社会の共有財産にすることの重要性を市民に理解してもらうための営為も大切であろう。

注

(1) 「徐々に薄れゆく震災の記憶　九割近くが風化実感」『産経新聞』二〇二一年三月一一日朝刊。

(2) 次の文献が参考になる。矢守克也「災害の「風化」に関する基礎的研究(Ⅱ)——マスメディアの報道量とマクロ行動変数による測定と表現」『実験社会心理学研究』第四二巻第一号、二〇〇二年、六六〜八二頁。

（3）矢守克也「災害の「風化」に関する基礎的研究――一九八二年長崎大水害を事例として」『実験社会心理学研究』第三六巻第一号、一九九六年、二〇～三一頁。

（4）長尾武「『大地震両川口津浪記』にみる大阪の津波とその教訓」『京都歴史災害研究』第一三号、二〇一二年、一七～二六頁。

（5）「科学の扉　災害の風化　被災後一五年……薄れる教訓」『朝日新聞』二〇一四年三月一〇日朝刊。

（6）朝日放送「阪神淡路大震災　激震の記録一九九五　取材映像アーカイブ」（https://www.asahi.co.jp/hanshin_awaji-1995/　二〇二二年九月九日最終アクセス）、ＮＨＫ「ＮＨＫアーカイブズ　災害」（https://www2.nhk.or.jp/archives/shinsai/　二〇二二年九月九日最終アクセス）、国立国会図書館「東日本大震災アーカイブ（ひなぎく）」（https://kn.ndl.go.jp/#/　二〇二二年九月九日最終アクセス）。

（7）「風化という言葉」加藤尚武『現代人の倫理学』所収、丸善出版、二〇〇六年、四九～五一頁。

（8）「防ぐ風化　放送局が災害映像公開」『朝日新聞』二〇二一年一月七日朝刊。

（9）「災害死　実名発表を要望　新聞協会「教訓伝える役割　理解を」」『朝日新聞』二〇二〇年三月一二日朝刊。

（10）「防災の日　災害時氏名公表の重みは」ＮＨＫ「時論公論」二〇二一年九月一日放送（https://www.nhk.or.jp/kaisetsu-blog/100/453678.html　二〇二二年九月九日最終アクセス）。

7 自助・共助・公助

「自助・共助・公助、そして絆」

二〇二〇年九月、菅義偉首相（当時）が就任会見をしたときに、自らの目指す社会像として「自助・共助・公助、そして絆」と述べた。よく知られているように、「自助・共助・公助」は社会保障および防災の領域で今日頻繁に用いられるフレーズである。だが、首相が続けて、「まずは自分でやってみる」と、自助の部分を強調する発言をしたために、これは「自分で何とかしろ」という政府の責任放棄につながるという批判がなされた[1]。それに対して、首相のブレーンの一人であった竹中平蔵は、「自助・共助・公助」は「三位一体」であり優先順位はないと反論した[2]。

「自助・共助・公助」は、よく聞くフレーズであるが、その起源や定義、また三者の優先順位については明確ではない。そこで本節では、防災の思想における数少ない理論の一つと言える「自助・共助・公助」という枠組みについて、歴史的な背景も振り返りつつ解説を試み、そして予防の倫理学の観点からの検討を加える。

「自助・共助・公助」の起源

「自助・共助・公助」という表現の淵源は、米沢藩主の上杉鷹山《うえすぎようざん》（一七五一〜一八二二年）が唱えた「自助・互助・扶助」の三助だとの指摘がある。[3]当時の自助とは、漆や楮といった寒冷地に適した作物の栽培などによる殖産興業を進めることであった。農民でない藩士たちも、城中で植樹を行った鷹山の範に倣い、庭に作物を植えたり、率先して新田開発をしたりするようになったという。また、互助としては、農民に五人組、十人組といった組合を作らせ、互いに助け合うほか、孤児や障害者などを養うようにさせた。また、一村で火事や水害などの災害が生じた場合には近隣の四つの村が救援することを定めた。さらに、藩政府による扶助の例としては、一七八二年から八三年にかけて起きた天明の大飢饉のときに、鷹山は藩の備蓄を領民に放出するなどして、餓死者が出るのを防いだことが知られている。

現代において、「自助・共助・公助」は、まず社会保障政策の文脈で登場した。医療経済学者の二木立によれば、この表現が最初に政府関連文書に登場するのは一九九四年の厚生省の高齢社会福祉ビジョン懇談会報告「二一世紀福祉ビジョン――少子・高齢社会に向けて」であり、それ以前はたとえば『昭和六一年版厚生白書』（一九八七年一月）のように、「自助・互助・公助」という形で「共助」の代わりに「互助」が用いられていたという。[4]

社会保障領域における「自助・共助・公助」の使われ方について、二木は二つの重要な指摘をしている。一つは、年金制度や国民健康保険などの社会保険の位置付けである。二木によれば、こうした社会保険は、このフレーズが使われ出した八〇年代から九〇年代にかけては、「公助」の一つに位置付けられていたのに対し、二〇〇〇年代になると社会保険は「共助」に位置付けられるようになった（たとえば二〇〇六年に出された社会保障の在り方に関する懇談会報告「今後の社会保障の在り方について」）。なお、地域包括ケアの文脈では、介護保険のような公的な社会保険が「共助」とされる一方、ボランティア活動などの地域社会におけるよりインフォーマルな助け合いとしての共助は「互助」として位置付けられ、「自助・互助・共助・公助」という四助に増えている。(5)

もう一つは、家族の位置付けである。二木によれば、二〇〇〇年代に入るまでは、家族は基本的に「共助」に位置付けられていた。たとえば、これは「互助」を用いた古い用例であるが、「健全な社会とは、個人の自立・自助が基本であり、それを支える家庭、地域社会があって、さらに公的部門が個人の自立・自助や家族、地域社会の互助機能を支援する三重構造の社会(である)」といった記述である。(6)しかし、二〇一二年の自民党による「社会保障制度改革基本法案」では「自らの生活を自ら又は家族の助け合いによって支える自助を基本」とするというように、家族相互の助け合いを「自助」と位置付ける考え方が出てきており、二木は「個人と家族を一体化して「自助」とみなすのは、きわめて特異的かつ復古的見方」だと批判している。(7)

家族を自助の一部と位置付けるか、共助と位置付けるかは、自助・共助・公助が「三位一体」であり、いずれにも優先順位がないとすれば大きな違いはないと言えるが、もしその間で優先順位を付ける場合には影響が生じる可能性があるだろう。その意味では、それぞれの言葉の定義をよく検討する必要がある。

防災における「自助・共助・公助」

「自助・共助・公助」というフレーズは、防災の分野においては一九九五年の阪神・淡路大震災の頃から使われだしたと言われるが、最初に『防災白

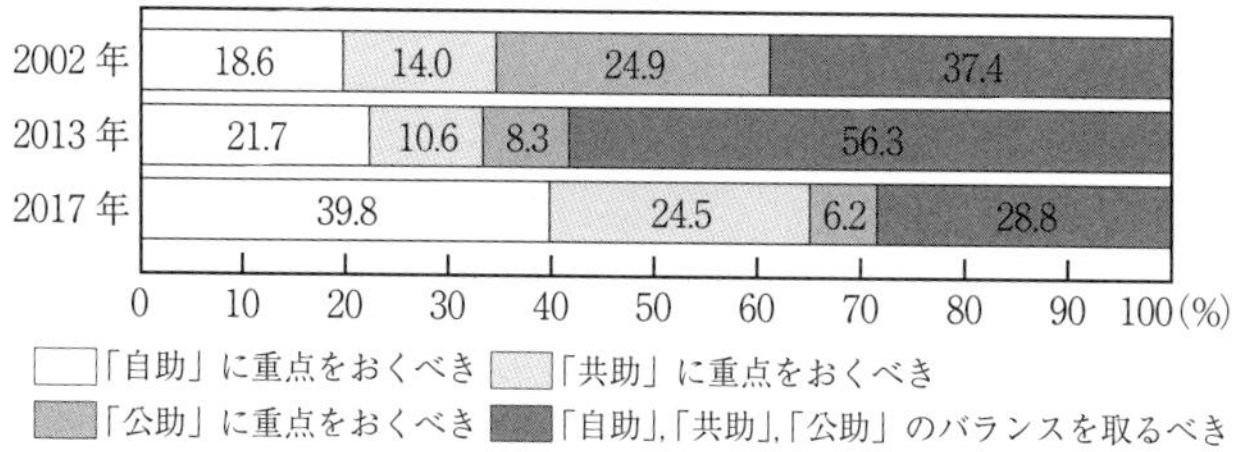

図1　自助・共助・公助の対策に関する意識

（出所）内閣府ウェブサイト「防災に関する世論調査」より。「わからない」「その他」は省略。

書』で言及されたのは二〇〇二年版であり、社会保障分野での使用からは少し遅れるようだ。白書によれば、防災は「国民一人ひとりが自らの身は自らが守る」という自助を基本とし、災害時には「共助」として人員や資材の提供を企業に求めるという形になっている。[8] その後、地方自治体でも、公助を担う行政の責務だけでなく、自助や共助を担うべき市民に様々な努力義務を課す防災条例が増えていった。[9]

また、防災分野では、自助、共助、公助のバランスについて内閣府による世論調査も行われている。「自助」は「自分の身は自分で守ること」、「共助」は「地域や身近にいる人どうしが助け合うこと」、「公助」は「国や地方公共団体が行う救助・援助・支援」との説明を付して、「災害が起こったときに取るべき対応として、あなたの考えに最も近いものはどれですか」という問いがなされている。図1にあるように、二〇〇二年および東日本大震災後まもない二〇一三年の調査では「自助」「共助」「公助」のバランスを取るべきという回答が多いものの、二〇一七年の調査では「「自助」に重点をおくべき」という回答が最も多くなっており、徐々に公助よりも自助や共助に重点をおくべきと考える市民が増えていることが見てとれる。

予防の倫理学から

これまで見てきたように、防災分野における自助・共助・公助という考え方は、社会保障分野で先に広まっていた発想が流入してきたように思われる。また、社会保障の議論では自助を重視した発言には批判が伴うのに対して、防災分野では今日、ますます自助が重視されているように見える。災害については、テレビ番組の司会者が「行政に頼るのではなく、住民自身がリスクに向き合って対策を考えることが大事」とコメントしても、とくに批判は生じない(10)。しかし、社会保障について同じコメントがなされたなら、大きな議論になると予想される。また、ここでは詳論しないが、性犯罪のような犯罪について被害者側の「自助」が強調されたり、前述のような世論調査が行われたりしたなら、やはり大きな批判が生じるだろう。そう考えると、自助・共助・公助の望ましいバランスというのは、問題となる分野において異なるようである。この違いはどこから来るのだろうか。

一つのありうる説明としては、社会保障分野では、自助や共助の強調が、公助すなわち国による生活保護のようなセーフティネットの縮小を意味すると解釈されがちなのに対し、防災分野では、大災害において国や自治体ができることには限度があるという認識が広まりつつあり、政府ができない部分は自分や周りの者で助け合うしかないという合意が形成されつつあるというものだ。これは本書で言及した「防災から減災へ」、すなわち地震や台風などの災害に関しては、事前にリスクをゼロにすることはできないので、災害発生時は速やかに避難するなどして被害を最小化するという発想にも通じるものである。たとえば、自治体が防潮堤をいくら高くしてもそれを乗り越える大津波がやってくる可能性があるため、市民は自助あるいは共助によって被害を避ける努力をしなければならないということだ。

防災研究者の片田敏孝も、防災における自助の重要性を強調している。彼は、「公助に限界があるから自助が必要」という発想は、「本来は公助で行うべきことをしかたなく自助でやる」という考え方であり、これは行政依存体質が抜け切らない「受け身の自助」だと批判している。[11] これだと災害で逃げ遅れる可能性が高いため、より主体的な自助および共助が必要だと言うのである。

だが一方で、自助を強調することは自己責任の追及にもつながる。災害に備えてハザードマップを見たり食料品を備蓄したりしなかった人が悪い、というのは正論ではあろうが、いつ起きるかわからない自然災害に対して自主的に準備をするというのはすべての人にできることではない。社会保障の分野では、社会保険制度や社会福祉制度などで不測の事態に備えるようにしてきた。本節冒頭の菅首相の発言が批判されたように、自助と共助と公助のバランスをうまく取らなければ負担や責任の不公平さが生じるだろう。防災分野では自助・共助・公助の定義についてこれまであまり論争になっていないが、これら一つひとつの意味内容について議論を深め、予防行動に伴う負担や責任が公平に分配されるよう制度設計を工夫することで、それぞれが有効に機能するように考えるべきであろう。

注

（1）「菅さんへ　まず「自助」に異議あり」『朝日新聞』二〇二〇年九月一八日朝刊。

（2）「「自助優先」批判は無意味　菅政権の一年　竹中平蔵氏に聞く」毎日新聞オンライン、二〇二一年九月一七日（https://mainichi.jp/articles/20210915/k00/00m/010/302000c?inb=ys　二〇二一年九月九日最終アクセス）。

（3）和田一範「自助・共助と、公助との連携を考える」『水利科学』第三六三号、二〇一八年。

（4）二木立「二木教授の医療時評（その一〇五）」『文化連情報』二〇一二年八月号（https://www.inhcc.org/jp/research/news/niki/20120801-niki-no097.html　二〇二一年九月九日最終アクセス）。またより最近の詳しい論文として、飯田高「自助・共助・公助の境界と市場」『経済分析』第二〇三号、二〇二一年、二八五〜三一一頁。

（5）たとえば「地域包括ケア研究会報告書」二〇一三年三月。

（6）厚生労働省『厚生白書（昭和六一年版）』第一編第一章第三節一（二）（https://www.mhlw.go.jp/toukei_hakusho/hakusho/kousei/1986/　二〇二一年九月九日最終アクセス）。

（7）二木、前掲論文。

（8）「「防災は自助・共助で」「防災白書」が閣議決定」『朝日新聞』二〇〇二年六月五日朝刊。

（9）「「自助型」防災条例広がる」『朝日新聞』二〇〇七年二月四日朝刊。

（10）「なぜ浸水エリアに住宅が増加？　水害に強い町づくりとは」ＮＨＫ「クローズアップ現代」二〇二一年六月九日放送。

（11）片田敏孝『ハザードマップで防災まちづくり』東京法令出版、二〇二〇年、六七頁。

8 予防原則

予防原則という訳語

「予防原則」を英語で何と言うかご存知だろうか。答えは precautionary principle である。環境問題の文脈では、precautionary principle と prevention principle は区別され、前者は「予防原則」、後者は「(未然)防止原則」と訳される。後述するように、予防原則は、通常の予防とは意味が違うので注意が必要である。

環境省の研究会でも、現行法令に見られる「予防」と、予防原則における「予防」は意味が異なるため、適切な用語を検討する必要があるとしている(1)。とはいえ、より良い表現がさしあたり見当たらないため、今回は慣例に従って「予防原則」という訳語を用いる。

予防原則についてはすでに多くの議論の蓄積があるが、論者によって理解がまちまちであり、誤解に基づく批判も少なくないように思われる。そこで今回は、予防の倫理学の観点から、予防原則についての概念整理を行い、どのような課題があるのかを示すことにする。

予防原則とは

予防原則は元々、ドイツ法における Vorsorge(事前配慮)という伝統的概念が一九七〇年代に環境政策に適用され、八〇年代以降に国際宣言等で使用されるようになったものである(2)。その定式化として最も引用されるのは、一九九二年の国連環境開発会議(地球サミット）で採択されたリオ宣言の第一五原則だ。

「環境を保護するため、予防的方策（the precautionary approach）は、各国により、その能力に応じて広く適用されなければならない。深刻な、あるいは不可逆的な被害のおそれがある場合には、完全な科学的確実性の欠如が、環境悪化を防止するための費用対効果の大きい対策を延期する理由として使われてはならない(3)」。

この引用の二文目は以下の三つの要素に分けられる。①深刻な又は不可逆的な被害が発生するおそれがあり、②その被害の発生を防止するための費用対効果の高い手段が存在する場合は、③被害が発生するかどうかについて完全な科学的確実性がないことはその手段を取らない理由にはならない。

①については、被害の「深刻さ」や「不可逆性」について曖昧さが残るという批判があるものの、人間の健康や生命に大きな悪影響を与える海洋汚染や大気汚染、あるいはオゾン層の破壊や地球温暖化などが想定されていると考えられる。

②については、「費用対効果が高い（cost-effective）」を入れてしまうと、環境汚染をする企業や行為者に対して何もしない言い訳を与えてしまうという懸念が生じるため、この表現を含まない方がよいという指摘もある(4)。だが、政治文書であるリオ宣言では「実行可能なあらゆる手段をコストを度外視して用いるべきだ」とまでは言えないだろう。コストの考慮は重要であり、いくつかの予防手段があるならば、その中で最も費用対効果の高いものを選ぶべきである。

③が予防原則の最も特徴的な要素である。この場合の不確実性は、後述のようにリスクとは対比さ

れるものである。予防原則が問題にしているのは、ある悪い事態が発生するかどうかについて専門家の間でも十分な合意がない場合に、どういう対策を取るか、ということだ。予防原則は、少なくとも重大な環境危機に関しては、そうした合意が成り立っていないという事実を、対策を取らない理由にしてはならない、と述べているものと理解できる。

なお、日本の環境政策においても、環境基本法の第二次環境基本計画（二〇〇〇年）の中で、環境政策の指針となる四つの考え方の一つとして「予防的な方策」について言及され、それ以降の環境基本計画においても「予防的な取組方法」という表現で予防原則の考え方が示されている。

予防原則と未然防止原則の違い

冒頭で述べたように、環境問題の文脈では、予防原則は（未然）防止原則と区別されている。予防原則について誤解に基づく批判が多いのは、一つにはこの区別が十分に理解されていないからだと思われる。また、予防に関する本書の関心からもこの区別は重要であるため、少し丁寧に見ることにしたい。

今日、ＥＵの環境法・政策では、予防原則、未然防止原則、発生源での優先的是正原則、汚染者負担原則の四原則が規定されているが、最初の二つの原則については、表1のような区別がなされている。

未然防止原則の場合は、悪い事態がどのように生じるのかについて、因果関係が科学的に明確であり、その事態が出来《しゅったい》するリスクも評価ができるという前提がある。つまり、科学的な予見可能性が成り立っていると言える。この場合に、悪い事態を回避できる合理的な手段があれば、それを取る必要

表1　未然防止原則と予防原則

未然防止原則（prevention principle）	予防原則（precautionary principle）
因果関係が明確 リスク評価が可能 被害の発生前に行動 被害の発生を回避することが目的	因果関係が不明確 リスク評価が不可能 将来の被害の証拠が明らかになる前に行動 不確実な被害の発生を回避することが目的

（出所）https://era-comm.eu/Introduction_EU_Environmental_Law/EN/documents/2_Cliquet.pdf より，筆者訳出（2022年9月9日最終アクセス）


があるというのが未然防止原則であり、これは通常の予防の発想である。

それに対して予防原則は、因果関係が不明確であり、またリスク評価もできない状況において、つまり、科学的な予見可能性が十分に成り立っていない状況において、悪い事態を回避できる合理的な手段があるならば、そのような将来の被害の証拠が明らかになる前に行動を取る必要があるという発想である。この原則が採用された場合には、従来の未然防止原則よりも早く対策を取ることが可能になる。

本書ではこれまで、医学や犯罪学や気象学など様々な領域におけるリスク評価の精度が高まるにつれ、それに基づく予防の重要性も認識されるようになってきているという前提で論じてきた。こうした分野では、予防すべき悪い事態は繰り返し発生することが多く、それゆえ過去のデータに基づくリスク評価が可能になっていたと言える。だが、予防原則で問題になるのは、広範囲の海洋汚染や地球温暖化といった人類がかつて経験したことのない悪い事態であり、これらの事象は科学者による因果関係の解明とリスク評価が可能な段階まで待っていたら手遅れになるおそれがある。そのため、未然防止原則という従来型の予防の発想に加えて、新たに予防原則が発展してきたのだと考えられる。

予防の倫理学の観点から

予防原則は、現在、環境政策だけでなく、公衆衛生やバイオテクノロジーの領域でも基本的な原則の一つとして論じられることがある。予防原則を考える上で重要なのは、いつ未然防止原則を超えて、予防原則に訴えることが適切になるかという問いだと思われる。この点について考えるために、予防原則に言及しているいくつかの事例を検討してみよう。

①二〇一三年一一月、全国市議会議長会が国に提出した要望の一つとして、子宮頸がんワクチン（HPVワクチン）の項目があり、そこには「重篤な副反応が報告されているHPVワクチン接種については、予防原則の立場から一時中止し、接種者全員に対し徹底した追跡調査を行い、その結果について公表すること」と述べられていた(5)。

②九州各地で、電磁波が健康に与える影響を心配した市民が、携帯基地局の撤去を訴えて訴訟を起こした。それらの裁判での住民の主張の中心は、「電磁波は健康被害を生む恐れがあり、事前に規制すべきだ」という予防原則だった。これに対し、携帯電話会社側は「危険性は科学的に立証されていない」と反論した(6)。

①のHPVワクチンについては、副反応に関する市民の不安はもっともであるが、予防原則を適用できる事例ではない。副反応は厚生労働省の承認を受けるための治験の段階で、有効性と安全性に関する科学的なエビデンスが集められているはずであり、認可後に予期されない副反応が生じて一時中止することがあったとしても、それは治験が不完全であったことが原因であり、リスクについての科学的な予見可能性が存在しない不確実な状況において適用される予防原則に訴えるべきものとは言え

ないだろう。

②の携帯電話や基地局から生じる電磁波の健康被害について、米国のＦＤＡ（食品医薬品局）は発がん性は認められないと明確に否定している[7]。だが、少なくとも二〇一四年の段階ではＷＨＯは携帯電話の使用による健康への長期的な影響はわかっていないとしており、さらなる研究が必要だとしている[8]。その意味では、これは予防原則が当てはまる事例だと考えられ、「危険性は科学的に立証されていない」という企業側の反論は、少なくともこの時点では不適切であり、予防原則の発想では、科学的に立証されていないことは何ら対策を取らない理由にはならないことになろう。とはいえ、どのような対策を取るのが適切なのか、また携帯電話の利便性をどこまで考慮に入れるべきか、といった問題についてもさらに議論する必要があると思われる。

予防原則については、全く使えない原則であり、科学的なエビデンスを用いたリスクベネフィット計算があれば十分だという考え方もある[9]。だが、新しい科学技術あるいは感染症のような疾患が出来した場合には、エビデンスが蓄積することでそうしたリスクベネフィット計算がある程度正確にできるようになるまで、何らかの方針が必要だと思われる。たとえばＳＡＲＳのような新しい感染症が発生した場合、症状や感染経路などが不明の段階でも、感染拡大を防ぐために予防原則に訴えて隔離や外出規制を行うことは、原則的には認められうるだろう[10]。すると、重要なのは、誤解や濫用を招かないように予防原則をきちんと定式化して、科学技術や社会の発展を過度に妨げない仕方でそれを運用することだと思われる。

注

（1）環境省「環境政策における予防的方策・予防原則のあり方に関する研究会報告書」二〇〇四年（https://www.env.go.jp/policy/report/h16-03/index.html　二〇二二年九月九日最終アクセス）。

（2）畠山武道『環境リスクと予防原則Ⅱ　予防原則論争』信山社、二〇一九年、第一章。

（3）国連環境開発会議「環境と開発に関するリオ宣言（一九九二年）」（https://www.env.go.jp/council/21kankyo-k/y210-02/ref_05_1.pdf　二〇二二年九月九日最終アクセス）。

（4）Attfield, Robin, *Environmental Ethics: An Overview for the Twenty-First Century*, Second ed. Cambridge, 2014, p. 157.

（5）全国市議会議長会「ＨＰＶワクチンの接種を一時中止し、重篤な副反応の追跡調査と被害者救済を求めることについて」（https://www.si-gichokai.jp/request/request-naccc/file/bukaitosi-8.pdf　二〇二二年九月九日最終アクセス）。

（6）「便利さの陰で　「健康被害」判断は　身近な問題　広がる関心」『朝日新聞』二〇一一年三月七日朝刊。

（7）FDA, 'Do Cell Phones Pose a Health Hazard?' 二〇二〇年一〇月二日（https://www.fda.gov/radiation-emitting-products/cell-phones/do-cell-phones-pose-health-hazard#:~:text=The%20available%20scientific%20data%20on,phone%20use%20and%20health%20problems　二〇二二年九月九日最終アクセス）。

（8）WHO, 'Electromagnetic fields and public health: mobile phones' 二〇一四年一〇月八日（https://www.who.int/news-room/fact-sheets/detail/electromagnetic-fields-and-public-health-mobile-phones　二〇二二年九月九日最終アクセス）。二〇一六年の研究のまとめにおいても、低レベルの電磁波被曝の健康被害のエビデンスは基本的にないとしつつも、現段階では不確実性が残るとしている。WHO, 'Radiation: Electromagnetic fields,' 二〇一六年

八月四日（https://www.who.int/news-room/questions-and-answers/item/radiation-electromagnetic-fields 二〇二一年九月九日最終アクセス）。

（9）たとえば、一ノ瀬正樹『いのちとリスクの哲学』ミュー、二〇二一年、第六章。

（10）Holland, Stephen, *Public Health Ethics*, 2nd ed., Cambridge: UK, Polity Press, 2015, pp. 42-43.

終章　「予防の倫理学」に向けて

プロメテウス的実践としての予防

予防には、将来生じうる悪い出来事に関する予測や想定を立てて事前に対策を講じるという構造がある。ギリシア神話に出てくるプロメテウス（Prometheus）は、天上から盗んだ火を人間に与えたと言われるが、彼の名は文字通りには「予め考える者」、つまり先見の明のある者という意味である。ここではその名を借りて、予防に用いられる思考様式を「プロメテウス的思考」と呼ぶことにしたい。

これまで本書では、事故や病気、犯罪や災害などの予防活動に伴う倫理的問題について、具体的事例の考察を通じて検討を重ねてきた。本書を終えるにあたり、予防の倫理学に関する総論的なまとめを行う。第一に、これまでの検討を通じた予防概念の分析を行い、理想的な予防活動について考える。第二に、理想的な予防活動から逸脱することでどのような問題が生じるのかについて論じる。第三に、様々な分野で提案されてきた予防活動の理論的枠組みを概観し、最後に第四として、今後の展望について論じる。

予防概念の分析と理想的な予防活動

一般に予防活動とは、「悪い事態が将来において生じるのを何らかの手段を用いて防ごうとする、個人あるいは集団の営み」と定式化することができる。この定式化を要素に分けて見ていこう。まず、「悪い事態」に入るのは、これまで本書で見てきたように、事故や病気、犯罪、災害などである。そもそもある事態が悪いものと見なされていなければ、我々はその予防について語ることはないであろう。また、予防というからには、悪い事態が「将来において生じる」可能性がなければならない。そして、そのことを知るために将来に関する何らかの予測が行われなければならない。さらに、悪い事態の発生を防ぐという目的のために、何らかの手段（対策）を取ることが想定されている。最後に、予防活動は、悪い事態によって直接被害を被る個人が行うこともあれば、地域社会や政府などの集団が行うこともある。

このように予防概念を分析していくと、我々がプロメテウス的に考えて行動するには、予防の対象（悪い事態）の同定、発生の予測、予防の手段、予防の主体という四つの要素が不可欠であることがわかる。

次に、このプロメテウス的思考に則った理想的な予防活動を考えてみる。まず、将来起こりうる事態は、理想的には、誰から見ても完全に悪いものであり、良い面と悪い面を併せ持つような事態ではない。たとえば地球に巨大な隕石が衝突して人間を含む全生物が死滅するといった事態が考えられる。次に、理想的には、それが将来確実に生じることが正確に予測できる。したがって予防活動が空振りに終わることはない。第三に、理想的には、その悪い事態を確実に防ぐための手段があり、その手段を用いることの弊害もなく、費用対効果も優れている。隕石の例で言えば、たとえばミサイルで隕石を撃墜する過程で他のものも破壊してしまうといった弊害がなく、またそのミサイルの開発・運用のコストは、隕石が地球に起きた場合のコストに比べるとはるかに低いということだ。最後に、予防活動は、理想的には、個人の場合なら自発的に行われ、集団の場合には社会的な合意が得られて行われる。

「予防は治療に勝る」とか、「犯罪は処罰するよりも予防するほうがよい」と言われる場合には、このような理想的な予防活動が念頭にあると思われる。しかし、これまで本書で見てきた多様な予防活動が持つ倫理的問題のほとんどは、この理想的な予防活動から何かしらの仕方で逸脱することによって生じていたと言える。具体的な事例も想起しつつ、以下では前記の四要素に沿ってこの点を確認することにしよう。

予防の対象について

まず、予防の対象に関して言えば、本書ではこの点に関して問題のある予防活動を多く検討してきた。たとえば新型出生前診断（第Ⅱ章3節）において、胎児がダウン症などの染色体異常とわかった場合、その事態は誰から見ても完全に悪いものであるとは言い切れない。そこで、それを予防するのが正しいかどうかという問題が生じる。また、児童虐待（第Ⅲ章3節）やストーカー（第Ⅲ章4節）やいじめ（第Ⅲ章8節）などは、一見すると誰から見ても完全に悪いものと言えそうだが、それらをどのように定義するかによっては、悪い事態だけでなく良い事態（正常な範囲内にある育児や対人関係）をも抑止してしまうことが考えられた。

これらの事例の検討を通じて言えることは、予防活動の倫理性を考える場合には、まず予防活動によって何を防ごうとしているかを明確にすること、また、良い事態をも抑止することのないように定義を明確に行うこと、の二点である。

発生の予測について

次に、悪い事態の発生予測について言えば、現代科学の知見をもってしても、ほとんどの場合、予測は不確実である。確かに、日本国内における年間の交通事故や自殺件数などは、正確な予測は不可能であるにせよ、統計的に見れば来年も一定数生じることが確実だと言えるかもしれない。だが、遺伝性の乳がんの発症予測（第Ⅱ章4節）やアルツハイマー病の発症予測（第Ⅱ章5節）などの疾病の問題にせよ、ＤＶ（第Ⅲ章2節）や児童虐待のリスクアセスメントにせよ、さらには台風や地震などの自然災害の予測（第Ⅳ章2節）にせよ、個々の事象については、予想される悪い事態の発生を確実に予測するのは非常に困難である。さらに、予防原則の議論（第Ⅳ章8節）で見たように、そもそもリスク評価が不可能なぐらい、事態の予測が困難で不確実な場合もある。

そうした場合、悪い事態が起きるかもしれないし起きないかもしれないという状況で、予防行動を取るか否かを決めなければならない。どれくらいの確率で発生するのであれば予防行動を取るのが個人あるいは集団として合理的だと言えるのか。また、地球温暖化のように、悪い事態の深刻さが甚大な場合には、たとえ発生確率に関して専門家の間で合意がなかったとしても予防行動を取るのが合理的と言えるのか。被害者に自己責任があるかという問題（第Ⅲ章5節）や、大川小学校の津波災害をめぐる訴訟（第Ⅳ章4節）のように、個人あるいは集団の予防活動が合理性の基準を下回ると、悪い事態が生じた場合に責任を問われる可能性がある。だが、予防活動に関するこのような合理性の基準はまだ十分に確立されていない。どの程度のプロメテウス的思考をすることが個人または社会としての我々に求められているのか、この点についてさらなる検討が必要である。

予防の手段について

第三に、予防の手段について言えば、ある予防目的を達成する手段はしばしば複数あり、またそれぞれに一長一短あることがままある。自動車事故をゼロにする最も確実な手段は、自動車交通を廃止することだ。また、アルツハイマー病の発症予測の場合のように、現時点では治療法がないという意味で予防手段がないと考えられる場合もあるが、価値判断を保留して言えば、自殺によって悪い事態（アルツハイマー病の発症）を防ぐことはできる。しかし、それでは予防のための手段がもたらす弊害があまりに大きい。そこで、自動車事故に関しては、シートベルトやヘルメットの着用を義務化したり（第Ⅰ章1・2節）、高齢運転者の規制を強化したり（第Ⅰ章4節）してリスクを下げることになる。また、アルツハイマー病の発症予測に関しては、適切な予防手段がないのなら、そもそも本人に伝えるべきではないという議論もありうる。他にも、予防接種の場合（第Ⅱ章6節）は、副反応や健康被害という形で弊害がありうる。さらに、防犯カメラ（第Ⅲ章7節）のように、防犯という目的の手段が、たとえば市民の行動の監視といった他の目的に使われる場合もある。

一般にどのような手段を採用するかを決める際には、こうした弊害についても考慮し、より弊害が少なく、かつ費用対効果に優れた手段がないか、またそれがないならば次善の手段は何であるかを検討する必要がある。

また、予防の手段を考えるに当たっては、多様な介入のあり方を比較検討する必要がある。たとえば、一次予防、二次予防、三次予防からなる予防の三段階（序章、第Ⅱ章8節、第Ⅲ章1節など）の発想は、悪い事態の発生を予防する際、どの時点で介入するかという議論である。また、防災と減災の区別（第Ⅳ章3節）などに見られるリスク管理と危機管理という発想も、事前に悪い事態が生じるリスクを可能な限り減らすという対応と、実際に悪い事態が生じた場合に被害を最小化しようとする対応というように、想定されている時点が異なる介入である。さらに、事故予防の3Eの発想（第Ⅰ章5節）や、犯罪機会論と犯罪原因論（第Ⅲ章1節）やいじめ集団の四層構造モデル（第Ⅲ章8節）などは、誰あるいは何に介入するかという区別である。たとえば、悪い事態の発生を防止するために悪い事態をもたらすもの（危険な製品、犯罪やいじめの加害者など）に介入するか、悪い事態を被る者（事故や犯罪の被害者）に介入するか、あるいは悪い事態が生じる環境（犯罪ホットスポット、犯罪やいじめの傍観者など）に介入するか、などである。

予防の主体

第四に、予防活動の実施主体について言えば、多くの場合に倫理的問題が生じるのは、予防活動に強制力が伴ったり、社会的な合意があるとは言えなかったりする場合である。前者としては、たとえば食中毒防止のために生レバー提供を禁止する規制（第Ⅱ章2節）があり、後者としては、勧奨接種の是非が問題になっているＨＰＶワクチン（第Ⅱ章7節）があるだろう。予防活動については、その目的や手段の望ましさなどについて専門家も含めて十分に市民で議論することが望ましい。また、餅の販売を禁止すべきか（第Ⅱ章1節）という文脈で「介入のはしご」という発想を紹介したように、自由と強制は二値的ではない。その中間には情報提供やインセンティブ付与など様々な介入の仕方があることを銘記する必要があるだろう。

また、防災における自助・共助・公助（第Ⅳ章7節）の区別のように、誰がどれだけ予防の主体になるかという論点もある。この点は、費用対効果の高い予防手段を取れる主体は個人か、地域社会か、政府か、あるいはその組み合わせかという視点から検討する必要があるが、予防にかかる費用や労力をなるべく公平に負担するという視点も必要であろう。さらに、予防を行えると見なされた主体に関しては、予防を怠った責任が問われる可能性があるため、医療事故予防（第Ⅲ章9節）やいじめ予防などで悪い事態が発生してしまった場合に、再発防止の観点からどこまで責任追及をすべきか（あるいはすべきでないか）についても検討する必要がある。

予防の一般理論Xを求めて

これまで本書では、公衆衛生や防犯、防災といった領域における具体的な問題を倫理学の観点から考察するとともに、そこで用いられている理論枠組みの説明も行ってきた。そうした理論の中には、たとえば最初に公衆衛生の文脈で論じられた予防の三段階（一次予防、二次予防、三次予防）のように、すでに自殺対策や防犯などでも活用されているものもあった。これが示唆するのは、予防活動の特定の領域で使われている理論が、別の領域でも使える可能性があることと、様々な予防活動全体にわたって有用な役割を果たしうる「予防の一般理論X」の存在である。ここではそのような一般理論を確立するまでには至らないが、今後の公衆衛生や防犯、防災などの研究領域の相互交流に向けて、これまでに論じてきた様々な予防理論を整理して提示することにしたい。なお、それぞれの理論枠組みに伴う倫理的課題についてはすでに扱ったので詳述しない。

介入の時点に着目した理論

これまで紹介してきた多くの理論枠組みは、予防的介入の手段に関わるものであり、とりわけ、いつ介入するかという介入の時点、および誰または何に介入するかという介入の対象に着目して区別を立てるものであった。

その代表は、予防医学の三段階であろう。医療や公衆衛生だけでなく自殺対策（第Ⅱ章8節）や防犯の議論（第Ⅲ章1節）などでも用いられているこの枠組みは、病気や犯罪などの悪い事態が起きる前にその発生を防ぐ介入（一次予防）、悪い事態が発生した場合に、早期に取り組むことでそれが完成に至らないようにする介入（二次予防）、そして悪い事態が完成した場合には、再度悪い事態が生じないようにする介入（三次予防）に分かれるものであった。この枠組みは対策を時間軸に沿って切り分けて考える際に有用であり、医療・公衆衛生以外でも用いることができるため、より一般的に「予防の三段階」と呼ぶのが適切だろう。

ただし、二次予防については、医療では治療もそこに含まれ、犯罪対策では捜査や刑罰も含まれると考えられるため、「予防は治療に勝る」とか「犯罪はこれを罰するより予防した方がよい」という風に予防と治療や刑罰とを対比する観点から言えば、二次予防を「予防」と呼ぶべきかという概念的問題がある。また三次予防は「再発予防」（犯罪であれば「再犯予防」）であるから、一次予防や二次予防とは予防の目標が異なると言える。この意味で、予防の三段階における「予防」は、広義の予防であり、悪い事態が生じる前に防ぐという本来の意味での予防（狭義の予防）は一次予防に限られると言えるだろう。

次に、災害管理の四つのフェーズの枠組み（第Ⅳ章1節）も、汎用性の高いものと考えられる。これは災害ないし危機の発生前後で大きく二つの時点に分けた上で、その両者の時点でリスク管理的対策と危機管理的対策を行うことを指示するものである。そこで、事前の対策として、災害リスクを減らす被害防止の対策を計画するフェーズと災害発生時の被害拡大防止に取り組む事前計画を策定するフェーズ、また発生後の対策として、災害に対する応急対策をする危機管理的フェーズと、次の災害への備えを視野に入れた復旧・復興のフェーズの四つに分かれることになる。予防の三段階と同様、この四つのフェーズの枠組みも、悪い事態が出来したあとの対応までを含めている点で、狭義の予防活動を超えた総合的な枠組みだと言える。とはいえ、この四フェーズに分けた対策は、自然災害や大規模事故といった災害に限らず、犯罪対策や今回のようなパンデミック対策にも応用可能な枠組みだと考えられる。

介入の手法・対象に着目した理論

介入の手法に従って分類した枠組みとしては、事故予防の3Eがある（第Ⅰ章5節）。3Eは、事故予防の介入を、法制化（Enforcement）、教育（Education）、技術（Engineering）ないし環境（Environment）の三つの手法に分類するものである。別の見方をすれば、教育によるソフト面での介入と、工学的なハード面での介入、および法によるソフト面とハード面の介入の強制または促進という三つを効果的に組み合わせることを推奨していると言える。この枠組みは事故予防だけでなく、防犯や防災の取り組みを分類する際にも役立つだろう。

別の観点からの分類としてはエックの犯罪の三角形がある（第Ⅲ章6節）。これは、犯罪が生じるのは、ある場所において加害者と被害者（物の場合は被害物）が出会うときであるから、場所、加害者、被害者の三つの対象に介入することにより、犯罪の発生を防ぐという発想である。第Ⅲ章6節で紹介した性犯罪予防のマトリクスは、この犯罪の三角形と、前述の予防の三段階を組み合わせ、介入の対

諸要因

フェーズ	人　間	乗り物・装備	物理的環境	社会経済的環境
事故発生前	飲酒運転 薬物使用等	ライト ブレーキ等	道路，天候， 交通信号等	運転免許制度 速度制限等
事故発生	怪我への耐性 事故時の動き方	自動車の衝突耐性 歩行者や他の車を 巻き添えにしないか	障害物や ガードレールの 有無等	車の安全基準 シートベルト規制等
事故発生後	怪我の種類と治療を 必要とする人々の数等	事故後の火災 ドアが開かない等	事故現場への アクセス，道路状況等	警察，消防，医療等の 社会的対応
損　害	怪我人の数 その費用	損害を受けた 乗り物・装備 その費用	道路等の損害 その費用	社会的対応の 費用

図1　ハドンのマトリクス（自動車事故の例）

（出所）Haddon, W., Jr., "Approaches to Prevention of Injuries," American Medical Association Conference on Prevention of Disabling Injuries, Miami, Fla., 1983, pp. 1–31.

象と時点で三×三のマトリクスを作って介入を分類するものであった。

また、よく似たマトリクスとして、事故予防に関するハドンのマトリクスも知られている（図1）。これは事故の原因や損害の分析を行い、それに基づく対策を策定するために用いられるものである。だが、予防の観点から見た場合、このマトリクスは予防的介入の対象と時点を組み合わせた総合的な枠組みを提供するものと理解できる。

エックやハドンの着想は、感染症が成立するには宿主（host）と病因（agent）と環境（environment）の三つの要素が不可欠だという「疫学の三角形」という考え方の応用だと考えられるが、このような観点やそれに基づくマトリクスは、予防活動全般に用いることができると考えられる。

その他の理論

これら以外にも、予防活動全般の枠組みを提供しうる理論として、介入のはしごの議論と、自助・共助・公助の枠組みが挙げられる。

介入のはしご（インターベンション・ラダー）は、公衆衛生的な介入を行う際にどの程度の強制力を付与するかを分類したものであり、全く強制力を伴わないものから法的な強制（それ以外の選択肢の剝奪）を伴うものまで八段階に分けるものである（第Ⅱ章1節）。日本の制度では努力義務という考え方がよく用いられるため、この八段階については日本の現状に即した分け方を考える必要があるものの、いずれにせよ公衆衛生のみならず予防活動一般を考える上で有用なものと思われる。

もう一つは自助・共助・公助の理論である（第Ⅳ章7節）。これは予防活動の行為主体に着目した区別であり、これまではもっぱら防災や社会保障に用いられてきたが、感染症予防や犯罪予防などでも用いることが可能だと考えられる。その際には、それぞれの領域において、個人やコミュニティや政府のいずれが主体的に予防行動を取るのが効率的なのか、また特定の行為者に不公平な負担が強いられていないかなどについて検討することが重要であろう。

その他にも、予防活動の特定領域で議論されている理論枠組みで他の領域でも応用可能と考えられるものがありうるが、ここではこのぐらいに留めておくことにする。

予防の倫理学の確立に向けて　本書では公衆衛生や防犯、防災など様々な予防活動に関して、具体的な事例の検討を通じて概念的問題や倫理的問題の考察を行ってきた。個々の事例については筆者の事実認識が不足しているところも多々あると思われ、その点については読者諸賢の指摘を待ちたい。

思うに、哲学者が得意な作業の一つは、議論のパターンに相似性と異同性を見いだすことである。個々の議論の内容だけでなく、議論の構造や形式にも目を向けているからであろう。本書でも個々の問題の検討を通じてその背後にある一般的な問題を取り出すことに努めてきた。終章ではやや抽象的な議論を行ってきたが、これまでの具体的な議論を踏まえ、予防に関するより一般化した枠組みを提示したつもりである。冒頭にも述べたように、予防の一般理論Xを確立するまでには至らないが、このような総論が、今後ますます進展すると考えられる多様な予防活動に体系性を与え、またその倫理性を担保するのに役立つことを心より願っている。

本書で検討できなかった倫理的問題を孕む予防活動としては、触法障害者の予防拘禁、薬物使用におけるハームリダクション、鉄道車内の無差別襲撃対策、ゼロコロナかウィズコロナか、などの問題がある。これらについては、本書での議論を踏まえて別途検討したいと考えている。また、本章冒頭で、予防に用いられる思考様式を「プロメテウス的思考」と呼んだが、我々がプロメテウス的思考をすることを阻む心理的障壁の検討については、心理学の研究者の手に委ねたいと思う。そうした心理学の研究や予防の倫理学および関連する学問領域の研究の発展により、予防に関する研究はますます豊かなものになるだろう。我々が個人および社会として、適時適切な仕方で予防を行えるようになることを期待しつつ、本書を終えることにしたい。

あとがき

本書は公衆衛生や防犯、防災など、さまざまな予防活動に関して哲学的考察を行ったものである。その内容は、二〇一八年九月から二〇二二年三月まで、ミネルヴァ書房のPR誌『究』で執筆した連載に基づいている。連載を始めた頃の原稿はすでに統計データが古くなっていたので、書籍化に当たり情報の更新を行った。本書の章立てはほぼ連載時の順序通りだが、いくつかの関連する節は一つにまとめたのと、連載途中で起きたCOVID‐19パンデミックに関連する節は順番を少し入れ替えた。それ以外は表現の修正に留まる。

目次を見てわかる通り、本書が扱っている内容は非常に幅が広い。それだけ予防活動が現代社会に拡がっていることを反映していると言える。にもかかわらず、本書のように予防一般について考察した文献は、管見の限り全くと言ってよいほどない。現代社会および研究者の専門分化ないしタコツボ化を反映しているのかもしれない。

比喩的に言えば、瀬戸内海に浮かぶ島々のように、公衆衛生の島、防犯の島、防災の島などがあり、それぞれ対象は違えど似たような予防活動と研究を行っている。しかし、お互いにあまり交流がない。

筆者が本書でやろうとしたことは、それらの島々を訪ねて、その島の活動の概要と倫理的な問題点を分析し、そしてそれを踏まえて予防活動全般の構造や理論を明らかにすることであった。このうちの後者は、予防に関する総合（synthesis）の作業である。だが、このような作業は独力で完遂できるものではなく、本書はその端緒に過ぎない。

筆者は人文系の哲学研究者であるが、縁あって東京大学大学院医学系研究科の公共健康医学専攻（いわゆる公衆衛生大学院）で教育研究を行い、公衆衛生の考え方を学ぶ機会があった。また、これも何かの縁であろうが、警視庁や京都府警などで少年非行や性犯罪に関する研究会に参加して、防犯の考え方を学ぶ機会に恵まれた。残念ながら防災関係にはこれまで縁がなかったが、こうした経験があったため、このような研究の必要性を感じて仕事を始めた次第である。本書を読んで刺激を受けた研究者が、このような研究をさらに進めてくれることを期待している。

『究』での連載は二年で終了するはずだったが、多くの「島々」を巡って研究を続けていたら、結局三年半かかってしまった。毎月の連載は準備が大変で、しかも途中から別の連載も引き受けてしまったので、毎月〆切に苦しめられ、しまいにはゾンビに追いかけられる夢を何度か見た。しかし、追い詰められないと仕事をしない性格なので、終わってみれば充実した時期であったと言える。ちなみに、別の連載は『オックスフォード哲学者奇行』として二〇二二年に明石書店より刊行された。

最後に、謝辞を記して本書を終えたい。連載中は多くの方々から草稿にコメントや助言をいただいた。以下に記して謝意を表する。日本医師会総合政策研究機構の田中美穂氏、京都大学大学院医学系研究科の佐藤恵子氏、東京大学大学院医学系研究科の佐藤弘之氏、科学警察研究所の島田貴仁氏と齊藤知範氏、北海道大学および桜美林大学の名誉教授の坂井昭宏氏、京都府警交通企画課の方々。また、京都大学大学院文学研究科の相田泰輔氏には統計データの更新や事実関係の確認を中心に初稿の作成にご協力いただいた。そして、編集者の岡崎麻優子氏には連載の企画の段階から本書の完成に至るまで長期にわたりお世話になった。最後に、ときどき本書に関する哲学的な話に付き合ってくれた妻の石川涼子と娘にも感謝する。ここに記すことのできなかった方々も含め、皆様のおかげで本書は多くの誤りを免れているが、本書になお残る誤りの責任は当然ながら筆者にある。

なお、本研究はJSPS科研費 JP21K00032, 19KT0046 の助成を受けたものである。

二〇二三年三月三一日　桜が満開の京都にて

児玉　聡

か　行

さ　行

た　行

な　行

は　行

ま　行

や　行

ら・わ行

欧　文

索　引
（＊は人名）

あ　行

《著者紹介》

児玉　聡（こだま・さとし）

1974年　大阪府生まれ。
2002年　京都大学大学院文学研究科博士後期課程研究指導認定退学。
2006年　博士（京都大学，文学）。
現　在　京都大学大学院文学研究科教授。
主　著　『功利と直観──英米倫理思想史入門』勁草書房，2010年。
『実践・倫理学』勁草書房，2020年。
『COVID-19の倫理学』ナカニシヤ出版，2022年。

叢書・知を究める㉓
予防の倫理学
──事故・病気・犯罪・災害の対策を哲学する──

2023年8月30日　初版第1刷発行　〈検印省略〉

定価はカバーに
表示しています

著　者　児玉　聡
発行者　杉田啓三
印刷者　田中雅博

発行所　株式会社　ミネルヴァ書房
607-8494　京都市山科区日ノ岡堤谷町1
電話代表（075）581-5191
振替口座　01020-0-8076

創栄図書印刷・新生製本

ISBN978-4-623-09581-0
Printed in Japan

叢書・知を究める

①脳科学からみる子どもの心の育ち　乾　敏郎 著
②戦争という見世物　木下直之 著
③福祉工学への招待　伊福部　達 著
④日韓歴史認識問題とは何か　木村　幹 著
⑤堀河天皇吟抄　朧谷　寿 著
⑥人間《ひと》とは何ぞ　沓掛良彦 著
⑦18歳からの社会保障読本　小塩隆士 著
⑧自由の条件　猪木武徳 著
⑨犯罪はなぜくり返されるのか　藤本哲也 著
⑩「自白」はつくられる　浜田寿美男 著
⑪ウメサオタダオが語る、梅棹忠夫　小長谷有紀 著
⑫新築がお好きですか？　砂原庸介 著
⑬科学哲学の源流をたどる　伊勢田哲治 著
⑭時間の経済学　小林慶一郎 著
⑮ホモ・サピエンスの15万年　古澤拓郎 著
⑯日本人にとってエルサレムとは何か　臼杵　陽 著
⑰ユーラシア・ダイナミズム　西谷公明 著
⑱心理療法家がみた日本のこころ　河合俊雄 著
⑲虫たちの日本中世史　植木朝子 著
⑳映画はいつも「眺めのいい部屋」　村田晃嗣 著
㉑近代日本の「知」を考える。　宇野重規 著
㉒スピンオフの経営学　吉村典久 著

ミネルヴァ通信
KIWAMERU
「究」

人文系・社会科学系などの垣根を越え、読書人のための知の道しるべをめざす雑誌

毎月初刊行／Ａ5判六四頁／頒価本体三〇〇円／年間購読料三六〇〇円